中共江苏省委党校学术文库

房冠辛◎著

"淘宝村"兴起
与乡村现代化转型

THE RISE OF "TAOBAO VILLAGE"
AND MODERNIZATION OF
RURAL COMMUNITY

中国社会科学出版社

图书在版编目（CIP）数据

"淘宝村"兴起与乡村现代化转型／房冠辛著．—北京：中国社会科学出版社，2021.8

（中共江苏省委党校学术文库）

ISBN 978-7-5203-8050-8

Ⅰ.①淘… Ⅱ.①房… Ⅲ.①农村—电子商务—产业发展—研究—江苏 Ⅳ.①F724.6

中国版本图书馆 CIP 数据核字（2021）第 040738 号

出 版 人	赵剑英
责任编辑	喻　苗
责任校对	任晓晓
责任印制	王　超

出　　版	中国社会科学出版社
社　　址	北京鼓楼西大街甲 158 号
邮　　编	100720
网　　址	http://www.csspw.cn
发 行 部	010-84083685
门 市 部	010-84029450
经　　销	新华书店及其他书店
印　　刷	北京明恒达印务有限公司
装　　订	廊坊市广阳区广增装订厂
版　　次	2021 年 8 月第 1 版
印　　次	2021 年 8 月第 1 次印刷
开　　本	710×1000　1/16
印　　张	19
插　　页	2
字　　数	304 千字
定　　价	108.00 元

凡购买中国社会科学出版社图书，如有质量问题请与本社营销中心联系调换
电话：010-84083683
版权所有　侵权必究

引　言

淘宝村的社会影响与学术价值是基于前沿互联网产业技术与传统乡村社会结构在其中发生的碰撞、互动以及由此形成的乡村社会现代化转型新可能！从2006年开始，淘宝村作为一种乡村电子商务驱动的创新案例已呈现出越来越强的发展活力与社会影响力。截至2019年，全国淘宝村已经达到4310个，淘宝镇的数量为1118个，淘宝村网店的年销售总额超过7000亿元，在淘宝网、天猫等电商平台共完成25.9亿次交易，带动就业机会超过683万个，排名前100的淘宝村年交易总额千亿元，淘宝村正在迅速兴起！淘宝村不仅在乡村互联网的驱动下展现出强大的产业创新活力与发展前景，更出现了与网店生意相"伴生"的一种乡村现代化转型现象，这在当下中国乡村现代化发展面临结构性困境的阶段无疑成为一种特殊增长。与此同时，从与经典理论对话的角度出发，现代化自"韦伯命题"以来一直都是社会学研究的重要方向，以费孝通先生"江村经济"为代表的乡村现代化研究实际上就是中国学界对这一经典理论议题的延续与回应。因此，当下淘宝村的兴起实际上成为网络社会背景下再思考中国乡村现代化转型的重要契机，也成为对话相关经典理论与研究范式的立足点。

本书从社会学研究视角出发，以江苏省徐州市东风村的淘宝村发展为例讲述一个乡村现代化转型的过程，并以其淘宝网商家具产业为切入点，关注并思考淘宝村兴起背后的社会变迁特征、表现及动力，重点分析这种乡村转型路径在"现代网络经济—传统乡土社会"双重范畴下的社会实践过程及内在逻辑。东风村的网商家具产业是一种将电子商务销售与家具加工生产融合的新经营样态，以"老中青并存"的"网商农户"为主体单位，带动网店经营、家具设计、生产、加工产业链及物流、摄影、美工、客服、策划等多产业环节的集群化发展。在这个过程之中，东风村农民实现了向"网商店主"的社会身份转变，并在生产就业、日常交往、文化生活、经营方式等各个领域发生改变，这种覆盖经济、社会、文化的全面变革使得东风村的网商发展成为一种以现代化为方向的乡村转型过程。

要理解这种转型，需要首先厘清网商家具经营从个体偶然行为向乡村集体行为的传播逻辑。从城市归来的"乡村能人"成为东风村网商的源头群体，而后在乡村"学习—模仿"传播机制的推动下，乡村网店生意实现了从偶然到必然的转变，也形成了"淘宝网店、全民参与"的局面。在这背后，是现代性的互联网电子商务产业与传统乡村社会的互动机制。具体来说，东风村的发展一方面依靠"关系本位"下乡村"熟人社会"的结构性支撑，尤其是"强关系"的乡土网络结构传播，因此东风村的网商成为一种典型的"嵌入性"乡村创业过程。但另一方面，互联网电子商务产业本身具有的"无中介交易""前置锁定订单"等创新特征也成为网店发展的重要动力，并使得东风村形成了"小网店—大市场"的城乡交易新关系。在这个过程中，乡村社会与网络经济存在着不断变化的关系结构，在初期双方形成"合力"推动东风村网商经济的快速发展，但在后期随着网店同质化竞争与创新乏力等问题的出现，乡村社会对契约关系、知识产权保护等市场意识的"漠视"成为制约东风村进一步发展的桎梏。由此，这种互动关系发生转向，东风村网商主体借助"淘宝网"交易规则及管理升级等策略，实现了"虚拟网络社会"对"线下乡村社会"的"反哺"，不仅助力网商经济发展走向正规化与市场化，更推动了乡村社会的内在变革，将原本"碎片化"的乡村关系网络"再整合"，并使得学习、知识、创新等文化特征成为新的"乡村共识"。所以，东风村的传统与现代关系不是单方面的冲击、接受与改造，而是一种在互动基础上的融合与演化。

本书将"农民—互联网—乡土社会"三者的关系结构作为研究逻辑推进的核心视角。在这一过程中，不同于大部分中国乡村"外来式"的发展路径，"农民本位"成为贯穿东风村发展全过程的核心主线，淘宝村也因此构成了一种"内生性"的乡村现代化转型过程，正是以此为基础,乡村社会的互联网发展带来了乡村社会现代化变迁的新动力与新可能。因此,当工业社会转向网络社会,"互联网下乡"成为乡村社会现代化转型一种可能的发展方向,而淘宝村则成了重要的审视案例。

目 录

第一章 绪论 …………………………………………………… (1)
第一节 研究背景 ……………………………………………… (1)
一 发展困境：城镇化路径下被"抛离"的乡村社会 ……… (1)
二 路径探索：多重语境下乡村发展的尝试与问题 ……… (3)
三 创新可能：互联网电子商务发展带来的新启发 ……… (4)
第二节 研究对象 ……………………………………………… (5)

第二章 从失序农民到自为农户：淘宝村的文化前提 ………… (10)
第一节 东风村的困境：边缘性乡村的结构与解构 ………… (10)
一 角色的边缘化：乡村的"不受重视"与农民的"缺位" …… (10)
二 "自发"的突围：东风村成为"明星村" ……………… (16)
第二节 "前淘宝"阶段：村落自发形成的重商传统 ……… (19)
一 "破烂村"生意经：倒逼的"连续创业"过程 ………… (19)
二 地方性文化特质：贩运商业与"沙集腊皮" ………… (23)
三 外部的配套条件：东风网商兴起的支撑 ……………… (28)
第三节 "淘宝第一村"：东风村网商发展的典型性 ……… (31)
一 从最先崛起走向"网商沃土"：研究代表性 ………… (31)
二 从耿车模式走向沙集模式：网商经济扩展 …………… (36)
三 从产业创新走向乡村转型：淘宝村的影响 …………… (38)

第三章 从乡村商户到网商店主：淘宝村的变迁过程 ………… (41)
第一节 网商家具生意：网店生产机制的迅速兴起 ………… (41)
一 发展历程：从无序增长到规范行业建设 ……………… (41)

二　产业拓展：从简单仿制到品牌网店经营……………………(46)
　　三　区域集群：从个体生产到产业网络结构………………(51)
第二节　经营主体结构：乡村家庭作坊的创新样态………………(59)
　　一　"以新带老"：淘宝经营中的"老中青"结合……………(59)
　　二　"以销带产"：网商经济与乡村新型工业化………………(66)
　　三　"以家带厂"：从"家庭作坊"走向"农户公司"………(72)
第三节　日常生活样态：农户为主体的就地城镇化………………(76)
　　一　本地就业："回归乡村"与"空心化"终结………………(76)
　　二　生活重构："社会分工"与乡村秩序改善…………………(82)
　　三　产村融合：淘宝店升级与空间关系变迁…………………(86)
第四节　乡村文化建构：立足身份认同的文化自信………………(92)
　　一　乡村尊严：从乡村闭塞到"文化自觉"……………………(92)
　　二　身份认同：从"低人一等"到乡村自信……………………(97)
　　三　农民本位：从"经验主义"到知识导向…………………(101)

第四章　从个体行为到集体参与：淘宝村的传播逻辑 ………(108)

第一节　乡村"城里人"回归：网商源头的群体结构……………(108)
　　一　年轻的"乡村能人"：东风村淘宝店主的溯源……………(108)
　　二　城市里的"失意者"：身份转换的动力机制………………(114)
　　三　新农民的"新做法"：网商的创业价值取向………………(126)
第二节　"淘宝生意经"扩散：网店创业的乡村融入………………(132)
　　一　自发驱动："先行者"的行动链条…………………………(132)
　　二　关键一跃："自己人"的示范效应…………………………(142)
　　三　集体介入：乡村的"wiki"式传播…………………………(148)
第三节　"能人带动"的范式：从偶然到必然的过渡………………(157)
　　一　被动应对：介入全球化与东风村的探索…………………(157)
　　二　驱动机制："乡村能人"与基层政府的互动………………(159)
　　三　模仿传播：网商创业的"乡村根植性"……………………(165)

第五章　从熟人社会到市场关系：淘宝村的增长逻辑 ………(168)

第一节　"自己人"圈子的再生产：淘宝生意的乡村实践……(168)

一　淘宝生意崛起："嵌入式"发展 …………………………（168）
　　二　乡村网商悖论："人情味"局限 …………………………（184）
  第二节　东风村"专利风波"事件：网商群体的矛盾冲突 ……（195）
　　一　专利风波的缘由：知识产权的"缺位" …………………（195）
　　二　事件发展的分析：从博弈到"和稀泥" …………………（200）
　　三　乡村维稳的背后："两种逻辑"的交锋 …………………（207）
  第三节　走出"温情脉脉"的束缚：关系本位的乡村更新 ……（212）
　　一　个体精英的培育：乡村经济的突围策略 …………………（212）
　　二　淘宝店主的凸显：网商群体的引领突破 …………………（214）
　　三　关系网络的外延：互联网对乡村的改变 …………………（216）

第六章　从"共同体"到网络社会：淘宝村的转型逻辑 ………（218）
  第一节　交易平台的反哺：网商经济的关系结构嬗变 …………（218）
　　一　乡村关系转变：从碎片化到"再整合" …………………（218）
　　二　淘宝网"在场"：网商突生的技术支撑 …………………（223）
　　三　入驻天猫商城：平台升级带来的变革 ……………………（232）
  第二节　网络乡村的形塑："互联网下乡"与社会转型 ………（238）
　　一　"小网店与大市场"：城乡交易关系重构 ………………（238）
　　二　集体动员的村落：淘宝店的"乡村共识" ………………（246）
  第三节　电子商务的升级：全球化视野下的"淘宝村" ………（250）
　　一　网商平台的引领：淘宝村转型为电商小镇 ………………（250）
　　二　电商下乡的变革：互联网发展与乡村转型 ………………（255）
　　三　信息社会的来临：乡村直接介入全球市场 ………………（257）

第七章　总结与讨论：淘宝村与中国现代化本土探索 ………（261）
  第一节　未来与制约因素：东风村网商经济出路 ………………（261）
  第二节　非典型与典型性：淘宝村与乡村互联网 ………………（268）
  第三节　结语 ………………………………………………………（274）

参考文献 ……………………………………………………………（277）

后　记 ………………………………………………………………（290）

图 目 录

图 2—1　睢宁县沙集镇的区位…………………………………（12）
图 2—2　沙集镇政府的再生塑料循环利用产业园规划说明展板……（18）
图 2—3　淘宝网"子母床"产品的徐州商家销量 …………………（33）
图 3—1　东风村网商家具的明星产品——子母床………………（46）
图 3—2　东风村家具产品………………………………………（47）
图 3—3　东风村定制家具产品…………………………………（48）
图 3—4　东风村的快递物流服务网点…………………………（53）
图 3—5　东风村的圆通物流快递服务网点……………………（54）
图 3—6　东风村的家具辅料销售服务…………………………（56）
图 3—7　东风村专门的网商服务公司…………………………（56）
图 3—8　东风村网商家具的三种经营样态类型…………………（66）
图 3—9　东风村典型的"前家后厂"的家庭作坊 ………………（73）
图 3—10　一个典型的东风村家庭式"淘宝网店"模式 …………（75）
图 3—11　沙集镇电子商务产业园服务中心 ……………………（92）
图 4—1　东风村网商 SH 的家具生产厂与物流网点 ……………（110）
图 4—2　东风村既有的农民进城发展路径及循环 ………………（118）
图 4—3　淘宝网商产业带来的东风村发展新循环 ………………（124）
图 4—4　东风村网商家具产业的最初路径与行动逻辑 …………（141）
图 5—1　东风村乡土社会中的网商主体合作关系结构 …………（176）
图 6—1　乡村社会关系与互联网共同作用下的东风村网商
　　　　　发展路径 ……………………………………………（224）

图6—2　原有乡村发展"农户+公司+市场"的模式梳理 ………（240）
图6—3　互联网带来的"农户—市场"的交易模式创新 …………（244）
图6—4　沙集电商特色小镇规划用地 …………………………（254）

表 目 录

表1—1 淘宝村的官方定义与概念解释 …………………………（6）
表2—1 东风村基本情况介绍 ……………………………………（32）
表2—2 东风村网商家具产业发展情况介绍 ……………………（34）
表2—3 东风村网商家具产业发展大事记 ………………………（35）
表3—1 东风村网商店主的类型划分与说明 ……………………（60）
表3—2 东风村网商经营主体的分类与相关介绍 ………………（72）
表4—1 进城务工与回乡淘宝的对比 ……………………………（122）
表6—1 天猫商城与淘宝的不同领域要求对比 …………………（235）

第一章

绪　　论

第一节　研究背景

一　发展困境：城镇化路径下被"抛离"的乡村社会

当下，中国的乡村正在城镇化快速推进的过程中陷入困境。从某种程度来说，现代化在中国语境下的建设和推进本就"伴生"着城乡关系不断冲突、激化、调整并共存互动的过程。随着现代化过程中工业化发展与城市化进程的不断加快，城乡之间的差距越来越大，乡村经济、社会、文化的发展活力也不断下降，形成了与中国城市建设飞速发展的鲜明对比。在过去相当长一段时间内，城镇化直接构成了中国现代化建设的最核心动力和最关键因素，而中国的城镇化与中国现代化推进的其他领域一样，长期采取的是对西方的跟随、学习、引进和模仿策略，立足改革开放和全球化的时代背景，大幅度吸收、借鉴了西方既有城镇化和经济发展的经验以及成果，在短时间内实现了中国城镇化的快速增长。但同样，由于这一路径忽视了中国城镇化和相关发展语境的特殊性，因此累积了许多矛盾，并呈现出越来越强烈的结构性不合理，甚至可以这样说，中国现代化发展形成的矛盾，最激烈、最频繁、最重要的部分都集中在城镇化过程之中。拆迁、土地浪费、环境污染、户籍管控、农民工权益、留守儿童等一系列问题的频繁出现和愈演愈烈推动中国城镇化到了一个必须谋求变革的关口。

中国当下既有的城镇化路径实际上都立足于城乡二元对立的基础之

上,强调乡村区域的资源变现、附属供给等维度①,是一种典型的"外主导"模式,因此在面对乡村复杂情况时倾向于采取简单、单一和僵化的应对措施。而这其中,最凸显的环节当数乡村经济建设,中国乡村经济历史悠久、情况复杂,是乡土中国的核心基础。当下中国的乡村经济发展在农村联产承包责任制等相关制度和历史沿革的框定下,形成了多层次、低产值、高零散的典型特征,这与中国农村地少人多的特定情况和乡村经济一直以来的维护乡村社会稳定、提供廉价资源等角色定位有关②,已经无法适应来自城镇的经济发展和消费升级需求,再加上城乡二元的隔阂等相关阻碍,导致乡村无法以有效的方式将自身的生产成果和资源直接销售给城市。而这构成了乡村经济的三个困境。

其一,乡村经济的自我低效循环。当下的中国乡村经济与黄宗智展开的研究相比,并没有实现本质性的创新发展,"内卷化"等特征依然存在③,只是因为技术手段、生产组织方式、人力资源素质等相关方面的进步,使得乡村经济(尤其是乡村农业)上升到一种更高层面上的"自给自足"。

其二,乡村经济被中间渠道边缘化。户籍等城乡管控制度结合信息不对称等市场性劣势,使得乡村的经济成果和资源多数由中间渠道进行分销,即政府部门、国有企业、大型超市、经销商和其他市场化组织(农业公司、旅游开发公司等)对乡村经济的产品和资源进行整理、整合、包装、运输和销售,乡村在这个过程中被边缘化,成为一个简单的产品生产者。

其三,乡村资源的单边净流出,突出表现为劳动力资源的"进城务工"。由于自身生产能力羸弱,产品缺乏足够竞争力,乡村无法对城镇进行有效输出,而中间渠道的挤压和垄断,又导致乡村大量的劳动力、资本和资源被动式向城市转移。单边净流出成为乡村经济的重要特征。

我们必须意识到,乡村的衰败首先是乡村经济的落后与衰败,只有

---

① 房冠辛、张鸿雁:《新型城镇化的核心价值与民族地区新型城镇化发展路径》,《民族研究》2015年第1期。

② 乔耀章、巩建青:《我国城乡二元结构的生成、固化与缓解——以城市、乡村、市场与政府互动为视角》,《上海行政学院学报》2014年第4期。

③ 刘世定、邱泽奇:《"内卷化"概念辨析》,《社会学研究》2004年第5期。

从这个角度出发，才能理解并应对乡村目前出现的种种问题。乡村问题是由乡村经济生产方式的困境推动、衍生而出，是全方位的、根本性的，最终造成了乡村在经济、文化、社会、生活等多维度的困境，这种困境可以被简单总结为一种城乡二元基础之上的被"抛离"。随着城镇化进程的演变，制度性的城乡二元形成了某种"惯性"并延续至今。而在中国城镇化的后期，城乡在经济结构等方面的差距越来越大，乡村由于自身发展基础、发展速度和发展特点的限制，实际上已经无法实现对城镇化过程的有效参与，乡村问题也就愈演愈烈。

二　路径探索：多重语境下乡村发展的尝试与问题

在当下中国，如何推进乡村地区的现代化已经是一个关系到中国未来现代化进程乃至社会经济稳定发展的核心环节。国家连续十多年的一号文件聚焦"三农"问题，不仅仅是因为在当下发展阶段城乡差距的进一步拉大，并导致了一系列的社会经济问题，更是因为当中国的城市化率进入"50%＋"的新阶段，农村地区推进现代化的方式、过程和效果已经成为决定未来中国整体发展的核心议题。而与此相对应，中国乡村的现代化也呈现出多种可能新的尝试路径，比如以农业现代化推进乡村变革等。但这些既有模式都一定程度上存在着问题与缺陷，有些甚至在更深层次形成了对乡村发展的"伤害"与"侵犯"。

比如乡村旅游作为一种高价值的朝阳产业越来越成为乡村现代化的重要手段和路径。以现代农业、乡村旅游等为核心载体的发展似乎摆脱了既有路径的局限性，实现了农村—农业和农民的协调发展，而且乡村旅游又在农家乐等基础性旅游产品的发展基础之上出现了民宿、主题精品客栈、俱乐部形式度假村等创新产品样态，摆脱了之前旅游产品（比如农家乐等）所被诟病的低档、廉价、盈利性差等诸多问题，以专业化、高品质和差异化打造面向中高端旅游消费市场的产品，并得到来自各级政府、学者以及相关资本方的青睐与大力推广。在技术、资金、产业上都已经十分成熟和先进，大量来自城镇甚至国际的优秀专业人才（多数以建筑、规划、创意等产业为主）将最前沿的建筑设计、产品运营、业态控制、产业服务等要素投入乡村，实现了对特定区域乡村在建筑、空间、生活生产方式等多个维度的改变，并且在这一过程中并未涉及对乡村资源、环境的过多冲击和损害。正是因为这种种特性，这一发展路径不仅在浙江、上海、江苏、福建等东部沿海发达区域发展迅速，得到当地政府的欢迎，更成为东部向中西部以及其他落后区域输出的先进经验。

但正如很多学者指出的那样，这种乡村文化旅游的实质是城镇对乡村的"乡愁消费"，是城镇的资本、技术和思想按照他们想象城镇市场所能接受的乡村面貌来对乡村进行彻底改造的过程，也因此对乡村产生了更加深层次的冲击[①]。在这个过程中，不仅村落的文化、历史和习俗被"商品化"和"去生活化"，村民自身的文化自信也因此消失。总而言之，由于目前乡村存在农地、宅基地等重要资产的产权改革框架不明晰等制度性因素的制约，因此目前乡村现代化发展路径的探索都严重依赖于特定乡村的区位、交通、资源以及城镇的帮扶力度，并没有走出一种真正的内生性道路。

三 创新可能：互联网电子商务发展带来的新启发

笔者曾经先后在江苏、浙江、湖北、安徽、吉林、云南、广东等地参与过许多区域发展、乡村保护、城市更新等多类型的项目和科研课题，亲眼看到了许多村落因为劳动力出走、产业结构老化或是地理位置偏僻等原因荒芜，直至最后只有老人、孩子和狗孤独地生活在一起。很多乡村在政府强力的推进之下进行了现代化改造，村民住上了小楼房，成为产业工人，得到了一定的社会保障，但很多村民却就此迷失。赌博、打麻将、喝酒等成了这些所谓"新市民"最大的爱好和娱乐活动。那些破败的农村住宅、低矮的屋内空间、令人难以忍受的生活环境、老人无助的眼神、孩子期盼的目光、安置小区内部的混乱与萧条，这些也成为本书研究的价值起点。

正如前述所言，中国城乡社会存在巨大且越来越严重的发展差距，而本应致力于缩小乃至消除这些差距的乡村现代化发展路径却反过来强

[①] 张京祥、申明锐、赵晨：《乡村复兴：生产主义和后生产主义下的中国乡村转型》，《国际城市规划》2014年第5期。王璐、李好、杜虹景：《乡村旅游民宿的发展困境与对策研究》，《农业经济》2017年第3期。

化、凸显了城乡对立。乡村现代化应当是一种开放的过程，不是所有的城镇化都要遵循统一的模式、路径和表现方式，但任何一种推进方式都必须将农民、农村、农业的发展现实情况与内在特色放在最重要的考虑位置，即乡村的现代化应该更强调发展的自发性、内在性、经济性和渐进性。与此同时，乡村的现代化创新已经成为当下中国探寻自身现代化发展新路径的重要尝试，面向乡村区域的现代化推进成为当下谋求现代化发展之"中国道路"的落脚点和试验地，而这种试验必然要将内生性与本土性作为核心诉求点。

乡村现代化必须以农民的自觉性驱动为内生性增长动力，唯其如此，才能够切实推进整个乡村区域的有效现代化，让农民、农业和农村成为整个社会结构体系的有机组成部分，让乡村区域成为具备自我增值、自我更新和自我吸引能力的极核区域，最终实现农民的市民化和现代化转型，从"活着的人"真正成为"生活着的人"。在这个过程中，乡村互联网成为一个创新性的"发展变量"被引入。基于乡村互联网的发展，淘宝村作为一种乡村现代化变革的社会现象出现并迅速蔓延，在发展主体、过程、动力、路径等各个方面展现出了一种以现代化为目标的乡村转型新可能。我们可以将淘宝村看作是互联网作为一种技术媒介、产业形势和思维方式在传统乡村的扎根和发展过程与伴生成果，同时也在实践层面构成了利用新技术、新产业和新思维推进城乡一体化发展的尝试。而更为重要的是，借助互联网的技术力量与创新，淘宝村赋予了农民以内生性、自主性实现自身现代化的可能。由此，对淘宝村的研究成为对当下中国乡村现代化路径内在逻辑的一种理论反思。

第二节 研究对象

作为将网络电子商务与农村经济相结合的产物，淘宝村的出现发展几乎与"淘宝网""淘宝商城""京东商城"等中国网络电子商务主要企业平台的发展保持着高度的一致性，尤其是与网络电子商务中的 C2C （customer to customer）模式①紧密相关。在 2003 年左右淘宝网在中国出现并迅速发展之后，2006 年左右出现了第一批淘宝村。到现在为止，淘宝村已经走过了十数年的发展阶段，其发展规模、发展路径、发展程度和相应的经济、社会乃至文化影响力也随之提升。而且更为重要的是，这种电子商务产业与农村经济深度结合，并对接了网络文化思维、价值观念和乡村习俗礼节、社会结构等传统要素的发展方式，已经在实践当中显示出了很强的生命力和独特性，成为一种新的乡村经济乃至文化、社会全面现代化的发展现象，即"淘宝村现象"。正如许多学者所指出的那样，在中国当下乡村化陷入困境且既有推进思路、模式和技术手段都成效甚微的时候，淘宝村构成了中国乡村走出城镇化困境的一种新可能，在某种程度上也成为中国城镇化"下半程"发展的一种新可能。②

虽然在单个层面的淘宝村经营活动从 2006 年就开始了，但在整体层面对淘宝村进行概念厘定、数据统计和发展情况总结的相关工作却是从 2014 年开始的。作为淘宝村最大承载平台和主要扶持对象的阿里巴巴集团给出了官方层面对淘宝村的相关定位，即淘宝村是大量网商聚集在某个村落，以淘宝为主要交易平台，以淘宝电商生态系统为依托，形成规模和协同效应的网络商业群聚现象③。并从操作层面给出了淘宝村的认定标准细则，参见表 1—1。

表 1—1　　　　　　　　淘宝村的官方定义与概念解释

交易场所	经营场所必须在农村地区，以行政村为基本单位
交易规模	电子商务年交易额达到 1000 万元以上
网商规模	本村的活跃网店数量达到 100 家以上，或是本村的活跃网店数量占当地家庭户数总量的 10% 以上也可

---

① 主要是指个人与个人之间的电子商务。其中 C 指的是消费者，C2C 即 Customer to Customer，淘宝网商的买家与卖家在早期基本上都是个人用户，因此淘宝网也成为 C2C 电子商务交易的代表。

② 罗震东、何鹤鸣：《新自下而上进程——电子商务作用下的乡村城镇化》，《城市规划》2017 年第 3 期。凌守兴：《我国农村电子商务产业集群形成及演进机理研究》，《商业研究》2015 年第 1 期。

③ 阿里研究院：《2017 年中国淘宝村研究报告》（http://www.199it.com/archives/663783.html）。

在后续的发展过程中，随着淘宝村作为一种经济乃至社会现象的迅速壮大，阿里研究院对"淘宝镇"和"淘宝村集群"给出了官方定义。这其中，"淘宝镇"为一个乡镇或街道的淘宝村大于或等于3个即可；而"淘宝村集群"则是指由10个或以上淘宝村相邻发展构成的集群，网商、服务商、政府、协会等相关参与方之间存在着密切联系和相互作用，整体的电子商务交易额达到或超过1亿元。如果相邻的淘宝村数量达到或超过30个，则称为"大型淘宝村集群"[①]。

2019年，全国所有的淘宝村销售总额突破了7000亿元，这也充分证明了淘宝网商所焕发出来的强大火力，而从2008年到2019年，淘宝村的数量也从最初的3个增长到4310个，爆发出强大的复制性、规模性和持久性增长能力。从相关的统计数据可以看出，经过十多年的发展，淘宝村目前已经成为具有较大驱动能力的农村经济发展新模式，并且已经开始从最初的东部沿海发达省份向中西部省份转移，淘宝村正在逐渐成为一个全国性的社会现象。

作为一种乡村电子商务发展的经济类型来说，淘宝村目前发展呈现出企业化、集群化、创新化三大基本特征：在这其中，企业化是指淘宝村网商经营主体形式上开始出现新样态，从简单的夫妻店、兄弟店、父子店等非正规家庭作坊走向正规企业经营；集群化是指淘宝村在宏观层面出现了空间集聚、协同发展，同时在微观层面（村级别）也形成了产业集聚；创新化则是意味着基于产品设计、营销策略、产业方向与发展路径等多领域的创新已经成为支撑淘宝村网商经济不断突破的核心动力。淘宝村在当下发展层面所呈现出来的种种特性，使得这一经济现象具有了超越一般产业创新范式的影响范围和影响程度，已经从一个单一的乡村创业或是经济产业创新走向了社会创新和文化创新，对农村、农业、农民也具有了更加深远的影响。具体来说，包括以下三条。

其一，强大的就业带动能力与结构性产业提升。淘宝村平均每新增1个活跃网店，可创造约2.8个直接就业机会。更为重要的是，相对于以往以农业、手工业和旅游业等为核心的乡村创业就业带动，淘宝村所提供

---

① 阿里研究院：《2017年中国淘宝村研究报告》（http://www.199it.com/archives/663783.html）。

的就业岗位具有较强的技术性和自我升级特点，因此构成了对乡村就业的结构性提升和改善。在淘宝村中从事相关产业经营的农民往往可以借助乡村网络电商这个平台学习新的知识、拓展新的机会，从而将未来就业机会和岗位的获取切实转移到自身的技能提升层面，这在一定程度上解决了单纯空间城镇化带来的后续就业能力不足等问题。① 同时这种高度围绕产业核心形成地域性产业就业人群的集聚，也成为驱动乡村城镇化的重要动力，如 2016 年江苏省睢宁县共拥有 40 个淘宝村、30289 个网店，直接带动就业 8 万人，间接带动就业约 13 万人，而其中约 2 万人是从外地赶过来的就业者。正是在这种围绕淘宝村的地域性就业集聚推动下，睢宁县的空间面貌与生活方式也发生了快速转变。

其二，本地化创业创新能力的提升与地域性产业动力增强。相对于就业机会的供给和创新，淘宝村更大的意义在于成为乡村基层自主创业的"孵化器"。可以说，每一个淘宝村、每一个活跃的淘宝网店都存在着充满活力的乡村创业者，正是这些创业者的不断努力和创新，才使得对淘宝村的各种政策扶持、发展服务等措施拥有了立足点，也因此形成了合力。比如在江苏省沭阳县，截至 2016 年 3 月，全县共有 4700 余人返乡围绕网店销售花木展开创业。除了基础性的本地创业和返乡创业，越来越多的淘宝村由于自身特定产业发展在品质、价格、规模、创业环境等领域的优势，吸引了外地创业者的入驻和集聚。这无疑在很大程度上证明了淘宝村发展正逐渐成为具有独立吸引力的产业集群，淘宝村的"产业园区化"趋势愈加明显。而优势创业者的集聚、互动与创新，正是淘宝村可以不断突破自身发展瓶颈、不断实现自身特定产业创新的核心动力所在。

其三，内生性地方扶贫发展能力的培育与发展可持续性。淘宝村的发展已经开始越来越与落后地区的脱贫致富相联系，截至 2016 年 8 月，国家级贫困县当中共出现了 18 个淘宝村，而这一数据在全国范围内的省级贫困县当中则超过了 200 个。比如在国家级贫困县——河北平乡，政府

---

① 黄豁、周文冲：《网上就业渐成气候》，《瞭望》2009 年第 17 期。周应恒、刘常瑜：《"淘宝村"农户电商创业集聚现象的成因探究——基于沙集镇和颜集镇的调研》，《南方经济》2018 年第 1 期。

通过专项电商扶贫资金、扶贫小额贷款、扶贫贴息补助等多种形式鼓励贫困户投身电商创业，在全县 78 个贫困村有超过 40 个村实施了电商扶贫项目。其中艾村依托临近的自行车产业园，大力拓展相关电子商务产业经营，直接带动 800 多个贫困村民参与，年人均增收 2 万多元。而在省级贫困县山东曹县，政府针对淘宝网店资金需求量小、周转频率快等特点进行协调，为符合条件的电商贫困户发放小额担保贷款，解决资金周转问题，并形成了交易平台、专用知识、柔性生产三者之间的良性互动关系。[①] 因此，借助淘宝村发展实现区域的脱贫致富，其关键就在于营造了贫困户、企业、政府等多角色联合参与的良性生态系统，这也保证了脱贫工作的连续性和良性循环。

淘宝村不仅仅意味着一种经济变革与技术创新，这种创新背后是极具乡土特色的种种结构性要素（熟人社会、差序格局、强关系等）与互联网的相互作用，而淘宝村发展的目标和结果导向又会带来乡村自身的现代化转型变迁，从城乡关系、区域发展到微观生活生产方式、文化伦理等。因此，相对于一种乡村的产业创新，本书更倾向于将淘宝村看作一种新的乡村社会形态、一种良性的产业发展生态系统以及最重要的、中国乡村转型的一种新尝试。正是基于此，本书立足一个典型案例的研究与剖析，尝试展开对淘宝村及其背后深层次规律的理解与分析。

---

① 洪卫、崔鹏：《交易平台、专用知识与柔性生产关系的实证研究——基于曹县淘宝村调研》，《中国流通经济》2017 年第 1 期。

第二章

从失序农民到自为①农户：
淘宝村的文化前提

第一节 东风村的困境：边缘性乡村的结构与解构

一 角色的边缘化：乡村的"不受重视"与农民的"缺位"

东风村在改革开放之后长期处在徐州市整体发展乃至睢宁县发展的落后位置。在2006年淘宝村崛起之前，东风村所在沙集镇的在很大程度上发展速度非常缓慢，在2005年底沙集镇一共才有工业企业450家，而全镇主导的产业类型就是塑料回收，有加工户410个；其他个体工商户500家，整个镇的工业总产值只有2亿元。作为对比，2010年东风村一个村的淘宝网商销售额就超过了3个亿。

> 你们不要看现在淘宝村起来了，感觉好像我们镇不管是定位还是规划上都有了地位，在2008年以前，根本不是那么回事，那时候我们镇是干吗的，谁都知道，就是收破烂的，拿得出手的只有粉皮、大酥饼、山药糕这些农副产品，落后得很！——（LXL，东风村网商，2016）

---

① 马克思曾用"自在阶级"与"自为阶级"来形容特定阶级对自我所属阶级利益、群体身份以及其他领域的认识提升，并具备了对阶级斗争的主动认识和主动行动能力。本书在这里使用"自为农户"这一概念，意在指出东风村的农民在边缘化的发展过程之中，逐步从失序的状态走向主动出击、主动创业的发展路径，实现了一定意义的"文化自觉"，为下一步东风村网商经济的出现打下了基础。

这种困境与中国既有城镇化的路径及其行动倾向紧密相关。中国城镇化的推进方式与"地方法团主义"和"诸侯经济"的特殊地方经营形态形成了一种紧密的结合。在这种发展环境下，中国各个省、市、县甚至是镇，都如同一个个充满活力的企业组织，以"大政府"的制度安排和实践权力，整合、盘活、运营自身行政辖区内的所有资源要素，以"经营城市"的理念经营地方，实现地方经济的发展与社会的进步，而这种制度安排与地方政府领导的"任期制"相接，必然性造成一种城市发展的短视倾向，有学者将其归纳为是一种"职业经理人式"的城市经营方式[①]。

在这种路径中，由于东风村所在的沙集镇自身处在徐州市、宿迁市两个地级市的交界位置，这种行政管辖层面的"邻近性"使得东风村的资源利用价值被大大压缩，也因此丧失了在城镇化发展过程中的"优先级"。尤其是在改革开放之后，这种作为"邻近门户"的区域位置在很长一段时间内受到地方经营倾向的影响，不仅没有成为一种跨界发展的可能性优势，反而成为一种先天的地理缺陷。进一步说，由于宿迁和徐州自身的经济发展水平在江苏都处于后发位置，因此沙集镇所拥有的这种区位相邻性未能形成区域一体化或是同城化的发展态势和平台，反而因为徐州、宿迁邻近县镇彼此在产业结构、招商引资等层面的竞争关系成为投资力度较小的区域，即所谓的发展"洼地"。

东风村虽然在行政意义上归属徐州市睢宁县管辖，但东风村所在的沙集镇与宿迁市非常靠近，属于典型的两市交界过渡地区（见图2—1），而且沙集镇与宿迁城区的交通通勤距离要比与徐州城区的交通通勤距离快捷方便得多。通常情况下，处于这种地理位置的行政单位往往不是中国当下城市管理体制关注的重点，也就很难得到来自政府和市场的投资扶持，因此这些地方或多或少都会出现"三不管"的现象。沙集镇也不例外。由于自身处在宿迁、徐州的交界位置，因此徐州市的重点投资和主流产业布局不会过多考虑布向沙集镇，而宿迁市由于自身行政辖区这一核心要素制约，更不会将沙集镇纳入其整体产业发展框架之中。

---

① 房冠辛：《中国"淘宝村"：走出乡村城镇化困境的可能性尝试与思考——一种城市社会学的研究视角》，《中国农村观察》2016年第3期。

图 2—1　睢宁县沙集镇的区位

实际上,东风村的发展边缘化恰恰是因为现行的乡村城镇化遵循的是驱动中国改革发展的"GDP 主义"①。具体来说,就是在对农村进行现代化改造过程之中,以政府为主体,以最小的代价整合、获取、利用土地这一资源要素,在这个基础之上,招商引资大项目、大资本和大企业,不断提升特定空间范围内的 GDP 总量,从而实现区域在规模上的跨越式发展,形成某种"城市增长机器的内在发展机制"②。我们不能简单粗暴地认为这种做法是不合理的或是低效的,因为在过去 40 多年的改革开放过程之中,作为一种发展的根本指导性原则和思路,这套工作方法和思路取得了巨大的成就,东部沿海的大部分城市乃至县镇都是在这个原则和思路的指导之下实现了经济的发展与产业结构的不断优化升级,政府将土地、政策、资金和劳动力等要素的价格统筹掌握,并以较低的价格和较大的优惠实现对外来企业和产业项目的吸引,从而提升自己行政辖区范围内的投资强度,最终提升区域发展的各个宏观指标(比如 GDP、

---

① 刘永佶:《GDP 主义批判》,《中国特色社会主义研究》2010 年第 4 期。
② 张京祥、吴缚龙、马润潮:《体制转型与中国城市空间重构——建立一种空间演化的制度分析框架》,《城市规划》2008 年第 6 期。

财政收入、人均收入等)。

这种城镇化推进逻辑其实并非全无道理,中国发展迅速的大中小城市也是以这种方式作为推进动力的。但问题就在于,既有城镇化推进过程多是针对城市建成区范围内或是周边邻近地区等特定范围展开,空间城镇化产生的收益还是可以"回投"到这些"待城镇化"发展的区域,政府可以通过修建地铁、引进商业、迁移公共部门、兴建服务机构等方式推进特定区域的城镇化发展。而且由于在距离上相近,这些区域的城镇化并不零散,即便有很多收益被投入到城市中心区的建设,但这同样也意味着城市中心区辐射能力的增强,在这种情况下,这些区域可以通过公共交通建设以及投资外溢等方式从中得到"正向反馈",这也是为什么很多发展较好的小城镇要依托大城市周边进行发展的原因。而像东风村这种地处偏远区域的乡村也就因此失去了以政府投资实现自身乡村发展动力更替的可能。

> 过去我们村,都不说我们村了,我们镇,在睢宁还有徐州那边都是被人看不起的。人家都是政府在投资盖工厂、盖大楼、修车站、建小区,我们沙集这边根本没有这个待遇。没办法,谁让我们这个地方太远了,山高皇帝远。那时候开玩笑,领导过来视察一定不会来沙集,为什么,因为都是垃圾啊。——(LM,东风村网商,2017)

因此,东风村的困境有其背后更深层次的结构性因素。在中国推进城镇化的快速发展过程中,政府"经营城市"的制度安排与沿用"城市群"推进区域城镇化的方式非常关键。这种方式有力推动了城镇化进程,尤其是在长三角、珠三角、京津冀等区域形成了一大批世界级的城市群,而这些区域发展较好的层次(比如苏南、浙北等区域)已经基本达到了全域城镇化的阶段,城市繁荣,乡镇发达,乡村地区在经济生活水准和生活方式以及区域活力上也与城市基本持平。这实际是对世界上既有城镇化模式的一种引进与"后发赶超",在这一点上,中国城镇化的发展路径与中国改革开放之后在经济、文化等诸多领域的发展路径基本一致。但这种既有城镇化发展模式却在很大程度上忽视了"普通乡村",造成大量乡村无法得到来自政府资源层面有力的支持,也因此丧失了发展的机会。当下,随着城镇化的不断推进,中国乡村城镇化的对象已经转变成为偏远区域且远离大城市和既有城市群体系的乡村。目标的转变"应然"要求发展路径的转变,但实际上,中国既有的城镇化路径已经形成了某种"制度惯性"①,即由于城镇化推进的主体不变、思路不变,新一轮乡村的城镇化依旧延续甚至在一定程度上强化了既有城镇化的固有思路和做法。也正因为如此,在推进农村区域实现现代化的实践过程之中才会出现"参差不齐"的效果,东风村就是一个典型的例子。

东风村的困境在边缘化的发展"角色定位"之外,还出现了一种"发展主体"的"异位",即农民在东风村的发展过程之中长期处在一种"缺席"的状态。从既有发展来看,除了农民自己为了生计进行就业与创业的尝试之外,东风村乃至沙集镇主要的发展都是由外来的资本、技术进行推动而形成的。在改革开放之后,沙集镇主要的经济发展就是工业,基本上可以分为两个基本类型:其一为政府主导的企业改制,比如沙集镇大部分的装潢企业公司(飞龙装饰装潢有限公司、金彪装饰装潢有限公司等)就是在1996年之后,由乡办企业改制为个体私营企业发展而来。其二则是外来资本依托沙集镇廉价的土地、政策、人力等相关资源要素开设的分公司与低价值工业企业,比如2003年建成的江苏海德曼工业建材有限公司,以及君州窗帘窗饰有限公司等都是浙江台州等发达地区的投资。而在这个过程之中,农民作为乡村发展的主体已经缺位。

> 东风村那个时候也没什么出路,我们也不想去做塑料回收加工啊,又累又没钱赚,但好歹是个自己的营生。不然的话就只能去镇上厂里打工,那个时候镇上的企业也没有什么好的工作岗位,只能去做流水线或是建材加工,还不如回收塑料呢。——(HMS,东风村网商,2016)

由于农民作为发展主体的"缺位",乡村发展在路径层面存在极大的

---

① 戴昌桥:《论深化行政体制改革的"三重"阻力》,《湖南社会科学》2014年第4期。

"不确定性",从而导致资源浪费等一系列问题出现。外来主体更加关心的是如何将土地、文化、遗迹乃至生活样态等乡村资源通过城镇化实现"升值、变现和出售",农村、农业、农民("三农"议题)则成为次要议题,其解决很大程度上取决于偶然性机遇(比如流转农地的企业自身实力和运营能力等)和当地的资源优质程度(比如是否拥有较好的产业基础和自然资源等),具有很大的不确定性和不稳定性。这就是为什么全国诸多的农村城镇化改造案例当中,能够持续推进"三农"问题解决的案例比较少,就像学者研究指出的那样,更多地方出现了农民被迫上楼或是就业不充分、整体区域活力下降等问题,而这背后是既有乡村城镇化模式的问题所在。①

以东风村为例,在乡村城镇化这一议题上,政策语言与操作语言出现了典型的"两层皮",任何一个地方政府的政策语言或是宣传口径都将实现农民城镇化之后的美好生活和充分就业作为核心目的。但在实际操作过程之中,政府最关心的实际上还是流转出来多少土地(建设用地与农用地),这些土地能否获得合法性的土地指标匹配,未来自身管辖区域可以动用的土地空间资源是多少,能够招商引资多少个大项目,得到多少投资,最终回到一个根本问题,即对于特定农村区域的城镇化改造,能够拉动多少地方 GDP 的增量。而长周期视角下的产业经营、农民就业等持续性问题则一定程度上被忽略。对于东风村来说,最典型的就是当年发生的"波尔羊"养殖风波,而这种"周而复始"的资源浪费在全国各地都在频繁上演。

> 我记得很清楚,当时很多人都在养波尔羊,说这个羊市场价值高,政府也出面进行推广,鼓励我们把土地改变性质用来养羊。我当时也没有多想,就觉得大家都这么做,政府也这么说,就直接去养了。结果第二年波尔羊的市场价格一跌再跌,钱没赚着还赔进去不少。——(LXL,东风村网商,2017)

---

① 周飞舟、王绍琛:《农民上楼与资本下乡:城镇化的社会学研究》,《中国社会科学》2015 年第 1 期。张远索、崔永亮、张占录:《农民利益保护视角下的"农民上楼"现象解析》,《现代经济探讨》2012 年第 6 期。

因此，东风村所出现的农民"缺席"是城镇化"制度惯性"的产物。实际上是以 GDP 为导向的发展方式在乡村现代化这一特定领域的变形和微调，其本质、重点和运行逻辑基本一致。比如，在这种发展思想和发展方式指导之下形成"新农村"或是"新市镇"，实际上与城市、乡镇城区内部形成的工业园和新城一样，并没有充分考虑乡村地方的城镇化切实需求。沙集镇也进行过农民上楼集中居住的行动，但正如相关研究所揭示的那样，这些举措往往将重点放在入住率、小区环境、人均面积、流转效率、未来发展等政策叙事或是指标数字之上，而入住居民的生活、生产和休闲状况以及他们未来长时段内的适应情况并未得到重视，补偿金额等也没有充分与农民协商，因此遭到了当地居民的强烈反对。①

二 "自发"的突围：东风村成为"明星村"

综上所述，东风村及其所在的沙集镇在既有的乡村城镇化发展路径上已经陷入了一种失落的困境之中。一方面，由于目前既有的乡村发展多是政府主导，而东风村由于其自身地理位置等因素，使得政府很少将发展重点与优势资源（包括资金、项目与政策支持）放在东风村；另一方面，东风村以及沙集镇目前已有的发展路径和过程多数是借助外来的技术资本进行工业的"低效蔓延"与"廉价开发"，农民的主体性没有得到充分彰显和尊重。东风村的"失落"我们可以将原因总结为是一种"单向度的现代化植入"②。简单来说，就是在东风村发展的过程中，各级政府（尤其是基层政府）与外来精英等形成一个把控平台，将农村居民、资源等进行统一调度和支配，然后形成对外来资本、项目、产业、市场的单向度对接，试图利用产业项目、企业运作和技术手段（比如安置集中小区、规划设计、建筑创意、农业旅游等）将现代化"植入"到特定

---

① 折晓叶、陈婴婴：《项目制的分级运作机制和治理逻辑——对"项目进村"案例的社会学分析》，《中国社会科学》2011 年第 4 期。

② 单向度的现代化植入，其单向度概念来源于马尔库塞的"单向度社会"概念，原本用来描述发达工业社会的单一价值取向、单一社会标准等。笔者在这里用意形成乡村现代化的特点，即价值取向与标准同样单一，缺乏多元化，但同时也意在与"植入"一词联动说明这种乡村现代化改造的"主客体关系"非常明确与固定。参见马尔库塞《单向度的人：发达工业社会意识形态研究》，刘继译，上海译文出版社 2014 年版。

乡村区域。

在这种情况下，几乎每一个区域都会将主要资源集中在特定的"明星乡村"，但实际上这会造成乡村现代化推进机制的不均等，表现出非常典型的"树典型"倾向以及"马太效应"①。在现行的乡村城镇化模式下，一个村落要真正实现发展和现代化转型，基本要满足如下三个条件：其一，相关村落就有很强的唯一性资源要素或是较好的发展基础条件，比如地理位置优越、历史文化悠久、自然物产丰富、空间建筑特色等特点。这种村落往往都是因为其自身具备非常优越且不可复制的资源优势（唯一性红利），才能够快速形成自己的差异化核心竞争力。其二，相关村落所在区域具有较为前沿的政策导向灵活性（制度红利）或是较好的经济社会发展基础（经济红利），比如成都、浙江及江苏等地方的乡村发展好与这几个地方对于乡村政策的灵活性，尤其是对乡村土地流转和宅基地使用等产权相关领域的灵活性分不开②。与此同时，这几个区域都属于经济发展相对发达的区域，城市的反哺力量很强，可以为乡村区域的转型提供资金、技术和相关支持。其三，相关村落能够得到来自外部（尤其是政府）充足、专业、全面而又持久的全要素支持（政策红利）。换句话说，就是可以成为政府的重点建设工程。这是一种具有典型中国特色的发展动力，由于政府自身可以调动分配的资源极多，而且会对其他社会资本、技术形成引力，因此如果特定村落的现代化转型能够获得来自政府的认可和政策支持，那么就等于一下解决了资本、技术、运营、人才等多个维度的要素需求。

当然，这三者实际上构成了对乡村现代化分析框架的"理想类型"③，在实际发展过程之中，一个"模范村落"的形成往往呈现的是这三种类型杂糅的结果并且具有很强的关联互动性，一旦一个村落具备其中一方

---

① 默顿将"马太效应"归纳为任何个体、群体或地区，在某一个方面（如金钱、名誉、地位等）获得成功和进步，就会产生一种积累优势，就会有更多的机会取得更大的成功和进步。参见欧阳锋《科学中的积累优势理论——默顿及其学派的探究》，《厦门大学学报》（哲学社会科学版）2009年第1期。

② 成都是"国家级城乡统筹发展试验区"，而浙江则在土地置换政策创新等相关领域处于先行位置。

③ 萧俊明：《文化与社会行动——韦伯文化思想述评》，《国外社会科学》2000年第1期。

面条件，那么就会有更大可能获得来自另两个方面条件的支持与配合，"从1到∞"的过程非常容易。但由此也带来一种封闭性，即如果一个村落不具有这三个主要的限定条件，那么"从0到1"的过程将非常困难。这就是乡村现代化发展过程之中新的不均衡和"马太效应"。

　　对于东风村来说，要想突破自身发展在区域环境与既有乡村建设路径下的困境，就必须谋求成为沙集镇乃至睢宁县的"明星村落"，只有这样才能够获得足够的资源与政策支持，从而加快自身的发展。实际上在淘宝网商产业之前，东风村已经连续进行了多轮自主产业，正是依靠着村民自身的努力，东风村逐步成为沙集镇重要的乡村之一。在网商经济之前，东风村已经凭借着塑料回收加工产业成为沙集镇的"明星村落"，甚至于塑料回收加工也成了整个沙集镇的重点产业类型（见图2—2）。

图2—2　沙集镇政府的再生塑料循环利用产业园规划说明展板

　　因此，不同于大多数"明星村落"，东风村始终是以自身农民"自发性"的创业发展推动村落的发展，并形成了一系列的示范发展路径，淘宝村路径正是基于不断探索基础之上的新尝试。

第二节 "前淘宝"阶段：村落自发形成的重商传统

一 "破烂村"生意经：倒逼的"连续创业"过程

东风村的历史源远流长，相传在明末清初的时候，有一个姓白的人家在村头改了一个土地庙，为整个村落进行祈福，祈祷一直风调雨顺。因此，这个村就被称为"白庙村"。后来基于政治考虑，白庙村因为其浓重的封建宗教意图而不能继续存在，村民们将其改名为"东风村"，这个村名就来自当时的革命语录"不是东风压倒西风，就是西风压倒东风"。

随后，整个东风村被分为两个生产大队，即白庙大队与孙庄大队，后续基于大队转村的基本处理原则，分别成立了白庙村和孙庄村。而在改革开放之后，生产大队在基层社会中的重要性逐渐消退，因此本来就同根同源的两个村决定进行合并，本来的命名方式依旧是白庙村，但这种命名方式遭到了孙庄村的强烈反对，认为这是对自己村庄和大队记忆的一种漠视。于是上级领导各取一字，将整合后的村庄命名为白孙村。但根据笔者对东风村老一辈居民的访谈以及相关文献的查阅，在改名成为白孙村之后，原来孙庄村的死亡人数陡然上升，其中非正常与正常都有，因此当地民间流传出一说法，即白孙村这个名字"克"了原来孙家村人的命，这种民间非正式传说与既定社会事实相互呼应，迫使政府同意为白孙村再次进行更名，但孙家村的人否决了重叫"白庙村"的可能性，认为这相当于是整个孙家村"入赘"了白庙村，最终这个村庄又重新启用了东风村这个名字。

对自身村名的认真与"较劲"并不能带来东风村的迅速发展与繁荣。这个位于沙集镇的东部的村庄既是徐州睢宁县的东大门，又与邻近的宿迁市耿车镇隔河相望，地理区位优越，而且东风村区域地处平原，自然条件较好，适合农业开发。但从历史发展水平来看，东风村、沙集镇以及睢宁县一直以来都是欠发达地区。在经济发达的江苏区县体系当中，睢宁县可以说是一个发展洼地。究其原因，与睢宁自身的地理位置条件有着非常大的关系，作为古泗水（黄河）、睢水、京杭大运河等河流的流域所在地，睢宁是一个名副其实的洪水走廊，睢宁这一地名的由来就是希冀"睢水安宁"之意，但睢水恰恰一直以来都没有安宁，常年的水灾使得农业生产一直难以获得持续增长。因此，与地理位置、自然条件接近区域的苏北、鲁西南村庄不同，东风村没有将传统的农业以及农业相关加工产业作为自身发展的产业基础。

简而言之，东风村既有的结构性缺陷在很大程度上制约了其在乡村传统产业结构下的发展和突破，所以只能采取一些"非常规"甚至是"边缘化"的动作进行"内生性"的发展探索。例如，东风村在网商产业之前的支柱产业之一是"塑料再加工"。虽然作为一个产业类别，这个词汇听上去是中性的，甚至在一定程度上要比简单的粮食种植或是果蔬加工更加"上档次"，但实际上，塑料再加工却是一个污染性强、产出效应极低而且难以持续的劣势产业选择。

首先，塑料再加工产业的基础是大规模的废弃塑料制品，因此东风村的村民会从全国各地搜集各种废塑料以及其他相关产品运输到东风村，即俗称的"收破烂"。只有基于此，东风村才能以非常低廉的成本进行塑料再加工，成为塑料再生料，然后运往全国。因此在相当长一段时间之内，东风村的村落空间几乎被塑料垃圾占据，这不仅极大影响了东风村的村容村貌、生态环境，也威胁到了村民的身体健康。东风村也因此被睢宁县、徐州市乃至附近区域的其他村庄和居民称呼为"破烂村"。其次，塑料再加工不仅利润非常微薄、对行业从业者的工资收入提升有限，而且作为一个产业类型并不具备有效的行业门槛或是行业抗压能力，极易受到来自其他产业发展形势变化的波动和冲击。而东风村在2008年左右开始的网商转型探索在很大程度上是因为受到2008年国际金融危机的冲击，原本就利润率极低且面向出口为主的塑料加工回收在这种情况下更加难以为继，不得已东风村村民开始了新的产业发展转型探索。

因此，东风村的塑料回收加工产业并不能被看作是种种考量之下的优化选择，而更多应该被视作是东风村在自身发展困境中一种自发突围。这虽然在后来看来并不科学，但却是村民自发的选择，并且在2008年之前达到了一个相当的规模。当时东风村所在的镇政府——沙集镇政府甚至考虑立足东风村产业基础之上，准备规划新建一个塑料加工产业园，进一步引导整个东风村乃至沙集镇的塑料加工产业发展。东风村主要从事的其他产业除了塑料回收加工,还有养猪、粉丝生产等农副产品加工产业。"户户种小麦,路北磨粉面,联合烧砖瓦,全乡收破烂"是对当时东风村发展情况的一种社会标签和某种程度的"调侃"。

> 那时候生活太苦了,每天早上起来做豆腐,然后骑着自行车到宿迁去卖,中午还要到家喂孩子、换尿布,下午又要开始准备第二天的豆腐,每天都忙到大半夜才能睡觉。赚钱? 赚不了钱,一筐豆腐成本就要五六块,一共也挣不了几块钱。他就更没用了,做买卖要会吆喝啊,他根本不会。好不容易有人要买了,他又不会用秤盘,笨手笨脚地把豆腐就给搞掉了,结果一斤也没卖掉,回来之后只能拿去喂猪了……还不都是为了维持生活,改革开放搬运站就解体了,那时候什么也没有,只有人均四分地,怎么可能养活得了一家人? 所以就去做豆腐、做拐粉,后来又用豆腐渣来养猪。那时候大家都在做什么我就做什么,从养猪到塑料回收加工,我一样也没落下。——(XM,东风村物流经营者,2016)

笔者无法也没有必要对东风村在淘宝网商产业出现之前的发展阶段做一个全景式面面俱到的描述与呈现,但从东风村对自身产业发展的选择路径上可以看出,东风村存在着与传统北方农业乡村社会不尽相同的发展轨迹,这为后续东风村进入淘宝网商产业这一新兴业态的选择提供了一种合理解释。东风村与淘宝网商的"耦合"并不是一种偶然,而是与其之前既有的发展历史以及基于此形成的特质要素紧密相关。正是因为自身在地理位置、自然资源、区位交通、行政管辖等多方面形成的局限,传统乡村产业在东风村难以奏效。在这种情况下,村民利用"塑料回收"等低门槛、低价值的产业为切入口,逐步摆脱了"靠天吃饭"的自然农耕式生产方式及思维习惯,转而依靠自身的主动性和智慧来谋求生计。这不仅在很大程度上推动了东风村的产业发展,更为重要的是成了东风村的一种"集体行动倾向",甚至这种对自发性、个人市场化探索行为的重视在长期的发展过程中渐渐演变成为东风村一种独特的集体文化甚至是"地方精神"(local spirit)。这种地方精神尤其体现在村民对经济发展波折的"抵抗能力"与"再学习能力",更进一步说是一种不断探索经济产业创新发展的韧性。

在"塑料回收加工"产业之前,从 1982 年到 1998 年,东风村还兴起过一阵"生猪养殖"产业的参与热潮①。在最开始的时候这个产业利润非常丰厚,一头猪的利润可以达到 500 元,在 1995 年东风村的生猪养殖达到了顶峰,全村一共有 300 户养殖,出栏的肥猪达到了 1500 头,每户的平均养猪数目达到了 10 头。但这种产业热潮随着 1998 年金融危机的到来迅速降温,金融危机期间猪肉价格大幅度下挫,整个市场供需失衡,养猪的利润空间急剧缩小,东风村的养猪业就此终结。但村民在这种冲击下并没有放弃对产业经营的探索。随着养猪产业的衰落,一部分村民开始在隔壁宿迁市耿车镇的影响下从事废旧塑料回收加工产业,从最开始的单一回收废旧塑料,到 2000 年左右开始进行简单的初级加工,以回收来的废旧塑料作为原料形成工业材料,并用在制造业最终成为工业产品出口,从中获取利润。在 2005 年的时候,东风村的塑料回收加工达到了顶峰,全村有大概 250 户参与其中,年产值达到了 5000 万元。但与之前的养猪产业一样,新一轮 2008 年的金融危机极大影响了塑料加工产业的全球市场供需,对外贸易的下降带来了对塑料制品的需求下降,塑料价格从原先的 4 元一斤降到 2 元一斤,本就对资源环境有极大破坏的塑料回收加工就此一落千丈。

从上述分析我们可以看到,这两次产业热潮的终结基本上都是因为外部经济危机冲击与东风村自身所处产业链条位置低端性相叠合,使得东风村根本没有足够的抵抗力来应对,从而最终导致一个产业类型的终结。而这实际上也是很多乡村发展产业的一个"两难困境",一方面较小体量的发展单位要想实现自身的创新突破,就必须积极介入更大的资源与需求市场;但另一方面,一旦外部大环境发生变化,小体量发展单位往往很难有足够的资源存储与较高的产业门槛来进行应对。而与此同时,这种频繁的创业实际上已经形成了一种"做生意"的区域传统,相关学者的研究就指出,乡村产业创新程度与农民创业"创业氛围"打造有很大关系,特定地区的创业水平可以由这一地区创业行为的复制频率来决

---

① 本章节相关产业发展数据均来自笔者在东风村对相关政府人员、既有产业从业者的走访与调研访谈。

定,良好的创业氛围可以通过提升创业成功率、相关成员创业意愿、能力和对风险的偏好等因素优化这一指标,继而改善创业环境并推动创业行为发生。① 东风村的连续创业尝试就让这个村落具有了某种乡村创业的"社会氛围"与"文化特质"。

在这两次产业尝试之后,东风村一直在寻找下一个产业起飞的窗口,直到 2006 年,以 SH 等人为代表的网络电子商务产业开始出现并迅速崛起,成为东风村自改革开放以来第三个自主驱动形成的内生性产业。因此,笔者认为,后续东风村的网商产业的发展并不能被简单地看作是一种完全凭空出来的"创新社会现象",而是东风村这片社会土壤所孕育出来的一种新的"果实"。

二 地方性文化特质:贩运商业与"沙集腊皮"

东风村在自身发展过程中逐步形成了一种"地方精神",这种"地方精神"在许多环节具有与传统乡村文化截然不同的特征和由此形成的行为模式。比如,由于长期从事"塑料加工产业",因此东风村在很长一段时间内被称为"垃圾村",这种对东风村的"贴标签"行为暗含了一种内在的不理解甚至是轻视、蔑视等价值观判断,但东风村的居民却对此不以为意,在访谈中,几乎所有村民(不管是参与过塑料加工还是没有参与过)都对这段时间持肯定态度,在他们看来只要能挣钱,别人怎么看并不重要。这实际上构成了东风村"地方精神"的一个重要表现,即某种程度的市场化"实用主义"倾向,而这种独特文化气质和行为选择倾向在后期淘宝村发展过程中也发挥了非常重要的作用。

> 当时其实想法很简单,什么赚钱就做什么,老百姓都是从土里刨食吃的人,有什么不能干的,不都是通过劳动搞一点血汗钱吗?……后来我觉得废旧塑料回收很不错,于是村里还专门成立了一个塑料回收集团公司,和有关厂家签订合同,组织村民一起干这个事情。其实说白了,收破烂当时在我们眼中也是一个事业!——(WWK,东风村原党支部书记,2016)

---

① 吴义刚:《创业氛围:基于内生演化的视角》,博士学位论文,安徽大学,2005 年。

正如前文所述，东风村这种地方文化和行为倾向性的形成与其自身的发展过程及所处地理位置有着很大关系。这种现行体制既有框架边缘的位置固然局限了东风村获得来自现有行政资源的倾斜，但却使其可以获得现有体制框架之外的"新增长"，而这种"新增长"不仅表现在产业形态、发展路径、就业方式等宏观层面的创新，更为重要的是可以形成一种新的地方文化和思维方式。这也构成了某种程度上的"改革红利"。

这种"改革红利"的出现往往来自既有体制框架的"边缘单位"，而之所以如此，恰恰是因为这种"边缘单位"往往没有形成强大的既有利益集团，也没有形成较大的发展包袱，因此可以以更快的速度接受新事物、新可能，并能够切实推进发展，从而形成"改革红利"[1]。在改革开放之初，正是深圳、珠海、汕头等一批原本国有经济发展体制框架的"边缘单位"率先突破发展，并最终在市场经济的新框架内实现了自身的发展。因此，就如同改革开放之初的深圳等边缘性区域一样，东风村这种两个行政区域的交界位置也赋予了其面向新产业形态和新发展方向以更大的接受度和接受能力，而在这种不断产业经济创新尝试的过程之中，东风村逐渐孕育出来自己独特的发展路径和地方精神，并且依靠这种人为的主观能动性实现区域的创新发展，以一种内生性的方式兑现了"改革红利"。比如社科院的调研就显示，沙集镇的就业结构呈现出独特的发展脉络，只有27%左右的人从事农业生产，而接近60%的村民是在外地或是本地企业打工。[2] 因此，敢闯、敢拼、敢创新成为东风村发展的一个"发展共识"。

与此同时，根据与部分徐州本地人的访谈，他们并不将沙集镇以及睢宁县视作是传统徐州的一部分，即"我们本地的徐州人都不跟睢宁那边的人玩，他们跟我们不一样"，这种"不一样"的归类既包含着两个地方在交通、区位、产业等硬指标层面的显性差别，又同时包含着两个地方在地方文化、生活方式、职业选择等软指标层面的隐性差别。而正是这样一种不一样和边缘化，构成了东风村能够不断创新发展的前提基础，

---

[1] 张占斌：《中国经济发展新阶段：新挑战与新机遇》，《经济研究考》2015年第1期。
[2] 叶秀敏、汪向东：《东风村调查——农村电子商务的"沙集模式"》，中国社会科学出版社2016年版，第38—39页。

第二章 从失序农民到自为农户：淘宝村的文化前提

最终成为全国范围内淘宝村发展的典范。

因此，从东风村的发展历程我们可以看出，相对边缘的区位反倒构成了东风村发展的一种"边缘红利"，而这其中最为重要的红利就是形成了一种乡村环绕当中的"文化特区"，即东风独有的地方文化特质，一种主动寻求突破、一切向利润看齐、积极解决问题的"市场精神"，从这个意义出发，东风村可以被称为是一个"乡村文化特区"。比如 WM 既是东风村党支部书记，也是经济发展能手。WM 在 1994 年从凌城中学高中毕业回家之后，先后从事过农副产品加工（做豆腐、拐粉、喂猪等）、废旧塑料回收加工等行当。2008 年金融危机来临，WM 也开始跟着做淘宝的人学习，开始进行家具材料销售，主要是从事加工贴面板的相关生意。

> 东风村跟别的地方不太一样。这里的人没事干就会被别人看不起，没有钱的人，同样也会被村民看不起。不是说你是村干部了，你是村委书记了，你就能怎么怎么样，没用！你说你自己不赚钱，也不会挣钱，凭什么村民会听你的指挥。你让他们这么那么干，他们根本不会理你，也许人家当面不说你，但是背后一定也不会听你的。所以在这里当干部，我们两委会的班子成员，家里都是有事做的，不管是直接做淘宝还是像我一样做家具生产和材料，都要有不错的收入，人人家里都要有小车，不能指望做村干部这点过日子！——（WM，东风村党支部书记，2017）

东风村之所以可以成为一个成功的淘宝村，绝不仅仅是互联网经济、技术、产业创新在背后发挥着作用。可以说，东风村形成了不同于中国传统农村"靠天吃饭"的传统。东风村人被誉为是苏北的"以色列人"，这种称呼的背后是东风村人不安分、勇于拼搏创新的写照，这在一定程度上代表了东风村在网商产业兴起之前的独特地方文化。

> 我觉得做任一个事情，都要有目标，然后要有理想，不能怕失败，要不断地改进，不断地坚持。——（CB，东风村网商，2017）

东风村一直有一个独具地方特色的产品，就是著名的沙集腊皮。作为一种农副产品，腊皮实际上并不是东风村独有，而是整个徐州地区都有的一种特色食品小吃，东风人称之为粉皮，即用山芋淀粉或者是绿豆淀粉等进行加工，形成特色小吃，呈现出天然半透明的样态。虽然是一个徐州人人都能做、人人都会做、人人都可以卖的产品，但东风村就能够将整个徐州都有的腊皮做到不一样。

在徐州市场，睢宁腊皮就是地道的象征，要比一般的当地腊皮更为畅销。而在睢宁腊皮之中，沙集腊皮又是最为出色，要比一般的腊皮贵上几倍。不仅如此，东风村所在的沙集镇还将腊皮卖到了北京、哈尔滨、兰州、乌鲁木齐、香港等地方，让更多对这个产品不熟悉的消费者接受了这种来自自己家乡的产品，并且将原本仅仅是一个地方小吃的腊皮做出了市场规模和品牌认知度。这无疑彰显出东风村人实际上已经有了一定的"企业家精神"。比方说，在采访中笔者得知，许多徐州做腊皮生意的人会采购当地的淀粉或是直接购买大包装的量产淀粉，而沙集人却始终保持品质，坚持用火车将自己的山芋淀粉运到目的地进行生产以保证品质。这就体现了一种专业、执着以及对于品质的追求。

历史上的东风村从发展条件来说可谓是"一穷二白、身无所长"，而在没有资金、没有技能、没有资源禀赋的条件下，东风村人要想实现改革开放之后的发展变革，改变因自然条件不利形成的积贫积弱现象，只能从打工和最低端的产业做起，东风村人的务实精神由此形成。不管是做腊皮、养生猪还是从事塑料回收加工，东风村在不断尝试中探索着自身发展的出路，也形塑了属于自己的地方文化和精神。东风村不仅将腊皮做出了品牌，做到了全国，更是通过毫不起眼的废旧塑料制品回收一点点积累资本和行业知识，将被人看不起的"拾荒"产业升级成为废品加工产业，并逐渐将发展重点聚焦到成本低、规模大、周转快的塑料加工，最终将沙集打造成为全国知名的再生塑料加工产业集聚区。这种自力更生、不断探索创新的过程充分体现了东风人的文化特点，我们可以用"重实不重名"或者是"先实后虚"来概括。

东风村既有区域文化特征所体现出来的是一种"增长动态性"的文化取向与浓厚的地方商业文化传统，这与传统乡村偏重"维持现状"的文化取向以及农耕文化传统有着极大的不同，正是这种文化取向使得东风村始终能够在不断的产业尝试中积累，并最终为东风村淘宝网商家具产业的爆发性出现和迅速增长奠定了基础。这种积累不仅仅是资金、行业经验、经营技能等领域的积累，更重要的是一种文化上的"准备"与"熟悉"。对于东风村来说，即便淘宝网商是从未接触过的一个全新产业业态，但其本质上与养猪、卖腊皮以及回收塑料加工等之前既有行当没有本质区别，都是一个值得尝试的"生意"而已。

当一开始SH等人开始进行淘宝网络销售的时候，全村的村民都不是很理解这种行为，因为这件事情已经远远超出他们之前的经验范围。"我们从来没有见过一个来买的，那他到底是怎么卖的？"在不发生实际接触的情况下进行产品销售，对于村民来说的确是一个全新的概念和认知范围。"我们见过逮鱼的渔网，见过网棉被的被网，那都是能看见的"，在村民看来，这个新的事物"跟说瞎话似的"。但此时一直积累形成的文化与行为倾向发挥了作用，虽然将信将疑，但看到SH等第一批东风村网商的确挣到了钱，大家就开始跟他学习，慢慢地网店经营者数量就开始增多了。

> 当时确实也是看不懂，没听说过，哪有生意是坐在家里什么都不干就能做的呢？但后来看到人家确实赚了钱，不得不信啊！我当时就找熟人一打听，感觉也不难，想想不就是一个卖东西吗？能难到哪去？所以我也就干起来了。——（WCZ，东风村网商，2017）

这种尝试的背后实际上是因为东风村有着较为浓厚的经商传统与文化底蕴，以及与之相匹配的勤劳、竞争、积极、踏实等配套的文化倾向。

> 我觉得东风村人与其他地方人最大的区别就在于勤劳。东风村人特别能吃苦，而且面对竞争的态度非常积极向上，敢于竞争，不保守也不自私。我觉得这对东风村的网店创业是非常有利的，而且他们有这个传统，以前不管是养猪、做塑料回收加工还是其他什么都一样，就是一句话，肯吃苦、想富，不想让别人看不起，要自己掌握命运和发展。——（WDB，东风村网商，2016）

因此，并不是所有淘宝村都可以通过后期的主动性建设发展起来，那些能够成为淘宝村的村落在其社会集体认知与地方文化精神等层面，就已经孕育了很强的现代化特质和特定的结构性要素，以淘宝为代表的电子商务只不过是他们在自身现代化发展精神驱动下所抓住的一个窗口和机遇。如果我们将乡村产业的发展过程概括为"先富带动后富"，那么这种传播过程一方面需要具备商业技能与市场意识的"乡村能人"，另一方面要有可以让能人经验进行传播的路径机制、技术条件以及一种独特的区域文化，而后者恰恰是制约许多淘宝村出现的原因，比如山西省吕梁地区的临县就有一个非常成功的农民网商王小帮，但是他所在的村落就没有人进行学习、模仿和传播，也因此无法形成淘宝村。

三 外部的配套条件：东风网商兴起的支撑

东风村淘宝网商产业的崛起与兴盛固然是具有自身内在因素的助力，但也不能离开一些外部因素的影响，前文所提及的东风村发展历史及其地方文化特质等因素的形成就可以被看作内在因素的一部分。而除此之外，网商产业在东风村以及其他村落的兴起也有一些基础性因素，这些基础性因素包括政策、交通、产业、文化等各个领域，恰恰是这些基础性因素的发展和成熟与东风村村民的个体行为相切合，才最终推动了东风村在网商产业的迅速崛起。具体来说，主要包括以下三个方面。

第一是外部大环境的改善，主要是电子商务发展和基础设施建设带来的外部性溢出，极大降低了乡村进入互联网经济的门槛。随着中国经济的快速发展以及地方政府对自身地域性经营意愿和能力的持续上升，许多乡村电子商务发展所必需的配套性产业和基础设施，比如交通、通信、物流等得以从城市向广大县镇乃至乡村地区蔓延和渗透，这一切为淘宝村的兴起打下了硬件基础。东风村所在的徐州市位于江苏省北部，自古就是兵家必争之地，也是重要的交通枢纽城市。由于江苏省自身发展水平较高、基础设施投资建设能力较强，因此以高铁为代表的城际轨道交通、环城公路、国道、省道、县道乃至村村通公路的交通设施建设发展非常迅速①。地处其中的东风村不仅具备向邻近县市辐射的能力，甚

---

① 徐州是全国重要的铁路枢纽，有京沪高铁、郑徐高铁、京沪铁路、陇海铁路、胶新铁路、新长铁路、丰沛铁路、符夹铁路等经过，拥有徐州东站、徐州北站（亚洲第二大编组站）两个火车站，还拥有徐州观音国际机场与徐州港，后者是国家重点建设港口（具备海港功能）。

至可以经由徐州的交通连接功能向全国范围内进行物流输送。

而在中国的城市管理体制下，中央和地方政府可以通过转移支付、专项支出等多种手段实现对相对落后乡村地区的不断输血和前置性基础设施建设投资，比如从2004年开始的"村村通"工程①，就是一个国家系统性提升乡村基础设施的建设，公路、电力、生活和饮用水、电话网、有线电视网、互联网等相关设施实现在几乎所有中国行政村的全覆盖。而其他配套工程，比如"家电下乡"②等都极大提升了中国乡村的基础信息环境，尤其是在互联网领域的基础物质设备环境。与此同时，中国电商企业主体的迅速崛起也分担了相当一部分互联网经济下乡的成本，这种成本不仅包括有形的经济补贴，比如贷款、设备捐赠、物流补贴等，更包括一些无形的技术输出，比如人才培训、媒体宣传、技术推广等。因此，虽然在东风村最早淘宝网店出现的2006年左右，乡村电商还是一个比较新鲜的概念，但相关的基础性因素实际上已经具备，而这也构成了东风村个体介入网商产业发展的可能性条件。

第二是乡村社会特有的"熟人社会"等结构特征在很大程度上降低了东风村网商创业的启动成本，再加上通过既有的塑料回收加工等产业尝试和经营，东风村早已经摆脱了传统乡村依靠农业生产加工进行低效资本积累的方式，许多村民在不断创业、做生意的过程之中形成了相对于普通村民来说较为"丰厚"的财富积累，而这也为东风村网商产业的发展打下了物质基础。乡村创业的最开始成本很低，相对于城市的市场化核算和资源供给方式，乡村在空间租赁、劳动力雇佣、租金税费等方面拥有巨大优势。东风村最开始的网商从业者因为乡村在地域关系和亲缘关系上紧密结合，因此相关创业行为在一开始几乎都是以亲戚、朋友、家族等形式出现，即便是进入创业中后期，网店的相关仓储乃至生产空间也多半依靠自身乡村居所的改造和扩建完成，这两项的费用都非常低，并且之前从事各种生意产业也让大部分东风村村民形成了一定的经济积

---

① 2004年1月16日，信息产业部下发了《关于在部分省区开展村通工程试点工作的通知》，同时出台了《农村通信普遍服务——村通工程实施方案》。

② 自2007年12月起在山东、河南、四川、青岛三省一市进行了家电下乡试点，对彩电、冰箱（含冰柜）、手机三大类产品给予产品销售价格13%的财政资金直补，2008年财政部、商务部、工业和信息化部印发了《关于全国推广家电下乡工作的通知》（财建〔2008〕862号）。

蓄，所以东风村作为一种乡村创业类型的启动成本非常低，也完全在村民的能力范围之内。

> 我们家原本就是做塑料回收加工生意的，一下子拿出几万块钱其实还是问题不大。后来我就在睢宁大观园那边买了机器，自己家里面就有场地，从2000到2012年扩建到500平方米，开始了家具生产加工。我当时根据别人的图纸改了一款母子床的设计和加工工艺，每张床卖到了1600元，当年就靠这一款爆品销售冲到了800多万元，后来我就升级了机器，引进了加工流水线，让我爸也放弃了原本的废旧塑料加工，全家一起开始淘宝。我爸负责后勤，我媳妇负责客服，我负责生产组织进料。——（MLY，东风村网商，2017）

同时，相对于其他传统的一、二、三产较大的投资要求，电子商务作为一种互联网经济对初始资金、技术和时间的投入要求很低，东风村几乎所有的网店经营者都是从"中介商"的角色开始，即自己本身不生产产品，也不持有任何产品库存，只是通过网店进行宣传推广，在消费者通过网购平台下单之后再进行采购—打包—物流等流程，赚取中间差价，因此东风村的网店经营绝大部分投入都是在线上包装、设计、销售、售后等环节，属于典型的"轻资产"产业。而在后期随着竞争的加剧以及市场需求的变化，许多东风村网商开始进行生产、物流、仓储等相关"重资产"环节的布局，但彼时的网上经营者一方面是早已积累了一定的资本进行投资，另一方面互联网销售的特性决定其依然可以实现"零库存"生产，很大程度上降低了投资的门槛。因此，东风村的淘宝网商产业启动成本非常低，也更加容易得到推广。

> 刚开始确实很简单，我跟我表哥一个人看一台电脑，反正只要是我们沙集镇产的家具随便卖。你要什么我就做什么，我自己做不出来就去找别人做出来然后再卖。后来到了2011年，销量大了，有本钱了，一天可以卖到四五十个，再加上竞争激烈，很多东西不太好拿货了。所以决定就自己干，上机器，自己生产自己加工自己卖。——（SYB，东风村网商，2016）

第三是区域性产业基础的成熟与相关配套措施的基本成型。淘宝村网商产业很大程度上依赖于本地性的优势产业基础或是自然资源优势，围绕特定淘宝村的核心产品不仅要有很强的规模成本优势或是唯一性，更要初步形成配套体系。当然这种产业基础并不局限在一个村落或是一个乡镇，可以扩展到周边区域，比如临近乡镇或者是县域范围之内都可以。我们可以将这种区域产业基础归纳为两个基本类型：其一是特定地方产品优势，比如某个地方在特定产品上具有一定的性价比或是其他竞争力优势；其二则是产业配套优势，这种配套优势不仅是产业链环节的齐备，更重要的是有相关专业人才的存在。而东风村的淘宝化同样离不开自身所处区域产业基础的配称，东风村和沙集镇是一个典型的非农业导向产业发展方向，因此相关的产业配套比较完善，村民在一开始尝试通过网络销售简易韩式家具的时候，正是因为睢宁县域范围之内存在着一批家具厂和手工作坊，因此可以向一些木匠寻求合作，在这基础之上不断尝试进行新产品的试验。而且相关的物流等配套服务产业虽然发展程度不高，但也基本实现了覆盖，这些区域已有的产业基础都构成了东风村淘宝发展的重要前置基础。

一个村庄的创新发展不可能是一蹴而就的，正是因为在之前过资本、技术、经验和形态上的充分积累，并给予外部发展环境的成熟与配合，东风村才能够在电子商务的浪潮中果断出击、把握机会并最终成长。这也说明任何一个乡村发展都要基于自身发展的既有基础和属性，以此为立足点实现内生性增长，而不能盲目照搬外部的发展经验。

第三节 "淘宝第一村"：东风村网商发展的典型性

一 从最先崛起走向"网商沃土"：研究代表性

在全国数量众多的淘宝村当中，江苏省徐州市睢宁县沙集镇的东风村（东风村基本情况见表2—1）具有非常强的典型性和研究价值，也因此成为本次淘宝村研究的调查田野和核心对象所在。而之所以东风村能够从众多淘宝村中脱颖而出，归根结底是因为东风村自身的特质以及在发展乡村网商产业过程中逐步形成的属性。具体来说，有如下几条①。

表2—1　　　　　　　　东风村基本情况介绍

总面积	6平方公里
耕地面积	4489亩
自然村庄数量	11个
村民小组	13个
村庄总户数	1180户
村民人口	4849人

其一，东风村的"淘宝化"起步最早，而且经历了完整的发展周期和不断的突破升级。东风村的淘宝网商生意从2006年就开始起步，是国内最早一批乡村淘宝崛起的试点之一。在2009年，当时在全国范围内被认证的淘宝村只有三个，分别是江苏的东风村、浙江的青岩刘村以及河北省的东高庄。而在后续的发展过程中，东风村也经历了从初期简单的"中介倒卖""自产自销""无序竞争"到后期的"产品创新""品牌建设"的发展转型。现在的东风村，已经从简单的木质拼装家具走向了多样化，板式、实木、钢木等结构门类已经成熟，服装、休闲食品、鞋包、土特产甚至智能家居等多类型网络销售都开始出现。现在东风村超过15亿元的销售额之中，板式家具大约有6亿元，实木家具7亿元，木工和机械家具配建9000万元，11家手机电子配件销售额达到6000万元，甚至服装和内衣销售也有500万元。可以说，以家具类销售为龙头，东风村的淘宝村发展之路正在从单一走向集聚，产品也从简单的仿制走向自我设计，甚至一些领先的企业和公司已经可以根据不同客户的需求进行设计与量身定制。

最为关键的是，东风村目前已经具备了自我创新的能力。根据阿里研究院的相关研究结果，"子母床"这一品类很大程度上就源自东风村家具网商的制造和推广，仅在2013—2014年一年，睢宁县的子母床订单总

---

① 东风村的网商发展相关资料来于笔者对实地调研访谈、外部公开资料、地方统计信息以及来自阿里巴巴内部资料的整理汇总。

销售额就有 6.5 个亿，淘宝平台上搜索子母床，销量最高的前十二位有九个都来自沙集镇（见图 2—3）。可以说，这已经成为东风村的爆款产品，而一个爆款产品由农民自己制造、销售、维持并延续至今，可以说明东风村在网络电子商务的运营已经具备了相当水准，超过一般的农村电子商务，已经具备了在特定产品类型的市场优势与创新能力。

图 2—3　淘宝网"子母床"产品的徐州商家销量

其二，东风村的网商产业已形成产业集群，并带动乡村城镇化与生活方式的转变。东风村的淘宝产业开始显现出巨大的辐射带动效应，目前整个沙集镇的家具网络销售产业也在迅速发展，围绕着淘宝村，一个非常完备齐全的产业链条正在形成。沙集镇一共有物流配送企业 42 家、板材贴面批发商 5 家、家具配件商 8 家、木工机械配件商 7 家、木方材料配件商 4 家、上规模的家具生产企业 300 多家。除此之外，东风村电子商务产业的崛起带来了其他配套产业和配套服务的繁荣（见表 2—2），仅在东风村的物流一条街，截至 2014 年就有 43 家物流快递服务商入驻，集中了融资、理财、摄像、修图、打印、装修、运营、营销、法律、培训、品牌等多种相关产业门类，并且在每一个行当里有多家比较专业的服务提供商进行综合比对。东风村也已经拥有了自己的幼儿园、教育机构和产业园，原本城乡二元的城镇化推进方式和资源流动方式开始变化。

而且，在后续的访谈过程当中可以发现，东风村长期以来电商产业的繁荣已经开始对当地村民及从业者的生活方式及思考方式产生影响。甚至许多经营情况较好的从业者认为"相对于城市（比如徐州或盐城），更愿意在东风村生活"。这恰恰说明东风村的淘宝产业发展已经从单一的产业创新现象开始向区域城镇化、现代化创新探索转变。

表2—2　　　　　东风村网商家具产业发展情况介绍

网店销售额	15亿元左右
网店	3000+
网商经营者	800户+
家具加工厂	200+
配套服务商	30+
物流服务商	40家（四通一达、EMS、天天快递、华宇物流等）

其三，东风村在淘宝化之前的困境具有很强的典型性，能够代表乡村发展共性。东风村在淘宝网商产业发展之前是一个典型的"边缘乡村"，在所处区位、交通条件、农业耕作、自然资源、历史文化、生态旅游、政策倾斜等相关领域都没有什么独特的竞争力，可以说是一个先天条件非常"平庸"的乡村。而随着城镇化的展开与城乡二元体制的逐步形成，东风村在其发展过程之中又陷入了与大部分中国乡村同样的发展困境。乡村产业的低端化与脆弱性使得东风村始终没有形成具有足够盈利能力和抗市场波动能力的高价值产业集群，除了传统的农业耕作和养殖，东风村先后只能以生猪养殖、塑料回收加工等初级产业为主要经济来源，不仅极易受到外部市场波动冲击、利润率低，而且以对资源浪费和对村庄环境的极大破坏为代价。在这种情况下，农村的劳动力人口，尤其是年轻人不断外流，因此东风村的经济发展与社会发展都非常薄弱，只能不断依靠外出打工与低水平产业经营维持。

其四，东风村已经成为区域增长核心，实现了对沙集镇乃至周边乡镇的带动辐射。截止到2016年，沙集镇全镇共有网商4000余家（其中年销售额超过500万元的网商达32家，超过300万元的达492家，超100万元的达325家），网店5005个，家具厂500余家，从业人员15300人，物流快递企业43家、人员就业15300人，物流月出量近4万件、4500余吨，同时推动木材板材贴面批发销售、家具配件门市、木工机械配件门市、大型超市等产业的急速发展。除此而外，还推动了电力、银行、电信等配套服务商的入驻（比如中国农业银行、中银富登村镇银行先后入驻沙集镇）。网销品种也不断丰富，从以前简单的架类、柜类板式家具，发展到较为复杂的书桌、床、衣柜领域，用料也从复合板扩大到实木、钢构和软包家具；网销渠道不断拓宽，销售平台多样化，沙集镇网商不但借助淘宝网、淘宝商城平台，也有不少网商加入易趣、拍拍、京东商城、亚马逊等销售平台。网络经济飞速发展，连续几年推动沙集镇网销总额急速提升，2012年沙集网点的销售额超过11亿元，2013年电子商务产值突破15亿元，2014年销售额达到26亿元。而周边宿迁市的耿车镇也积极学习东风村的网商家具模式，形成了一个跨越徐州、宿迁两个行政市，集聚多个乡镇，以东风村为核心的产业化—城镇化创新发展空间（见表2—3）。

表2—3　　　　　　　东风村网商家具产业发展大事记

2006年	"沙集三剑客" SH、DFCL与XK开始在淘宝网上注册网店，销售非常简单的组合木质家具并获得成功
2008年	东风村的村民开始自发效仿沙集三剑客的网络销售行为，整个村庄开始呈现出电子商务萌芽，当年全村的电子商务销售额达到4000万元
2009年	东风村出现了400多家网店，整个村庄在家具品类的网上销售额突破了1亿元
2010年	东风村的网店数量超过1000家，销售额突破3个亿
2011年	东风村的网店数量达到1500家，销售额突破6个亿，并且在这一年，重庆等地方媒体以及阿里巴巴官方研究机构开始介绍推广东风村
2012年	东风村的网店数量达到2051个，销售额突破11个亿
2014年	东风村的销售额创纪录地达到了13个亿，在规模和效益等意义上成为真正的"中国淘宝第一村"
2017年	东风村的网店销售额再次突破新高，超过了15个亿，网店数量也突破了3000家，在其带动下，形成了横跨徐州、宿迁的区域网商家具产业发展特色集群

二 从耿车模式走向沙集模式：网商经济扩展

在 20 世纪 80 年代，宿迁市的耿车镇因为塑料回收加工产业的发展迅速崛起，成为乡村工业下乡的典范，一度成为周边几个乡镇学习的榜样，甚至一度成为与"温州模式""苏南模式"相连接的"耿车模式"①。当时的耿车镇本身人口不足 4 万，但一年内，各地前来参观学习的人数就达到了 7 万人。而费孝通也曾经多次前往耿车镇进行调研和考察，这实际上是费孝通先生对农村经济发展中各地区因地制宜发展多样化"模式"尝试的深化研究。当时耿车全镇以乡办、村办、户办、联户办"四轮齐转"发展废旧塑料加工产业，走出了苏北落后地区乡镇企业与乡村工业发展的一种新可能。正是在耿车镇的带动下，东风村也开始学习引进塑料回收加工业，从而在徐州、宿迁交界的位置形成了一个特色的塑料回收加工产业集群。

而在当下这种学习模仿的角色则完全调转了过来。耿车镇在 2016 年开始启动了耿车片区废旧物资回收加工综合整治工作，按照"彻底禁、禁彻底"的相关要求全面进行塑料回收加工产业的关停和整治。伴随着这种关停整治而来的是耿车镇对于电子商务产业的极大发展热情，2016 年耿车全镇的电子商务交易额达到 20 亿元，获评"全国淘宝镇"。这与耿车镇向沙集镇东风村淘宝村发展路径的"学习取经"分不开，先是村民自己通过乡村社会关系网络获取了相关信息进行电商学习、模仿与创新，后续政府层面也开始积极引进。就这样，沙集镇和耿车镇实现了"角色转换"，这实际上意味着既有"工业下乡"的"耿车模式"已经开始让位于新型"网络下乡"的"沙集模式"。

笔者认为，以东风村为代表的一个典型村落"淘宝化"发展过程可以分为三个阶段。第一个阶段是市场自由选择竞争阶段。由淘宝村内部产生核心带头人和一批淘宝卖家，经过网络经济和电子商务的竞争和淘汰，淘宝村逐步形成被市场所接受的卖家群、产品群、配套群、品牌群等较为成熟的内生性成长动力。这个阶段对于整个淘宝村的发展至关重要，核心词就在于自由竞争与充分放权。

---

① 张玉宏：《蜚声全国的"耿车模式"》，《档案与建设》2013 年第 1 期。

第二个阶段则是多方资源共享支援阶段。笔者在调研之中就发现，随着淘宝村的发展与壮大，一系列问题会逐渐产生，比如品牌无序、同质竞争、人才缺口和价格倾轧等问题，很多其实都已经超过了淘宝村能力范围之外，这就需要外部网商平台以及相关政府单位的居中协调，并提供政策、空间、资金、技术、人才等多领域的全方位支持。比如同样作为淘宝村的浙江省义乌市青岩刘村就在2014年启动了1000万元的整体软硬件环境提升工程，包括绿化、主干道建设、网络基础设施建设、电商服务中心、金融机构引驻等。同时，义乌市还进行了招投标，配套建设智能仓储基地，着力解决青岩刘村的仓储问题。而东风村也配合推进了电商产业园与居民小区的同步建设。

第三个阶段则是区域极核辐射带动阶段。淘宝村的本质就是地域性优势产业的"研—产—工—销"一体化集群，因此势必会将周边配套服务产业、外围衍生支持产业、相关产业类似产业等不同的产业细分方向并入淘宝产业集群，最终形成一个层次分明、特色突出、竞争力强的区域发展动力极核。这突出表现在最先的淘宝村会成为发展核心，附近的村落甚至是集镇则会以各种方式展开学习模仿，最终围绕原有优势产业进行产业转移、产业分配和产业升级，让淘宝村从村一级走向镇一级甚至走向县市一级，成为一个大的电商导向、网络经济、特色产品、全产覆盖的区域集群。这种区域扩散具有重要的意义，有研究指出，乡村创业对区域的带动可以缓解就业压力，提供更多消费品，并减少城乡之间已经畸形的人口流动关系，在结构层面起到稳定社会秩序的重要作用。①东风村网商经济区域发展的"集聚—辐射"的过渡就是一个逐渐展开的过程。

例如，在东风村的带动下，宿迁市耿车镇大众村，这个曾经以塑料回收加工产业为核心创造出"耿车模式"的村庄已经开始完全转向了网商家具产业的"沙集模式"。根据相关统计，2017年宿城区耿车镇大众村共有正常经营的户数96个，一共181个网店，全部在网络上进行家具销售。耿车镇也已经形成了相当成熟的网商家具产业集群，家具加工厂达

---

① Chang Weih, Ian C. MacMillan, "A Review of Entrepreneurial Development in the People's Republic of China", *Journal of Business Venturing*, No. 6, 1991.

到580多家，网店则有2250多户，从业人员7326人，年销售额200万元以上网上店铺117家，并获得"江苏省农业电子商务示范镇""省级众创集聚区"等荣誉称号。大众村2015年的电子商务交易额就达到3.5亿元，在首批20个淘宝村中位居江苏省第二，并荣获"江苏省首批农村电子商务示范村""2015年度江苏省一村一品一店示范村"称号。

这种转型很大程度上来自于对东风村网商经济的学习、模仿和借鉴，比如耿车镇大众村的QY，原本就是从事废旧塑料回收加工产业，之前是东风村的村民向他学习，而随着东风村网商经济的崛起，QY放弃了原本的塑料回收加工产业，开始向东风村的从业者进行请教学习，最终在大众村与东风村各自建设了大型的家具生产厂进行网络销售，2017年的销售额突破了6000万元。

三 从产业创新走向乡村转型：淘宝村的影响

淘宝村赋予了乡村走出区域发展体系局限性的新可能。中国是一个典型的多梯度差异化社会结构体系，随着东部沿海发达地区，尤其是长三角、珠三角等沿海都市圈的经济发展和社会发展，这部分区域已经开始加速实现现代化[①]，各自城市群的龙头引领城市甚至是重要区域中心城市也基本上实现了对全球化城市价值链条的直接介入，成为区域性中心城市甚至是国际化大都市。因此，在东部沿海地区已经形成了以城市圈或是大都市圈为代表的有效地域生产力结构体系，不同行政区划之间的发展等级、发展侧重和发展联系比较紧密，这些区域的乡村也因此具备了一个较为良好的发展外部环境。

但与此同时，我们不能忽视中国渐进式改革开放所导致的区域不平衡，中西部尤其是偏远的西南区域和中部区域，合理的地域性生产力结构体系尚未形成。在这些区域，其核心城市的发展辐射带动能力非常羸弱，无法实现对整个区域不同层级发展主体的有效普惠。这些区域中心

---

① 比如国家层面就将南京、无锡、常州、苏州和镇江认定为苏南现代化建设示范区，提出要重点推进经济现代化、城乡现代化、社会现代化和生态文明、政治文明建设，促进人的全面发展，将苏南地区建成自主创新先导区、现代产业集聚区、城乡发展一体化先行区、开放合作引领区、富裕文明宜居区。

城市多半还要依靠对腹地区域的"资源要素攫取"来维持发展。因此，对于处在较为落后区域的乡村来讲，由于区域整体发展大环境、大基础和大条件的情况不佳，自身很难实现对周边性区域生产力结构体系的有效介入，更不用说进入更大范围、更高级别的区域生产力结构体系。

而淘宝村的出现提供了一种新的发展可能。从实践层面出发，我们可以将淘宝村归纳为可以助力乡村在一定程度上脱离所处区域的现代化发展水平、地理位置甚至是资源禀赋局限的可能。从技术层面讲，淘宝村可以让许多后发地区乡村借助互联网技术实现跨越式发展，而不需要过多考虑资金、交通、资源和产业成熟度等问题，这对于中国乡村振兴、中国城镇化甚至是全球城镇化发展都是一个全新的思考路径和方向，具有重要意义。这也构成了淘宝村的启发性所在，即通过对于典型淘宝村的分析，可以形成对这种发展新思路的系统性思考。

淘宝村形成了乡村现代化发展探索的新动力。从显性层面来看，东风村体现的主要是网商产业带来的经济层面指标增长、规模扩大、品类创新、技术革新、生产就业方式变革等。这些也成为东风村目前所呈现出来的最核心社会变迁主线，也是被大众传媒和外部世界所最为熟知的东风淘宝村。但隐藏在东风村社会变迁之下的则是乡村传统性与互联网现代性的碰撞与互动，这种互动构成了驱动东风村在网商产业发展过程中不断前进、突破和创新的重要动力来源。

本书试图用社会学视角来审视的是，在淘宝网商产业驱动下，东风村在经济、社会、文化、个人生活生产方式等多个领域发生了快速而剧烈的转变，那么这种转变背后的动力机制是怎么样的？或者再进一步的追问就是，东风村或是任何一个成功的淘宝村之所以能够将网商产业与自身发展融合对接，都有其特殊的内在属性和发展条件，那么这种特殊性如何体现在其背后的动力机制层面？究竟为什么在东风村，最传统的乡村社会与最前沿的互联网经济可以形成良性互动，使得东风村有可能持续推进自身的网商产业发展，并最终实现自身传统乡村社会要素面对现代性要求的自我改造和演替？

可以这样说，东风淘宝村的故事一方面固然是互联网经济与技术发展之下带来的乡村产业创新、高新技术下乡、"三农"政策扶持、乡村城镇化等相关维度的重要社会变迁案例与现象；但另一方面，更为重要的是，东风村的故事是中国乡村实现现代化转型过程中传统与现代的一次有趣互动和融合，在推进主体、发展过程、属性特质、后续动力等各方面都呈现出与之前既有乡村现代化路径不尽相同的属性，在一定程度上构成一种新的发展方向和可能。对于这样一个故事的讲述，实际上有许多不同的切入视角，而本书立足社会学的研究视角，认为在东风村的"淘宝化"发展历程当中，其背后的动力机制，尤其是传统乡村社会关系网络与互联网技术经济的融合、碰撞和互动显得尤为重要。东风淘宝村整个发展的过程可以被归纳为不断"学习—模仿—传播"的发展过程，笔者将着眼于淘宝网商生意在东风村乡村社会关系网络当中的传播过程，借助对每个阶段网商主体、关系网络等要素的变化分析，力图完整展现在这个过程出现的乡村转型变迁。并同时思考乡村社会关系网络如何与互联网技术、经济产生互动，以及乡村社会关系网络乃至乡村社会又发生了怎样的变化？这种变化是否在一定程度构成了乡村现代化转型发展的一种新探索？

第 三 章

从乡村商户到网商店主：
淘宝村的变迁过程

第一节 网商家具生意：网店生产机制的迅速兴起

一 发展历程：从无序增长到规范行业建设

正如本书前述所言，东风村在网商家具产业发展之前，经历过至少两轮产业发展阶段，即最早作为农业生产之外村里额外收入来源的生猪养殖产业，以及这之后在隔壁宿迁市耿车镇示范之下，模仿展开的废旧塑料回收加工业。从自身的产业结构特征来看，这两个产业都具有如下特征：其一是附加性产业，即并不构成对东风村传统农业种植与农业加工等基本产业类型的替代，更多是作为一种收入增加来源的附加性产业；其二是风险性产业，这两个产业都具有很强的风险性，因为东风村所介入的环节基本上处于整个产业链的末端位置，因此对于外部市场变化的冲击抵抗力很弱，这两个产业的衰退也与1998年以及2008年的两次经济危机密不可分。而在这之后就是2006年的网商家具产业，当时东风村外出打工的年轻人SH从县移动公司回到东风村开起了第一家网店，将简易拼装家具的网络销售及加工作为主要工作。从此拉开了东风村的第三次创业浪潮，即网商家具产业的发展新阶段。因此，在这之前的发展构成了东风村网商家具发展的前置产业准备阶段。

从2006年到2012年构成了东风村网商产业发展的一个迅速成长

阶段①。主要体现在从"无"到"有"、从"有"到"大"的一个快速扩张态势。这个阶段，东风村网店生意不仅因为网店的经营模式被更多的村民成功复制学习，实现了从无到有，更抢占了网络销售的"窗口"，依托自身家具的物美价廉迅速扩大了市场。借助淘宝村的网络销售平台，东风村网商不仅将产品销售到了北上广深等一、二线城市，更有来自中国香港及日韩、新加坡的海外订单。除了网络销售规模的扩大，东风村自身的产业链也在不断延伸与扩张，逐步形成了一个较为完整的产业集群，在网络销售、服务和加工之外，线下的板材、家具、五金、配件等相关生产加工产业也不断出现并扩张，而物流、餐饮甚至金融等配套产业也不断崛起。在SH淘宝店注册仅仅4年之后，2010年左右的沙集镇就已经拥有板材加工厂6家，五金配件2家，物流快递15家，电脑专卖店7家。

到2012年左右，东风村的网商产业呈现出一个典型的"两高两低"的发展特征。这个阶段的东风村淘宝店生意更多体现为在数量、规模和产业活跃度上的"野蛮增长"，而在产品、技术、品牌等层面则是乏善可陈。在这个阶段支撑东风村淘宝产业快速增长的动力主要来自于巨大的市场空白、可见的利润空间和高效的乡村产业传播网络。

其一是"成长高"，即从事网商相关经营活动的规模和相关营业收入都非常庞大，而这背后是网商起步发展阶段通过复制经营得以迅速扩大的农户网商队伍。据睢宁县商会的数据，到2012年6月，全县在淘宝网共开有网店5500家，而其中沙集镇有3040家，包括天猫商城店126家。对于沙集这个6万人口、1万多户的乡镇而言，农户网商的普及程度已相当高。

其二是"体量小"，即单个网商产业规模的平均经营体量还是比较小。2012年沙集完成网络销售额7亿元左右，而全镇每户网商的年均销售额是20万元左右。由于东风村的网商销售产品是家具，而这个行当因为固定成本较高（主要是原材料和运输成本），因此20万元左右的销售额实际上很小。当然，在这其中也有一些起步较早的网商经过多年发展，

---

① 相应数据资料来源于各年份的《沙集镇电商工作报告》《沙集镇电子商务产业发展情况报告》《睢宁县政府工作报告》等公开资料以及笔者在实地调研过程中对相关资料的收集、访谈。

其年销售已经达到了几百万元规模，但依然无法成为具有龙头引领效应的核心企业。

其三是"竞争大"，即东风村网商之间的竞争性要远远大于合作性，这也导致东风村网商的经营利润一路下滑。在最开始的时候，东风村网商拼装家具的利润率平均可以达到18%左右，但伴随着简单复制扩散导致的规模较大和同质竞争，利润空间被大大压缩。而在合作层面，虽然东风村和沙集镇层面都成立了电子商务协会，也发挥了一定的作用[①]。但由于自身在经营方向、产品类别等层面存在高度同质化，因此削弱了进一步合作的可能性与动力。

其四是"抗压低"，即目前的东风村网商依旧缺乏抵抗市场风险冲击力的核心竞争优势。由于资源、资金、技术以及可融资手段路径的不足，许多东风村网商无法承受大规模的市场竞争格局变化。比如随着2010年左右淘宝力推"天猫"改革，大幅度提升准入门槛和保障金，并出台新的"商城新规"，许多原本"淘宝商城"平台上的东风网商不得不选择关店，到2012年，东风村几乎七成的商城商店都从"天猫"平台上被迫撤出，整个沙集只剩下126家左右，这相对于之前400多家网店的规模可以说是一个巨大的退步。即便是那些留在淘宝集市（淘宝网）店的"轻资产"网商，也因为同质性竞争导致的利润率下降开始出现停产与开工不足的现象。

东风村网商从2006年到2012年所呈现出来的发展特征一方面体现了自身经济发展与社会变迁的规模与速度，但另一方面也引出了许多制约东风淘宝村进一步创新发展的结构性因素。在这其中，同质化、价格战、抄袭模仿之风盛行以及由此带来创新力下降、利润空间下滑和品牌力缺失等成为关键。而最能体现这种发展风险的典型事件就是2011年末到2012年初爆发的"专利危机"，这场大得几乎可以毁掉东风村网商的风波恰恰最集中体现了东风村网商2012年之前"野蛮增长"背后的结构性风险。而也正是以这场风波为界限，东风村的网商经济发展开始进入下一个阶段，而这一阶段一直延续至今。

---

① 比如2011年10月，当时淘宝商城出台新规（"商城新规"）大幅提高进入门槛，沙集电子商务协会曾推举代表赴杭州阿里巴巴总部反映情况。

从 2012 年至今，东风村的网商产业发展呈现出以"创新—升级—创新"为核心特征的市场化、技术化"螺旋上升"路径。而这种路径与之前发展路径最大的区别就在于，相对于 2006—2012 年发展阶段中以"学习—模仿—上规模"为核心特征的发展路径，2012 年之后的东风村网商开始从规模导向走向"质量导向""技术导向"和"市场导向"，尤其强调利用产品创新、经营创新、专利保护、品牌提档升级等市场化措施不断提升自身经营的"门槛"。在这个过程中，东风村原有的网商生态被冲击，很多缺乏产品核心竞争力或是市场意识缺乏的淘宝店逐渐被拉开距离并最终被淘汰，一个具有更新能力与市场竞争能力的特色产业集群开始慢慢形成，而东风村网商经济带动下的区域城镇化也开始逐步推进。具体来说，这一阶段东风村网商经济的发展主要有三个"关键动作"。

其一是技术含量的全面提高。这种技术含量不仅包括产品设计、生产，也包括了产品展示、宣传和服务等各个方面，是一种全方位的技术提升。在走访调查之中，许多淘宝店主都在 2012 年左右进行了设备的更换和升级，从原来简单的手工机器设备升级到自动流水线生产甚至是由电脑控制的精密机床生产，很多店主（比如 LXL 等）甚至自己编写机床控制代码。而除此之外，大的淘宝店主开始找专门的摄影师进行"宝贝"拍摄、设计、后期处理与水印加盖等。比如以往 SH 的家具产品基本上都是自己进行拍摄，一年费用可能也就不到 1000 元，但从 2012 年开始，SH 为了形成特色、防止抄袭，开始找专门的摄影店进行产品的设计、拍摄和修图，一年的相关花费达到了 3 万元。这些其实都在很大程度上提升了东风村淘宝网商的进入门槛和竞争层次。除此之外，2012 年之后的东风村网商基本上已经从简单的板式家具过渡到以实木家具为主，产品的升级带来了产品设计创新和专利保护申请的不断增加，到 2012 年东风村网商注册的商标已经突破 200 个，专利保护下的产品创新正在成为引领东风淘宝村不断创新发展的核心动力。

其二是产销共享的门槛提高。也正是从这个阶段开始，原本东风村网商能够迅速扩张的"产销共享"模式的门槛开始大幅提升，原本许多东风村村民只需要一个电脑就可以完成网点交易，而之所以可以这样是因为村民可以直接从许多生产厂家那里拿到家具产品，只做网店销售中介的"轻资产运营"即可。而在 2012 年之后，越来越多的东风村网商开始尝试"产销专供",即自己生产的产品只给自己的网店或是极为亲密的亲戚网店使用,不再对外提供"拿货"。这就导致那些只销售的网店所能覆盖产品的种类和数量大幅度缩水,转而选择或者进入生产领域,或者与生产厂商形成更加市场化、规范化的合作。在这个过程之中,即便是亲戚之间的产品供应也有了先后顺序。网商 WWJ 就告诉自己的儿子:"卖得好的那些产品款式,即便是你妹妹过来要,也不能给她。"而专利风波的发起人 XS 有一款彩色烤漆儿童双人床,拥有专利保护,他自己的外甥想要用但也被 XS 拒绝,"要是给他用我就要挨饿,我不给他他就不理我"。

其三是网店参与的平台提高。2012 年之后,几乎绝大多数上规模的东风村网商都离开了 C2C 模式的淘宝网,转而进驻到 B2C 模式①的天猫商城、京东商城、一号店、亚马逊等电子商务购物平台。这种参与平台的档次提升实际上是东风村网商借助平台管控的升级倒逼自己的发展与创新,同时也作为一个增量形成了与大部分东风村网商淘宝店的层次差距。在 2012 年刚开始入驻天猫的时候,每个店铺接近 4 万元的办理费用实际上就已经构成一个很高门槛,再加上天猫等 B2C 电子商务平台对经营主体、产品管理等都有更高要求,因此很多不规范或是盈利能力较差的东风村网店只能选择留在淘宝网。而进驻到天猫商城的东风村网店则在更规范的网商平台上不断提升自己经营的专业性和竞争力,形成正向激励机制。

因此,东风村的网商家具经济发展经历了一个比较完整的发展过程,从最开始的"野蛮增长"、迅速扩张,形成规模效应;到 2012 年左右陷入发展困境,同质化竞争、价格战、利润率下滑、专利诉讼危机等;再从 2012 年开始到现在,东风村网商逐步开始摆脱以往的发展困境,逐步实现了产业发展的正规化、市场化和技术化。这种完整的产业发展成为东风村网商群体不断成熟的重要动力和象征,也正是依托着这种产业发展周期的完整性,东风村的网商可以从更深层次来改变村落。

---

① B2C 是 Business-to-Customer 的缩写,即商家对客户,是网络电子商务的一种模式,也就是通常说的直接面向消费者销售产品和服务商业零售模式。

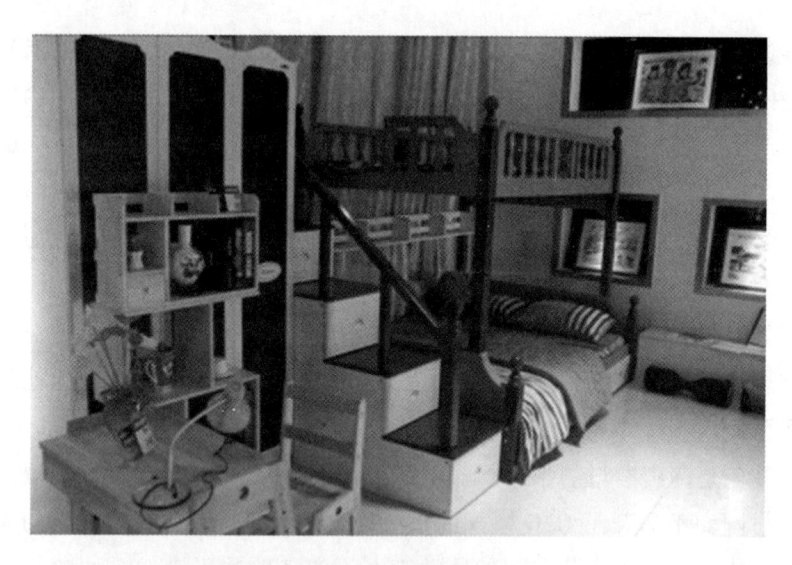

图 3—1　东风村网商家具的明星产品——子母床

二　产业拓展：从简单仿制到品牌网店经营

东风村主要加工以及通过网络销售的产品类别是家具产品，在最开始的时候是各种架子类（书架、花架、鞋架等）、柜子类（衣柜、电视柜、茶几等）简易拼装家具①，后续则延伸到书桌、床、秋千等，现在几乎囊括了家具行当的所有产品。实现了从木条拼装到板式家具，到钢构家具，再到实木家具甚至是个性定制化家具的一个扩张和延伸。本书将东风村已有的家具产品发展分为三个基本类型。

其一，以性价比为导向的产品生产。在东风村网商的最初阶段，简单的韩式拼装家具是当时三剑客网店主要的销售产品，基本上是以简单的木条、板材为原材料，在生产之前经过简单的模仿设计，将宜家的相关产品进行仿制，消费者购买材料回去之后按照图纸示意进行简单组装即可，这个阶段也被东风村的网商称之为"卖木条子"阶段，产品组装上也非常简单，主要以鞋架、花架和书架为主。而在后期，随着网商经营主体资金积累的提升，他们开始购进设备尝试加工一些生产难度较大但利润率更高的板式组装家具，比如书桌、衣柜、茶几等。这也构成了

---

①　是一种典型的低廉家具产品，通过在淘宝网的搜索，一个完整的长 80 厘米、高 180 厘米的衣柜，其成交价格不足 600 元。

板式拼装家具发展阶段的两种基本产品类型，这个阶段也成为东风村网商参与人数与开店数量急速膨胀的一个阶段。

其二，以利润率为导向的产品生产。而在东风村网商进入第二个阶段之后，由于板式家具较低的门槛与技术含量导致东风村网商数量的迅速增多并由此导致了同质化竞争，因此，许多有实力的网商经营主体开始从简单的板式家具转向实木家具与钢构家具生产。实木家具的经营对投资规模、设备精度和工厂生产能力提出了更多要求，一定程度上提高了东风村家具网商的进入门槛，而且实木家具与钢构家具不仅产品品质好、产品差异化设计程度高，并且具有较强的产品生命周期，可以一方面提升企业的利润空间，另一方面有助于形成消费者对店铺的品牌认同。

图3—2　东风村家具产品

其三，以差异化为导向的产品生产。而在东风网商发展的最新阶段，随着网商经营主体对互联网经济与电子商务理念理解的进一步加深，个性化的定制家具（见图3—3）与自身设计的网络家具爆品开始成为产品生产的最新趋势。越来越多有自身家具设计要求的消费者自己给出草图或是与客服进行文字性说明，然后东风网商有设计师进行定制化设计，这不仅可以最大化满足网购消费者的需求，而且相对于板式家具与实木家具固定的利润率，个性化家具定制的利润率更高①，也更能够促进网商在产品创新和市场营销层面的不断创新。

图3—3　东风村定制家具产品

而在这种产品不断升级的背后，是东风村网商家具产品升级动力从简单照搬到改造模仿再到内生创造的一个逻辑转变。最早东风村简易拼装家具的创意来源来自宜家家具和韩剧等影视作品里面的流行时尚，正是在这两种既有产品形态的影响之下，SH等人对准了当时这一部分市场的产品空白，直接从宜家等家具消费场所把成型的产品设计照搬回来经过拆卸、复原和简单改良就成了东风村网商最初销售家具产品。这种模仿是一种非常有效的乡村创业手段，有助于减少成本、降低风险、增加收益，是一种典型的乡村创业"羊群行为"②。

再后来，随着资金实力的提高尤其是由于大家都去简单复制市面上已有的产品设计导致产品同质化竞争，许多网商开始搜集一些比较好的

---

① 东风村板式家具的利润空间大致为10%—20%，实木家具的利润空间大致为30%—40%。

② 罗琦、罗明忠、刘恺：《模仿还是原生？——农民创业选择中的羊群效应》，《农村经济》2016年第10期。

家具产品设计方案,并进行改良模仿,形成自己的设计并以此为标准加工产品,谋求差异化发展。而在东风村网商发展的最新阶段,规模较大的网商木材加工厂基本上都有了自己专门的设计师,一方面是进行自家店铺爆款的设计,另一方面则是应对顾客可能会出现的定制化需要,这无疑提升了东风网商产品的差异化与竞争力。实际上也正是从这时候开始,东风村网商才算正式走出了以往那种无序竞争的初期增长阶段,转而进入以设计、品牌和产品竞争力为核心的良性产业竞争阶段。据不完全统计,仅在2017年,东风村网店注册的商标就达到了100余家。而许多被采访过的网商都表示,未来网商家具发展的核心着力点会在品牌塑造层面。

东风村的网商家具产业从单一的家具生产加工走向了多样化产品扩张,简易拼装、板式家具、实木家具、钢构家具、软包家具、个性化定制家具等都体现了东风村在家具这一特定产业领域的产品扩张和不断创新。而与此同时,基于网店经营中的不断摸索,东风村网商已经开始基于对网络电子商务"通道性"的理解以及对用户需求多样性、市场竞争变化预测等的理解进行产品组合的多元化拓展,一方面是为了抵御市场风险,降低单一产品竞争可能带来的外部冲击;另一方面则是为了充分利用网店品牌形成的"买手店效应",扩大利润,支撑未来持续发展。

因此,许多网商家具经营者已经开始超越单一的家具生产加工产品领域,将范围扩展到了软包家居用品、铁艺装饰品等家具相关领域,甚至是乐器等。而更进一步,当笔者在东风村走访调研时发现,SH等最早一批从事网店经营的经营主体已经开始销售平衡车、扫地机器人等比较高端的智能家居设备,这背后无疑是东风网商对自身经营门槛不断提升的一种努力,以及东风村网商对产品创新和产品供应产业链的创新思考和超前设计。

> 这个是我从朋友那边拿来的电动平衡车,现在也准备开始在网店里面卖了。(为什么要开始卖跟家具不一样的东西?)还是主要看客户的需要,我现在想的是慢慢不要做单纯的家具产品了,想着应该往家居上面转型。家里面只要可以用得上,我其实都能拿到货也可以卖出去。现在正在流行智能家居,这个电动平衡车只是一个尝试,要是销量还不错的话,下一步就可以跟一些其他的厂家合作,把什么

扫地机器人啊这些都拿进来卖。——（SH，东风村网商，2016）

这种产品的拓展在一定程度上说明东风村网商已经开始走出以产品为导向的发展思路，转而开始以客户为导向。如果说之前不论是追求高性价比的拼装板式家具还是设计高品质的实木钢构家具，抑或是定制家具，都是一种围绕家具产品的创新探索的话，那么产品种类的扩充和大胆创新，则体现了东风村网商充分意识到互联网经济新时代下消费升级的要求，即要"一站式"满足客户的"场景消费"需要。这实际上是一种互联网思维方式的引入，其核心在于推动场景化思维成为新型思维，形成一种用户服务思维①，就是开始真正将客户的需要作为自身经营的重点导向，这无疑是一种对互联网经济发展新趋势的判断和跟随。而这也构成了东风村与绝大多数其他淘宝村不一样的地方，成为东风淘宝村能够持续推进网商经济发展，并实现现代化整体性变革的重要原因之一。

大多数淘宝村的产品选择基本上集中在高频率、低价值、低门槛的产品类型上。比如浙江省义乌市的青岩刘村，就主要以日用家居品为主，这一方面是因为自身身处义乌，充分利用义乌小商品之都的有利地位，在货源价格端实现介入，保证信息、品类和价格等多方面的优势。这也构成了淘宝村选择产品切入的一个重要考虑，即尽量接近货源的终端环节，那些本地化的产品其实是这种思路的极致体现，即这种货源只有特定区域有（比如阳澄湖大闸蟹等）。另一方面则是这种类型的产品市场需求量非常大，市场空间比较充足，可以容纳数量足够的竞争对手，这就促使即便存在同质产品之间的直接竞争，也能够获得较为稳定的收益。

因此，由于多数淘宝村在网上进行销售的都是缺乏唯一性、特色性和高价值性的产品，所以性价比成为他们在网络上获取销售业绩的最大法宝，这就会导致两个后果。其一，淘宝村需要在货源价格上形成价格优势。只有在货源上压低价格，才能够在网络销售终端形成低价的核心优势。但矛盾之处就在于，虽然本身这些村落有对应产品或是产业生产的集聚优势，但在起步阶段的规模效应并不明显，因此对于产品的议价

---

① 王军峰：《场景化思维：重建场景、用户与服务连接》，《新闻与写作》2017年第2期。吴声：《场景革命》，机械工业出版社2015年版。

能力相对较弱,形成价格优势也就无从谈起。在这种情况之下,农村熟人社会的非正式网络就发挥了巨大的作用,初期起步的同村落淘宝卖家可以很快形成合力,共同采购、共同议价,然后对货源产品进行共享式分包,从而提升村落在货源价格上的议价能力。例如,青岩刘村就践行了"串货"这样一个创新机制,即谁在某种产品的进货上有优势,谁就负责这种货品的进货、拍照、美工和文案等相关环节,并将这些成果与卖家共享,青岩刘村将其称之为是"货源共享"模式。其二,淘宝村需要在产业经营上形成专业优势。只有提升全村淘宝卖家的经营水准,才能够保证整个村落在电子商务发展环节的高水准,才能不断维持甚至扩大村落对对象产品的经营规模,从而维持住"性价比"这样一个经营命脉。而这也构成了淘宝村持续发展可能性的一个重大挑战。

许多成功的淘宝村都是通过"技术性"的产业创新来不断维持自己的产业优势,比如为了应对网销货物的"压货成本"问题,青岩刘村在后期发展出了"网货超市"这样一种供货模式,让批发商可以在村里面开办一个超市,上面有自己所有的各类货物,那么村里的淘宝卖家可以根据自己在淘宝的销售和接单情况进行选货,已经订了什么种类、多大规模就在这里一起选好,然后结账。通过这种模式,村里的淘宝卖家完全没有压货所产生的现金积压问题,从而促进了他们进行淘宝经营的热情和效率。但通过在其他淘宝村的走访调研笔者也发现,由于天生的"产销分离",这种类型的淘宝村还是面临很大的竞争压力。但东风村的网商家具产业就基本上没有这种问题,因为东风村的产品生产与网络销售紧密结合,形成了一个某种程度上具备完整产业链的"产业区"特色集聚空间。

三 区域集群:从个体生产到产业网络结构

东风家具网店的迅速发展一方面带来了产业链条的迅速完善,在东风村和沙集镇初步形成了一个以家具网络销售为核心,集聚生产、设计、物流、材料供给、五金配件、回收包装等一系列环节在内的完整产业集群;另一方面也带来了配套资源的迅速集聚,金融、人才培养、政策扶持等相关配套也汇聚到东风村,形成了一个网商家具产业创业的高地。相关研究表明,乡村产业集群不仅为刚起步的中小企业提供了地域空间的紧凑组织模式,而且也带动了地方经济结构、产业空间组织调整甚至是就业结构与空间秩序的创新可能。① 从这个意义层面出发，东风村的网商家具产业在空间产业层面基本实现了从"零散"到"集聚"的发展转型，也正是这种产业空间层面的要素、资源和主体集聚，使得东风村的网商产业具有了不一样的意义，推动了整个村落的社会结构与文化转型。

具体来说，以东风村为核心的家具网销产业，在短时间内迅速催生并带动了木材采购、物流配送、零配件装备、网商专业服务、电脑销售与维护等上下游企业在沙集镇的迅速集聚，到 2016 年，整个沙集镇内已经拥有家具生产厂 240 余家、物流快递企业 30 家、板材贴面厂家 6 家、家具配件门市 2 家、网店专业服务商 4 家。而这其中的大部分多集中或是服务于东风村的网商家具产业。随着网店销售的兴起，整个东风村的线下家具加工厂也开始迅速增多。相对于开网店，家具加工厂是一个投资成本高且难度较大的选择，因此在东风村网商产业发展之初，要找到一个合适的电商家具加工厂非常困难，SH 等人甚至只能通过个体木匠来进行一些订单的生产。但随着网店销售额的上扬，拥有固定订单量的网店经营者和一些新加入的从业者开始进行服务于网店销售的家具加工厂投资。沙集镇的家具加工厂从 2008 年左右的几乎为零快速上涨到 180 家，而到了 2017 年，这一数据更是接近 300 家。家具加工厂数量的增多满足了网店销售的需要，同时也改变了原本供不应求的产业链关系。现在的网商不仅拥有了市场，也拥有了对产业链的主导权，与此相应产品的改进创新也变得更加易于推进。而随着网店和家具加工产的迅速扩大，其他上下游的相关产业也实现了飞速增长。以家具生产当中的板材原材料为例，整个东风村的家具产业实际上是从拼装板材家具起家，随着产业的迅速扩张，板材需求也大幅度提升。根据相关物流商的访谈汇总，东风村每天会运进大概 10000 张刨花板，全村在木材采购这个层面的购买额度在 2010 年就达到了 4000 万元，而随着实木和钢构家具的崛起，这一数据在 2017 年已经接近一个亿。沙集镇内的板材贴面厂也从无到有，2010 年达到 6 家，2017 年达到 8 家。

更为明显的则是物流配送企业的增长。在淘宝村的发展过程中，物

---

① 徐维祥、唐根年、陈秀君：《产业集群与工业化、城镇化互动发展模式研究》，《经济地理》2005 年第 6 期。

流具有非常重要的作用,是重要的公共基础设施需求之一,有学者将其与产业基础、淘宝平台、新农人、市场需求一起作为淘宝村最重要的五个发展基础因素。[①] 到目前为止,东风村家具的网销市场已经可以完全覆盖全国各个省市,这背后离不开物流产业的本地化集聚和支持。笔者在访谈中得知,最初东风村开始网商发展的时候,整个沙集镇只有一家邮政物流公司,而且并不愿意与东风村刚刚起步的网商进行合作。但现在,东风村和沙集镇俨然成为整个徐州乃至苏北的一个重要物流中心,在这个小小的空间范围内已经汇聚了 40 家国内知名的物流快递企业,EMS、圆通、申通、中通、天地华宇、顺丰、佳吉、汇丰、德邦等都在这里设有专门的分部(见图 3—4),2010 年沙集镇的物流费用就已经达到了3000 万元,而到了 2017 年这一数据上涨到了近 8000 万元。整个沙集镇的货运量占到了睢宁县全县货运量的 70%,其中一大半都来自东风村。可以说,现在的东风村已经完全成为一个物流中心。

图 3—4　东风村的快递物流服务网点

笔者在走访期间感受最大的就是大货车奔流不息地穿梭在沙集镇的县道上。由于主要客户网购的时间一般是在晚上,因此每天下午 3 点到凌晨都是物流公司打包送货的最忙碌时段,一辆辆载重几吨甚至十几吨

---

① 曾亿武、郭红东:《农产品淘宝村形成机理:一个多案例研究》,《农业经济问题》2016年第 4 期。

的集装卡车满载货物穿梭在东风村和沙集镇的夜色当中，也成为整个东风村夜晚最亮丽的一道风景线。

　　许多物流公司的成长也见证了这一过程，邮政 EMS 是第一家为东风村网商提供物流服务的公司，在最开始的时候，因为担心没有足够的货运量，他们甚至还和东风网商有了一份类似于"对赌协议"①的合作框架，即未来一年的货运量达到一定标准才可以享受运费的折扣计算。在这之前，沙集镇的邮政物流量在整个江苏是最后一名，而到 2017 年已经跻身全省前三甲。不仅如此，沙集镇邮政物流的收入也从 2007 年最开始阶段的不足 2 万元、4 家客户飞速增长到 2017 年的 1000 万元和近 800 家客户。正是因为看到了东风村网商对物流的巨大需求，因此许多物流不仅在产业链布局上日趋完善，而且还不断提升服务、降低价格，以便争夺市场份额。在东风村，仅圆通公司就有 6 辆运货卡车进行专门配送（见图 3—5）。而且为了节省时间，提高效率，快递公司也从以前的等人送件变成了上门挨家挨户收件，同时在竞争之下，物流服务的价格也一降再降，2006 年刚开始的时候沙集最便宜的快递费用是 3 公斤以下包裹收费 6 元，每超过一公斤就多收一元，而随着物流企业的集聚，这一数据已经变成了发江浙沪快递费用 15 公斤以下包裹只要收费 6 元即可。在未来，随着电商协会的集体压价谈判力度加大，这一价格可能还会继续下降。这种物流配送服务的物美价廉无疑极大解放了东风村网商的生产能力。

图 3—5　东风村的圆通物流快递服务网点

----

　　① 对赌协议（Valuation Adjustment Mechanism，VAM）实际上是期权的一种形式，简单来说就是收购方（包括投资方）与出让方（包括融资方）在达成并购（或者融资）协议时，对于未来不确定的情况进行一种约定。如果约定的条件出现，融资方可以行使一种权利；如果约定的条件不出现，投资方则行使一种权利。

第三章 从乡村商户到网商店主：淘宝村的变迁过程

比如 WWY 夫妇，就是圆通快递在睢宁的总代理，目前有一个 2000 平方米大的仓储车间，几十辆快递大货车，将东风村的家具产品送往全国各地。

> 刚开始那会儿，做快递的不多。后来圆通过来我儿子这边拉货，熟悉了之后聊起来就说，你们东风村不得了，按照这个发展，以后可不是十家八家快递就能忙得过来，你要不要加入我们圆通一起做，然后我就开始给他们帮忙。一年后，圆通快递来了一个上海总部的人，说想把圆通在睢宁县的任务交给我代理，问我能不能干。我当时已经对快递这块很熟悉了，对东风村的淘宝就更熟悉了，于是就答应了，就这么开始了自己的快递。2009 年买了第一台车，4.2 米，后来又陆续买了其他更大的车，现在有八辆卡车和两辆 6 米多的。大概雇了 20 个司机，20 多个装卸工，司机一个月在 6000 元左右的工资，装卸工是每个月 3000 元，男女不一样，女的要低一点。为了存货，我还把自己的房子扩建，改成 1000 多平方米的库房，花了 30 多万元。但依然不够用，所以就又租了村里面盖的这个标准库房，差不多就行了。——（WWY，东风村物流经营者，2016）

在物流配送之外，东风村与家具网销相关的产业也实现了飞跃式发展（见图 3—6）。专门的家具五金配件从原本的一家没有到现在至少三家五金配件门市部，每个月的销售额都可以达到 20 万元左右，并且由于这个产业领域的需求增大，五金配件经营主体的数目和经营规模都在迅速扩大。废旧纸箱回收的规模也不断增长，由于家具网销的托运包装需求量大，因此东风村从原本的"破烂村"变成了"回收纸箱村"。周围几个镇的废旧纸箱都开始向沙集镇集中，由于始终供不应求，因此相应纸箱的批发价格也不断上涨，2006 年刚开始的时候，废旧纸箱的批发价格是每斤不到 5 毛钱，而到了 2010 年这个数据涨到了 1 块多，到了 2017 年更是变成了 2 块钱。也正因为如此，东风村的废旧纸箱回收产业也逐渐形成规模效应，回收的范围也从周边几个镇向徐州、宿迁乃至整个江苏、山东延伸。

东风村的专业技术服务产业也开始出现。在东风村已经出现了专门为淘宝店主打理淘宝注册、网页设计、店铺营销、产品推广等线上技

图3—6　东风村的家具辅料销售服务

管理环节的"外包服务商"(见图3—7)。2010年来自上海的赢天下网络服务公司成为第一家在东风村开业服务的技术服务公司,专门代理帮助东风店主入驻淘宝商城的相关事宜,并且提出了"15天入驻淘宝商城不是梦"的口号。在这之后,陆续有网页设计、人才培训等相关技术类服务公司来到东风村。这种"外包服务商"的出现可以说是东风村网商家具产业的巨大进步,因为相比较于其他传统的产业类型,这种产业是典型的"服务业",这种专门的"外包服务商"出现不仅说明东风村网商集聚产业集群的进一步完善,更在一定程度上显示了东风村的网商产业已经开始走向技术化、专业化和分工精密化,而这对于乡村产业尤其是欠发达地区的产业发展具有重要作用。①

图3—7　东风村专门的网商服务公司

---

① 张富国、李丽莉:《欠发达地区的全民创业理念研究——基于对吉林省的实证调查》,《东北师大学报》(哲学社会科学版)2015年第2期。

> 你看我们村的沙集街，电商开得好，现在已经有了四家超市。我一个亲戚在超市打工，他跟我说，他那个超市一天都能够营业 20 多万元，四个超市一天就是 80 万元，这就是一个小小的农村集市啊！——（LXL，东风村网商，2016）

家具产业链的发展也带动了配套服务向东风村的集聚，尤其是电力、银行、通信等相关基础服务水平的大幅度提升。这种提升在东风村网商产业快速增长的时段是相当惊人的。根据与沙集镇供电部门的对接，2010 年的前十个月，沙集镇供电所的动力用户就新增长了 155 户，而其中木材加工相关的厂家有 65 户之多。这段时间的电力供应同比增长接近 70%。在这种迅速增长的用电需求面前，相关部门不得不大规模增加设备和进行电网改造，以应对网商经营对电力服务稳定性的高要求。2000 年左右，东风村的村级变压器是 4 台 280 千伏安；而到了 2010 年，为了应对网商经营的用电需要，已经变成了 27 台 3390 千伏安的变压器。除此之外，针对东风村产业发展融资的问题，之前网商经营基本上都是商户自己积攒或是亲戚朋友借贷而来，而随着经营规模的不断扩大，这种非正式的资金来源已经越来越无法满足生产升级的需要。因此相关银行机构的服务就显得尤为重要，根据邮政银行的数据，仅在 2010 年，邮政银行就向沙集镇的网店提供贷款接近 800 万元，最大单户贷款可以达到 10 万元，而 5 户联保的贷款额度为 50 万元。除此之外，东风村还被沙集镇农村信用社评为"信誉村"，在服务、利率和贷款政策上进行倾斜。

这些发展背后都显示了当地政府对东风村网商事业的有效支持。在这之外，镇政府还牵头大力支持网商扩大生产用地，在沙集镇紧邻东风村的位置新建大型电商产业园鼓励企业入驻，扩大规模，同时还组织了 100 多名大学生村官的专业创业培训计划，不断提升东风村网商经济的人才层次和服务水平。

这种产业集聚一方面带来了整个东风村的网商经济迅速发展，推动区域的产业升级与相关配套产业与服务的进一步完善；另一方面则使得东风村成为网商家具产业"孵化"与"创业"的平台，越来越多的周边乡镇甚至是更远地方的从业者来到东风村进行网商家具或是相关配套产业的创业，而之所以会有网商家具产业生态链上其他节点的企业来到东风村进行落户创业，其背后主要是市场机制的作用规律。东风村目前已经成为一个以网商家具产业为核心的区域产业集群，具有了空间产业集聚在公共成本分摊、交通物流便利、产业链条衔接、零配件产品价格优势等各个方面的优势，一个"类产业园"已经形成，这实际上也是乡村电子商务产业创新导向为核心的产业集群成长机制所带来的结果①。

（从哪里来到东风村?）宿迁啊，东风是个好地方啊，之前一直以为就是个收破烂的地方。我自己就是做家具五金配件的，之前主要在宿迁湖滨那块做。我记得是2009年那会吧，就有许多东风村这边的人过来找我买五金配件。那时候量就很大了，我们一般一个月能买到三四万就已经很不错了，他一下子过来就能订走5万多元，印象特别深刻。后来我正好有表弟在耿车镇，离他们近，一打听才知道人家早就开始做什么网络家具了，大得很。后来，我们政府对滨湖这块整改，不让做了，我干脆就把店直接搬到了东风，2012年过来的。到现在店铺已经扩了两倍还多，今年把我老婆家弟弟也叫了过来一起做。——（SL，东风村网商，2017）

这种产业集群在发展到一定阶段之后也进行了扩展，开始从东风村向其他区域进行蔓延，同属沙集镇的沙集村就成为东风村的第一个复制模板和带动对象。沙集村共有1225户农民，5125人，12个自然村分为20个村民小组，可耕地面积仅仅有2826亩。这个村因为淘宝的兴起，2014年的全村农民人均收入就达到了15216元，2017年这个数字更是突破了17000元，明显高于沙集镇的平均水平。现在拥有450多个网店，带动近900人就业，有接近90个家具生产厂，带动就业400多人，同时还有板材贴面厂3家，家具配件门市6家，物流快递公司6家，专门网店服务公司1家，产品销售不仅覆盖全国，而且还销往韩国、日本、中国香港、新加坡、中国台湾等国家和地区，2013年销售收入3个亿，2014年

---

① 田真平、谢印成：《创业导向下的我国农村电子商务产业集群演进机理研究》，《科技管理研究》2017年第12期。

达到 6 个亿，2017 年突破 10 个亿，其中仅物流费用就达到了 8000 万元。

第二节　经营主体结构：乡村家庭作坊的创新样态

一　"以新带老"：淘宝经营中的"老中青"结合

东风村网商经济所展现出来的巨大活力不仅仅体现在网商产业规模进步、网商产业经营样态创新等层面，更体现在东风村的网商产业已经初步形成了一个较为健全的网商产业生态系统，而在这其中最为重要的一个维度就是东风村网商产业主体——东风村网商群体的不断扩大与升级。从最初的"沙集三剑客"到现在的"全村淘宝"，东风网商经营群体的变化可以说构成了理解东风村淘宝化变迁的核心着力点所在。一方面，这个群体在规模、来源以及经营方向上的迅速扩大和多元化，代表了东风村淘宝网商产业发展的不断进步与创新，也构成了驱动东风村淘宝网商产业未来进一步创新发展的动力；而另一方面，这个群体所具有的相关特征、属性和行为倾向在很大程度上影响着东风村的经济产业乃至社会结构变迁，也因此在理论层面构成解读东风淘宝村这一社会现象的重要着力点。[①]

东风村的网商经营群体自 2006 年以来经过了 12 年的发展，整个网商经营主体已经实现了"从无到有""从有到多"的发展转变，并且开始呈现出"从多到精"的发展新态势。从数据上来看，东风淘宝网商目前的经营群体规模非常大，且网商群体的收入水平比较高。2006 年，东风村出现了第一家淘宝网店，而到了 2010 年，网店数量超过了 2000 家，其中投资 50 万元以上的就有 100 户，加上雇用的外地相关从业人员，东风村从事淘宝网商产业的规模达到了全村人口的 1/3。到了 2017 年，东风村的网店数量超过了 3000 家，全村几乎 80% 的家庭都参与到淘宝生意之中，而这其中，最大淘宝网店销售额可以达到几千万元，最少的也有几十万元之多，全民的平均收入大幅度提升，网商的家庭年收入平均在 30

---

① 路征、张益辉、王珅、董冠琦：《我国"农民网商"的微观特征及问题分析——基于对福建省某"淘宝镇"的调查》，《情报杂志》2015 年第 12 期。

万元左右。

从社会学角度入手，更为值得注意和进一步思考的是东风网商群体所呈现出来的结构性特征。这种结构性特征是在东风村既有网商产业发展过程中逐渐形成的，一定程度上体现了东风村本地文化、传统及其他地方化要素与互联网经济、市场化经营等外部因素的互动过程，从而成为透视东风村网商崛起的一个重要视角。笔者经过走访调研后认为，东风村淘宝网商群体具有发展过程上的"以新带老"，基于此形成了若干个基本类型的经营主体。总体来看，东风村网商群体的覆盖范围很广，从城里学成归来的年轻人、乡村留守的妇女儿童或者是在外打工回来的东风村民，甚至还包括从外地进入东风村专门从事网商创业的人，但这个群体的核心驱动力量是年轻人，尤其是以东风村原本在城里上学或是城里工作务工回来的本地年轻人为主。正是通过这些年轻人的带动、示范和引领，网商家具产业的经营理念、网店营销技巧、产品创新工艺、工厂管理模式等前沿知识才会被东风村的其他网商经营者迅速学习和采纳，由此也形成了"以新带老"的东风村网商主体演变逻辑。具体来说，从东风村网商发展阶段的分类上入手，我们可以将其分为四个基本类型，即源头发起群体（以 SH 为代表的沙集三剑客等最早加入网商产业的经营主体）；临近跟随群体（与源头发起群体紧密相关的后续经营者）；转型驱动群体（从其他产业加入并推动网商产业创新发展的相关人员）；产业配套群体（从事网商产业）（见表 3—1）。

表 3—1　　　　　　东风村网商店主的类型划分与说明

	动机	路径	作用
源头发起群体	陷入困境，被逼尝试以网店经营来改善生活	个体行为的经验与偶然性尝试的结合获得成功	东风村网商的发起群体，探索出了最初的网商经营路径并向其他村民进行传播
临近跟随群体	看到网店生意火爆之后的好奇与尝试性学习	全盘模仿、学习既有网店经营者的相关产业经验	门槛较低、数量庞大的东风村网商群体类型，发展层次多样，构成了主要群体

续表

	动机	路径	作用
转型驱动群体	原有产业经营遇到瓶颈，切入朝阳产业	依托自身既有的市场经验，并学习模仿已有路径	提升了网商经营的正规性与市场性，将家具生产与网店结合，创新了网商业态
产业配套群体	网商产业兴起之后，看到了相关市场的新商机	在经验参与中不断学习提升经营技巧，创新服务	完善了网商经济的产业配套，构成东风村产业分工合作与专业化发展的重要基础

"源头发起群体"实际上代表了整个东风村网商经济的起步，主要以"沙集三剑客"为代表。虽然这一群体之间存在着相互关系和互动，但他们对于网商家具这一特定产业的探索与介入实际上是非常偶然的。这一群体有一个共同特点，就是都具有一定的城市生活与工作经验，而且比较善于突破和创新。关于这一点，笔者会在后面的专门论述当中进行展开讨论。从发展历程来说，源头发起群体都是很早就介入了网络电子商务这个行业，因此对于网店经营、销售等相关业务环节并不陌生，当然他们最开始所从事的都是比较单纯的网络渠道销售。比如SH就是从网络销售电话充值卡开始的，后来又陆续销售过小饰品和小家电。而XK作为沙集镇中学的一个美术老师在1997年就自费购买了全镇第一台电脑，并且办起了电脑培训班，而后又继续从事互联网相关的产业，包括网吧、电脑销售与配件生意。后来在2004年的时候通过网络购进一些电脑配件进行线下加价销售，并且开了一家名叫"星空家居"的网店，出售一些小挂件、钥匙扣。DFCL则是之前从事婚纱摄影，后来受到SH等朋友的影响，开始经营网店。除此之外，还有为SH等人提供产品的木匠WYS，这些人共同成为东风村的网商的源头发起群体。

但他们所采取的这种最初网店模式存在结构性问题，难以成为支撑一个区域产业持续发展的动力机制。具体来说就是SH等人所从事的网店经营不仅单品销售的规模、利润都很低，而且缺乏足够稳定的供货渠道和产品来源，因此发展空间不大。作为一个主要工作之外的副业来贴补家用可以，但显然无法成为一个真正值得全身心投入的创业项目。因此，从这个意义出发，这些年轻人所探索的网店生意一方面与东风村之前的农副产品加工等相关产业差别不大，只能作为一种乡村补贴生活的副业经营，不具备持续、系统和长远的发展可能以及投资前景。另一方面，这种网店经营又与之前东风村在传统领域的尝试有着明显的不同，即互联网作为一种新的技术手段、产业形式乃至思维方式已经开始影响这些第一批从业人员的想法和行为习惯。他们逐渐意识到作为一个电子商务平台，"淘宝网"可以直接让卖家几乎零成本对接海量的客户需求和市场，而这其中的销售产品也具备了多种可能，这也为东风村未来可能的产业创新提供了足够的空间和想象力。

可以这样说，互联网技术与经济的特性提供了东风村网商经济爆发的可能性，但这种可能性需要一些偶然性因素的触发才能真正转换成为东风村网商经济的蓬勃发展，或者说是一个"导火索"，一个基于个人企业家精神的探索与偶然尝试所形成的连锁反应。2007年，当时SH等人来到上海游玩，去了上海的宜家超市，通过宜家的家具风格和拼装组合方式，激发了商业灵感，也第一次知道了简约板式家具这一产品类别的存在，在宜家购买样品回来并在淘宝网上按照关键词进行搜索之后，他们发现这个产品类别在淘宝网处于空白。于是决定从这个产品入手，进行生产和网络销售，由此开始了东风村的网商家具经济发展探索。

在这之后紧接着出现的就是东风村网商的"临近跟随群体"，这一群体也构成了东风村淘宝生意当中人数最多的一个群体类型。这一群体形成最主要的动力机制就是与源头群体存在着非常紧密的社会关系连接。在笔者的调研访谈过程之中可以发现，在SH等人的网店生意逐渐兴起之后，最先来接触信息与学习网店经营的往往是源头网商经营者的"首属群体"[①]。作为亲戚、发小、街坊，他们不仅对SH等人通过网店生意发生的变化形成直接的观察与感触，并且也有渠道从SH等人那里获取网店经营的全套路径、经验与技巧。因此，在经历了东风村网商的最初兴起阶段之后，他们迅速通过消息探听、技巧学习甚至是上门打工"偷师"等手段参与进来，从而扩大了网商经济在东风村的范围与影响力。也正

---

① 即"初级群体"，最早由美国社会学家库利提出，主要是指家庭、邻里和儿童时期的游戏伙伴。

是从这个群体加入开始，淘宝店生意开始摆脱个体性市场探索行为的局限性并走向乡村的"集体性行为"。作为一种网商类型，"临近跟随群体"呈现出进一步的分化，许多有经验、有知识、能力较强的网商不断创新学习、扩大规模，将经营范围从线上销售扩展到线下生产，自身的网店经营也越来越好。但这一群体的大部分网商依然停留在单纯的网店销售层次，产业规模较小，创新能力也较弱，多数依靠与其他网商大户的"关系"来获取产品进行"二次销售"。因此，这一类型群体很大程度上成为东风村网商的"缓冲空间"。

除此之外还有"产业配套群体"，即在东风村网商经济发展成熟之后，出现了许多配套产业的经营者，比如五金配件、物流快递、电商服务等，虽然他们不直接进行网店经营，但由于与网店经营的关系非常紧密，是典型的产业链上下游，因此本书倾向于认为他们也构成了一个淘宝网店群体的重要类型。我们可以将其看作是东风村的产业支撑部分，主要由与东风村网商在产业往来层面有重要相关利益的主体组成，目的是满足东风村网商经济发展的相关周边需要。这个群体的发展主要是围绕东风村当地的家具网销主业务进行配套，目前已经形成了一个为网商经营和发展提供全方位支撑的市场生态。

这个群体的来源多样，其中有一个特点值得注意，就是产业配套当中的摄影、宣传、设计以及培训等产业类型由于"技术门槛"和"利润率"都比较高，因此成为外来高学历年轻人创业就业的重要方向，由此提升了东风村网商主体的多样性与学历程度。同时我们还注意到，东风村的这种"产业配套群体"随着自身经营规模与水平的提升，已经开始对外"输出服务"，成为东风村吸引家具网商企业、人才前来创业的重要资源筹码。

> 当时来到这边开厂子也有一个原因就是东风村这边的服务确实做得很好，你比方说在我们那边想要找人来给宝贝照个相就很难，但在这边一个是人家整天就是干这个的，经验很丰富，什么角度，怎么去P图都是有模板的。再一个就是价格便宜，因为活多，所以单价就会很划算。——（PXF，东风村网商，2017）

随着东风村网商的发展，这个产业支撑体系也在不断优化，现在已经成为吸引外地人前来东风村创业落户的一个重要优势。在东风村已经初步形成人才、物流、租房、设备出租、金融配套等一系列产业要素集聚，在这里进行创业无疑可以极大地提升效率。因此，这个群体的出现与增长很大程度上象征着东风村网商群体在"社会分工"层面的发展程度，正是因为网商经济的经济规模与增长不断升级，才使得专门性的摄影、营销设计、物流配送、广告宣传、电商培训等配套产业不断出现、发展与集聚，而也正是这些配套产业的不断发展，又反过来能够为网商家具产业的发展提供越来越专业和成熟的服务。

"转型驱动群体"则是从其他产业转入的成熟行业投资者与经营者，他们的行业管理经验与市场经验都更加丰富。在既有资金积累的基础之上，他们的投入力度和产业起点会更高，对网商经济的创新与贡献也更大，成为东风村网商经济不断转型升级的核心骨干力量。比如以 WWL 等为代表的既有塑料回收加工从业经营者就是其中代表。

> 当时的情况是一定要进行转型的，我们整个投入的资本量大概在 20 万元左右，没有做网店经营，因为不会，也做不好，所以就直接从购买家具生产设备开始。——（WWL，东风村网商，2016）

除了这种直接转型的"新进者"，还有许多网商（比如 WM）采取的是一种渐进的策略，即通过对自己从事网店产业的亲戚（比如亲弟弟等）进行投资入股，成立股份化公司，从而提升资本规模，可以购买现代化设备。在这种情况下，网商产业成为一个新兴的"朝阳产业"，除了传统的塑料回收加工，还有许多在本地或是外地从事产业经营的东风村村民通过亲戚、朋友的介绍了解了网商产业。比如 LXL 就从山东的食品生意中脱身，在 2009 年将全部资产投入了家具板材厂的建设之中，继而又在 2010 年贷款建设了松木家具厂。而 WDJ 则从以往的养猪经营中抽身出来，自学了网店经营。之所以会形成这种转型浪潮，主要是因为网商经济的迅速崛起迎合了整个东风村产业发展的整体需要。正如之前所讲，彼时东风村原本的主导产业——塑料回收加工正因为外部经济危机的冲击而岌岌可危，东风村原本其他产业的从业者迫切需要一个新的产业领域进行转型和发展。在这种情况下,网商家具作为一个新兴的高利润产业出现,迎合了东风村自身的发展需求,许多新加入的从业人员都是从废旧塑料回收产业"转行"过来的。

> 以前是做废旧塑料回收加工生意的,刚开始还不错,2008年的时候金融危机,我这边一下子积压了200多吨货,因为价格下降得厉害,卖的越多赔的越多。后来等了一段时间剩了100多吨没卖出去。不过现在已经全部转成做淘宝了,原本那片600多平方米的场地已经清理了,过几天就可以用。后面我又自己改了400多平方米的小厂,楼下是仓库,楼上可以进行加工生产床垫。——(DYW,东风村网商,2017)

这构成了一个有趣的发展转变,转型而来的东风村新网商有资本、有技术、有经验,对传统的工业生产经营非常熟悉,却对偏重新技术、新模式的网络电子商务并不熟悉。所以很多的资本都流入了东风村网商产业链的中下游,即家具的生产领域。这就形成了一种互补,有力推动了早期东风村网商产业的迅速"扎根"化。一般情况下,互联网经济是很难形成地域性集群,即便是要形成地域集群也往往需要特定互联网产业的龙头性企业出现,并以此为基础形成产业集群。因此,全国范围内的互联网产业集聚地多数集中在北京、上海、广州、深圳以及杭州,其中北上广深都是一线国际化大都市,而杭州则是因为依托阿里巴巴集团及其下属以及关联业务企业形成了强大的互联网创业氛围和机制。[①]

因此,互联网对于乡村来说并不是一个能够实现空间产业集聚的强力主导力量,但东风村的电子商务不同于单纯的线上互联网,其本质是互联网与传统工业生产类型的结合,在这种情况下,东风村的优势就是在前期形成了对其自身网络销售的下端产业布局。也正是因为这种重资产产业的发展与集聚,东风村才能够获得持续不断的创新动力。这背后有很大一部分原因就是"转型驱动群体"加入后,对东风村网商家具生产加工产业的持续投资与经营。

---

① 解学芳、臧志彭:《"互联网+"时代文化产业上市公司空间分布与集群机理研究》,《东南学术》2018年第2期。

二 "以销带产":网商经济与乡村新型工业化

按照发展介入阶段,我们可以将东风村的网商分为上文提到的四个基本类型。而如果从网商经营样态来说,东风村的网商家具经营形态基本上可以被分成三个类型,即线下生产加工样态、线上网络销售样态以及生产加工与网络销售一体化样态(见图3—8)。淘宝村并不是一个单纯的互联网线上经济发展主体集聚,单纯的互联网经济往往很容易形成1—2个巨头型企业,但不会存在很多同类型的产品提供者。而东风村的特殊情况就在于,它是传统制造业企业与互联网新经济的一个结合。如果仅仅利用互联网作为销售或是简单的渠道经营,那么东风村不会发生如此剧烈和根本性的变化,恰恰是因为东风村将传统的制造业与创新的互联网相结合,才可以在这么短的时间内发生如此巨大的变化。换言之,一方面是互联网的技术创新与模式创新,另一方面则是传统工业产业的集聚和规模提升,这两者的结合成为推动东风村不断突破发展的核心动力所在。

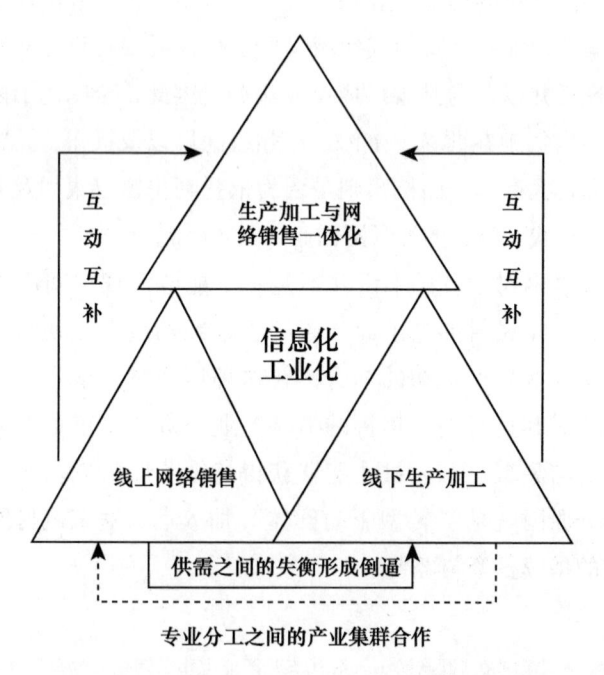

图3—8 东风村网商家具的三种经营样态类型

三种经营样态的内在关系构成了一个动态三角关系。在最开始阶段，许多东风村的网商由于缺乏足够的经济实力、行业知识以及投资信心，因此多数是从单纯的线上网络销售经营来实现对网商家具产业的切入。但基于网络销售所具有的"订单前置"和"小批量、个性化"等特征，网商家具产业很难从传统生产渠道获得稳定而持续的货源供给。

一方面，网络销售家具本身相对于传统家具线下卖场，其核心优势就在于网络销售在 SKU 种类上的丰富性，即存在着一种"长尾效应"①，而这与传统家具生产厂家集中于几款特定产品的规模化生产既有路径明显不符。另一方面，东风村在一开始所选择的简易拼装家具是从上海宜家商场模仿学习而来，这对于沙集镇乃至徐州市的家具生产厂家都是一个比较新的产品类别，不仅利润低而且没有成熟的生产流程与样板，再加上东风网商在起步阶段的出货量很小，因此传统的家具生产厂家基本上都"看不上"这块特定的市场需求。这就导致最先开始的网商都只能通过木匠等零散渠道来进行产品生产加工，这在一开始的时候无疑和网商销售追求定制、简单、性价比、小批量等趋势相吻合，也促进了东风村网商家具产业的起步与发展。但在后续的发展过程中，木匠个体生产的不稳定、效率低成为制约网商经营的关键因素。这就形成了一个两难困境，即成规模的既有家具生产厂家没有意愿来满足东风网商对家具网络销售的需求，而个体化的木匠生产又没有能力持续应对东风网商对家具网络销售的要求。

正是在这种夹缝困境之中，催生了东风村网商最重要也是最核心的经营样态，即生产加工与网络销售一体化。这种经营样态不仅成为东风村网商产业的主流和基石，更成为东风淘宝村发展路径的核心特征与创新点所在。实际上，东风村很多成功的网商店主都是采取这种模式（比如 SH、DFCL 等），甚至可以做到"一户多厂"，即一个线上网络销售门店可以同时拥有多个应对不同产品需求的家具生产加工厂。而之所以这种生产加工与网络销售一体化的经营样态可以迅速成为东风村网商的主

---

① 长尾（The Long Tail）最早是由《连线》杂志主编克里斯·安德森（Chris Anderson）在 2004 年提出并用来描述诸如亚马逊、Netflix 之类网站的商业和经济模式，可以理解为互联网在展示、存储产品规模种类上的近乎无穷性可以满足很多以前被忽视的小众、个性化需求。

流，是因为其很好地回应和解决了之前出现的"销售—生产脱节"的困境，拥有一个较为完整的产业链对不断提升网络销售的灵活性和针对性具有非常重要的意义。但更为重要的是，东风村网商家具一开始的产品是简单拼装的板式家具，制作工艺非常简单，只需要电锯、压刨、砂光机等简单设备投入，再雇用几个熟练的木匠工人即可成为一个满足网络销售简单板式家具的工厂。因此，在资金投入、人员培训和用地规模等维度，这种工厂的建设门槛实际上都不高。再加上初期发展的东风网商不需要大量的生产供给以及网络销售特有的"先下单、后出货"的锁定机制，使得前期投入工厂的后续库存成本几乎为零，因此这种经营样态被迅速采用，并成为主流。

之所以说生产加工与网络销售一体化的经营样态是整个东风村网商的基石，是因为不论是单一的线下生产加工样态或是单一的线上网络销售样态都是在一体化经营迅速发展并带动东风村整体网商产业规模迅速扩大之后才形成的新经营样态，即一体化的经营模式催生了后两种更加细化和专业的经营模式，这也在一定程度上代表了东风村网商产业的专业化分工发展。

单一的网络销售经营业态可以被理解为是一种"网络分销渠道"，即不参与家具产品的生产和加工，只通过淘宝网店等电子商务平台进行宣传、营销和服务，在顾客网络选择下单之后，再去工厂提取相关产品进行加价销售，从中获取一定的利润。这也是最接近一般淘宝网店的经营模式，具有成本低、利润稳定、灵活机动等特点，非常适合个人进行参与。这种经营模式也成了东风村网商产业发展的主要就业承载空间和产业发展缓冲带，正是依托这种路径，东风村大幅度降低了网商产业的"经营门槛"。由于这个路径本身不改变村民既有的生产生活方式等特点，因此许多从事其他产业的村民都会从这个路径切入网商家具产业，在获得一定资金和行业积累之后，再选择进入生产加工与网络销售一体化经营路径或是其他。因此，这种单一的网络销售作为东风村网商产业的中坚力量与"缓冲过渡带"发挥了重要作用。

与此同时，网店运营作为一个具有一定技术含量的电子商务细分发展领域，更加适合缺乏足够经济资本与本地资源的年轻人创业的第一选择，也因此为年轻人参与东风村的网商经济提供了一种更加具有价值兑现感的细分方向。东风村的很多网商经营者会选择继续强化、提升自己在网店运营这个方向的专业性，以服务、营销不断提升规模和口碑，从而形成一种以线上网络销售家具为主的"轻资产"模式。比如网商 TMW 就有三个网店，网店信誉都可以达到三四个钻。

> 我就是把网店做好，因为这个是我的优势，刚开始的时候起步资金多，要是也去做家具生产的话可能兼顾不了。但我们的网店的服务和信誉都很好，产品上也不是就从别人那直接拿过来，现在我这边还会有人先跟客户进行对接，根据人家的需要进行设计，出设计图，然后再给厂子那边去做。——（TMW，东风村网商，2017）

一般来说，对于乡村产业来说，区位的重要性非常明显，乡村的产业突围必须要从大区域视角思考，培养自己的差异化定位和竞争能力，同时不同区域的地理临近性一定程度上决定了该区域所能提供的基础设施服务、生产要素供给等基础资料。① 因此，东风村实际上不具备形成家具产业集聚的传统要素基础。

但笔者经过走访调查发现，东风村网商产业与单纯互联网经济有一个很大的不同就在于其通过互联网销售带动形成了一大批具有一定实力、规模和创新能力的线下实体厂家，也就是东风网商的第三种形态——线下生产加工样态。与既有的两种样态不同，线下生产加工是指不参与网络销售，只进行家具产品的设计、生产等，并以此作为主要的利润来源。这种路径与传统的家具生产行当具有很强的相似性，强调规模、流程、管理和成本计算，并对资本、人力和空间具有非常强的投入要求，一般的村民很难直接介入其中。但相对于传统家具生产企业与销售终端以及市场之间较长的中间渠道与"时间差"，东风村的这种线下生产加工样态却是直接面对网店销售需要，并且可以在预先锁定订单的情况下进行类似"无库存"的家具生产。

这构成了东风村家具生产厂家相对于其他区域生产厂家的一个巨大

---

① 李小建、周雄飞、郑纯辉：《河南农区经济发展差异地理影响的小尺度分析》，《地理学报》2008 年第 2 期。

优势，也因此降低了相应门槛。采取这种经营样态的从业人员基本上都是从其他行业"转移"过来的成熟投资者，他们通常经过原有的产业经营形成了较为雄厚的资金实力、管理经验和风险意识，但由于对全新的线上网店销售与经营并不熟悉，因此往往愿意选择从同属实体产业的家具生产入手介入东风村的网商浪潮。而采取这一种经营样态的从业人员在投资规模、生产正规性、企业管理成熟度等层面具有比较高的水准，不仅使得东风村网商家具产业具有了扎实的线下产品基础，迅速催生了更多网店的出现和发展，同时也推动了整个东风村网商产业主体的成熟和正规化。

东风村的产业形态创新不仅仅局限在互联网层面，而是一种覆盖了多个产业类型的全方位创新。线上网店销售模式、线下工厂生活模式分别对应着东风村的二产制造业与三产服务业创新，而在这基础之上，融合线上销售与线下生产为一体的第三种模式成为东风村独有的"淘宝网商新路径"。在笔者走访过的诸多淘宝村当中，东风村的产业创新是较为独特和完整的。一般而言，许多淘宝村或是没有一个属于自身网商体系的产品供给方，产品来源是外部的供给市场，但具有比较强的价格优势（比如义乌青岩刘村）；或是也一定程度实现了线上销售与线下生产的一体化融合，但线下生产这一部分具有明显的先导性和优势性，而线上销售只是作为一种渠道补充进入，这种淘宝村类型的实质是"地方传统优势产业的互联网化"（比如沭阳颜集镇、苏州的阳澄湖淘宝村）；还有一种淘宝村类型与东风村很类似，即一开始的时候也没有强有力的地方优势产业，但在后续发展过程中也通过网店运营带动了新出现的线下产品供给，但很多都是很简单的工艺品生产（比如山东曹集镇），依然没有达到东风村这种线上与线下接近于"对等融合"的程度。东风村的网商产业不仅在网店经营、销售、服务以及品牌建设等线上互联网经济层面实现了长足的进步，而且在家具生产、设计、产品创新、管理模式升级等线下实体经济层面也取得了长足进步。正是这两种发展方向的长足进步与互动，构成了东风村网商经济不断升级发展、带动社会文化变革的重要力量。

这种发展形态上的"以销带产"，在某种程度上是以"线上线下的一体化"实现了"工业化—信息化"在东风村的同步推进。东风村的网商产业并不是简单地利用网络进行渠道销售，仅仅起到一个连接消费者和生产者的"中间商"作用，而是将生产、销售以及服务融为一体，形成了一个较为完整的家具产业链，在后期甚至把设计、品牌等高价值产业链也纳入其中。东风村的网商产业是将"线上"（网络销售、营销、服务）与"线下"（家具设计、生产与物流等）进行了充分融合，实现了对两种产业模式优点的充分借鉴，因此具有较强的抗压能力和市场创新能力。这种"以销带产"实现了东风村乡村经济现代化两个阶段的叠合式发展，即"工业化"与"信息化"的同步驱动，而这恰恰是一直以来中国乡村经济现代化发展过程中的一个困难点所在[1]，某种程度上，如何协调推进乡村产业方向"信息化"与"工业化"成为乡村现代化必须要回答的问题。

针对江苏、安徽、湖北等地进行的乡村建设实践考察就显示，虽然相较于城镇而言，农村的各类潜在发展产业类型，不管是一产农业（比如种植、养殖等）还是三产旅游（比如餐饮、农家乐等）的投资强度和投入成本虽然都比较少，但在实际推进过程之中却困难重重，往往得不到来自农民的有效反馈和积极参与，最后多半就形成资本"越位"和农民"缺位"的后果。外部的资本、企业和内部的村干部、富裕农民等先期进行，继而以较为低廉的价格获取资源、位置的唯一性，形成规模效应，并且在对应发展过程之中不断抬升相应的进入门槛，让后续的农民即使想要跟随也往往面临较大的困难。

因此，东风村的这种结合模式尤为珍贵。正如前述所言，单一的互联网对于乡村并不是一个能够实现空间产业集聚的绝对主导力量，但电子商务不同于单纯的技术性互联网，其本质是互联网与传统农业、工业等生产类型的结合。在这种情况下，东风村一个很大的优势就是在前期很早的时候，就形成了对其自身网络销售的下端产业布局。也正是因为这种重资产产业的发展与集聚，东风村才能够获得持续不断的创新动力。东风村实际上借助既有的产业基础实现了一种转型，不是单纯的第三产业兴起，而是实现了二、三产的融合发展，是"信息化与工业化"的有效融合。

---

[1] 冯献、崔凯：《中国工业化、信息化、城镇化和农业现代化的内涵与同步发展的现实选择和作用机理》，《农业现代化研究》2013 年第 3 期。

三 "以家带厂":从"家庭作坊"走向"农户公司"

除了"以新带老""以销带产",东风村网商主体还有一个重要的特征就是"以家带厂",即在发展过程之中,东风村网商始终以"家庭"为核心单位,在此基础之上形成了初创型、成长型与升级型三个基本网商类型(见表3—2)。

表3—2　　　　　东风村网商经营主体的分类与相关介绍

初创型	人员规模:1—5人;场地规模:几十平方米;设备投入:几万元
	主体性质:家庭小作坊,以家庭为主体进行,多以线上网店销售或是一体化经营路径为主,场地多以家庭自有房屋宅基地及周边空间改造为主
成长型	人员规模:10—20人;场地规模:100—200平方米;设备投入:20万—30万元
	主体性质:私人加工厂,以家庭为主,外雇工人为助,以一体化经营路径为主,出现简单的家具生产工厂,场地以租借周边村以及改造为主
升级型	人员:>30人;场地:2000—3000平方米;设备:>100万元
	主体性质:品牌家具网商,家庭为管理与核心业务单位,大量雇用专业工人,以融合性路径和单一的线下家具生产工厂为主,场地多来自产业园或是其他空间的租赁,发展层次与投资力度都较大,成为核心力量

其一,初创型实际上可以被理解为是一种"家庭小作坊"的阶段(见图3—9)。在东风村网商的最开始阶段,由于资金、经验和行业认可度的薄弱,相应从业者只能依托家庭成员、家庭宅基地进行生产扩张,规模、投入和产出都很小,当然这个过程还伴随着对宅基地以及周边临近空间的"灰色改造",但基层政府对这样一种尝试都给予了非常宽容的态度。也正是因为空间与人力成本的近乎零,因此只需要投入自己之前积累的部分资产就可以启动网商的网店经营或是小规模生产,当然这种生产主要是以满足自己的网店销售需要为主(比如网商HCY等),许多这个阶段的经营者都是起点比较低的村民。

其二,成长型可以被概括为是一种"私人加工厂"阶段。在东风村网商的后续发展阶段,由于市场扩张、产品需求变化以及前期积累的资

图 3—9 东风村典型的"前家后厂"的家庭作坊

金和经验达到了提高规模的基准,因此许多经营主体会通过转租、承包等方式形成较大面积(几百平方米)的专业厂房,相应的投资规模达到了几十万甚至百万元,开始出现对亲戚邻居、返乡朋友等较亲密群体的外部雇佣关系。主要的资金来源也多数是前期经营积累的利润或是其他产业经商的积累。值得注意的是,这个阶段由于前期发展形成了网商良好的"示范效应",开始出现从其他产业转入,专门从事线下家具设计生产的经营主体,因此这个阶段的经营者起点通常都会比较高,多是之前从事网商家具经营获利或是从其他产业转进来的成熟投资者。比如网商 LXL 就是硕士,而且是徐州某集团的副总,管理过 2000 多个工人,他回家创业就直接从这个阶段切入,创立了三实家具品牌。

其三,升级型发展阶段的一个典型特征就是出现了"品牌家具网商"。这个是在 2012 年之后,随着东风村网商产业进入优化升级阶段,许多的网商经营主体开始在政府的协调下,通过专业园区来投资建设大规模的现代化厂房(有的可以达到几千平方米),并且生产设备不断升级,用工方式也不断规范,开始出现大量的外部雇用技术工人与管理人员。这个阶段的经营主体往往都是在东风村既有网商产业经营中的成功者(SH、WY 等),其年销售规模基本上可以达到百万甚至千万级别,许多家具产品已经开始出现品牌化、设计化和定制化的发展趋势。比如徐州 SY 家具有限公司就是 WY 与自己兄弟将自己原本的家具厂合并而来的正规化家具生产公司,年销售额可以达到上千万元。

笔者认为，东风村网商主体即便经历了多个发展阶段，但其在发展方式上的一个持续性逻辑就是"以家带厂"，通过不断的市场化因素导入，重新确立了"家庭"在东风村网商经济体系当中的"核心角色"作用。而基于国际比较的相关研究也指出①，在乡村新产业的创业发展过程之中，兼职创业、家庭单位、领头人具有较高的创业能力和教育水平是重要的影响因素。东风网商群体的核心单位在一开始是一个个家庭，但在其后期产业的发展、扩张过程之中，家庭这个东风村网商发展的核心可以以工厂的形式进行"外扩"，既保持家庭在工厂经营核心环节的主要位置，同时通过外聘招工吸引生产、销售、客服等相关工种，一方面保持了家庭对产业的掌控，另一方面则实现了网商家具产业发展对生产方式和生产规模扩张的要求。实际上，这种"以家带厂"的发展方式最核心的作用恰恰在于平衡性，即通过这个方式，东风村的网商可以在利用乡村社会传统的同时，一定程度上规避这种传统可能带来的危害。具体来说，因为采取了这种"以家带厂"的发展方式，东风村网商在起步阶段可以充分利用乡村社会的优势，其中最重要的就是以家庭、亲戚、邻里等熟人"强关系"为核心的劳动力使用网络可以大幅度降低用工成本，并保证了比较高的合作信任度和用工效率，这在东风村网商产业发展的起步阶段发挥了重要的作用。

这种通过亲属、亲戚等乡村既有社会关系网络连接形成的合作网络不仅会带来高性价比的劳动力流动，也带来了"生产空间"的资源共享（主要是指宅基地及周边空间）。许多东风村网商经营者在一开始都是利用自家宅基地及周边空间进行改造，以作为生产、加工家具产品的场所，而后期也多通过与亲属、亲戚联合，形成对其他宅基地空间的改造，以扩大生产规模（见图3—10）。这就直接回应了"开厂"创业这个过程的两个最核心困境——劳动力成本与厂房建设成本，从而降低了进入门槛。这也是为什么笔者认为"以家带厂"的发展方式在充分发挥乡村传统特性的基础之上便利了东风村网商产业的发展。与此同时，"以家带厂"的发展模式又必然性指向了东风村网商发展方式的正规化、市场化和专业

---

① 孙红霞等：《农民创业研究前沿探析与我国转型时期研究框架构建》，《外国经济与管理》2010年第6期。

化，随着生产规模的扩大，能够生存下来的网商都实现了从"家庭作坊经营"向"家族企业管理"的转变，从而为下一步的产业升级、产品创新、品牌塑造等打下了基础。

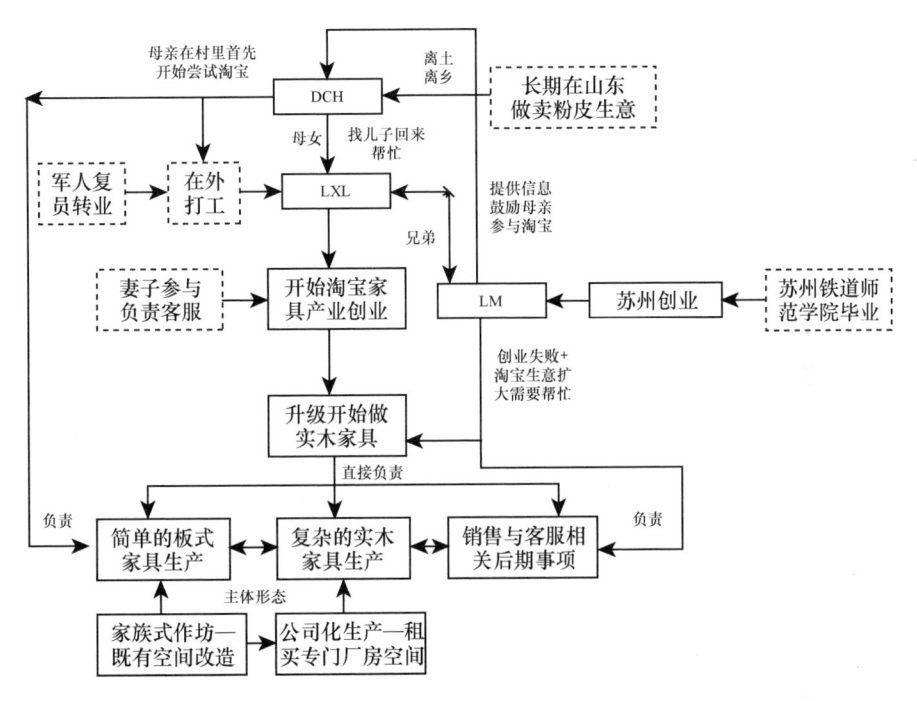

图3—10　一个典型的东风村家庭式"淘宝网店"模式

我应该是东风村第一个在本地做淘宝物流的，我儿子的网店也不做了，一起做物流，他们两口子是在县城，负责全县的圆通，我只负责沙集的……我用的员工基本上也都是东风村本村或是周边的人，离家近也方便，也不需要什么制度，来了之后大家就各自干自己的工作。财务这块我不管的，主要是我老婆管，一天有将近3万多元的业务，她手熟，小账算得特别快。以前她在徐州那边卖我们粉皮，那边的人特别认我们睢宁的粉皮豆腐，那时候买东西的人很多，每天都有太多人，我干转圈就是不会算，我老婆都是一口出，说起来都是被逼出来的本事，分毫不差。——（WWY，东风村物流经营者，2016）

因此，东风村的淘宝网商主体发展过程中呈现出三个具有重要意义的特征。"以新带老"打破了传统乡村发展尤其是经济发展中对经验等既有因素过分倚重的既定模式①，意味着具有新知识、新想法和新理念的年轻人得到了乡村社会的认同，开始引领整个乡村的变革。"以销带产"则意味着东风村的网商家具产业在一开始就摆脱了技术性"互联网经济"的局限性，是将传统的制造业与创新的互联网进行了对接，这一转变不仅使得东风村的网商互联网经济具有完整的产业布局和盈利能力，而且赋予了东风网商产业很强的"在地性"，使其可以持续地推动地方经济、就业乃至社会文化的变迁。"以家带厂"则实现了东风村新经济发展过程过程中经营"可靠性"与"创新性"的平衡，这背后是典型的乡村企业结构变迁的过程。家庭成员天生具备的"信任度"可以帮助这些初创的企业有效把控越来越扩大的生产与业务领域，而不用过分担心"偷学"等行为带来的同质化竞争或是复制等问题。

第三节　日常生活样态：农户为主体的就地城镇化

一　本地就业："回归乡村"与"空心化"终结

"离土离乡"一直以来都是东风村在网商产业兴起之前年轻人谋求更好生活的最主要选择，因此与大多数中国乡村遇到的问题一样，东风村也面临着年轻人外流打工以及由此形成的"乡村空心化"。具体来说，由于自身的土地耕作条件欠佳②，东风村发展农业经营的条件非常不好，再加上自身所从事的一直停留在低价值的养猪、塑料回收加工等产业，无法有效提升劳动力就业档次。因此东风村是一个典型的以外出务工为主等乡村，存在着很典型的产业空心化与人口外流现象。尤其是在年轻人群体当中，外出求学与打工几乎成为所有年轻人的选择，东风村只留下老人和孩子在乡村耕种土地。按照相关统计，在最严峻发展阶段，东风

---

①　王铭铭、杨清媚：《费孝通与〈乡土中国〉》，《中南民族大学学报》（人文社会科学版）2010年第4期。

②　东风村所在地属于苏北盐碱地，并且村里的人均耕地不足1亩。

村全村 2600 名左右的劳动力，2000 人在外打工。① 大量适龄劳动力的流出是东风村发展困境的一个典型症结，实际上，这也构成了中国乡村的发展共性困境所在。可以这样说，劳动力的流出是一个乡村在城乡二元体制下不断"失血"的过程。尤其是大量优秀年轻人通过教育、打工等方式走出乡村、留在城市，这一过程的背后耗费了大量乡村珍贵资源的支持，但却难以得到有效回报。

> 说句夸张的话，以前的东风村，村里面有人去世，你要去找四个抬棺材的年轻人都凑不齐。——（WWK，东风村原党委书记，2016）

东风村所面临的这种问题离不开乡村发展的大环境——城乡二元结构的制约。以东风村为代表的乡村相对于城镇处于一种相对弱势的位置，其大量的资源以极为廉价的"筹码"被"出售"给城镇，以支撑我国的工业化与城镇化进程。而在这个过程之中，农民进入城镇化的过程很大程度上被固定为"进城"，通过进城务工、求学、经商或是其他"离土离乡"的路径方式转换成为"市民"。这种路径不仅对农民的文化水平、经济能力、适应能力等提出了较高要求，大大提高了"人的城镇化"的门槛。而且从更深层面来说，这是一种在城镇化过程中对农民"他者化"的一种处理，即认为农民实际上是在城镇化进程之外，必须通过某种形式"考核"才能进入城镇。这种"离土离乡"式的农民城镇化路径已经开始引发越来越多的社会问题。许多研究分别从农民工、留守妇女儿童等多个群体角度切入，指出这一路径在就业、家庭结构、社会稳定多个层面带来的社会问题。比如有研究显示，进城务工人员子女在城市融合这一议题上已经开始呈现"内卷化"特点②，会极大地影响农民在城市的生活与发展意愿。以东风村为例，在采访过程之中，绝大部分网商在之

---

① 叶秀敏、汪向东：《东风村调查——农村电子商务的"沙集模式"》，中国社会科学出版社 2016 年版，第 21 页。

② 黄兆信、李远煦、万荣根：《"去内卷化"：融合教育的关键——进城务工人员子女融合教育的现状与对策》，《教育研究》2010 年第 11 期。

前都有过在城市打工、学习的经历，而这其中最为深刻的感受就是"没有希望"与"被歧视"。

> 我当时在外面打工最大的感觉就是看不到希望，每天赚的钱还不够自己花的，而且一天到晚从事的都是一些没有什么意义的事情，得不到什么提升……也不敢去谈恋爱或者去交朋友，总归是觉得低人一等。——（ZW，东风村网商，2017）

东风村进城务工农民感受到的首先是一种"制度性歧视"，继而是一种社会心态上的歧视。这两种歧视相结合，影响了农民对于这种"离土离乡"城镇化路径的接受度和认可度，也制约了中国城镇化的后半程发展。更为重要的是，这种被动型的"城镇化"路径通过"消极化"农民的心态与思维方式，限制了农民自身探索城镇化的自信与可能。

这一切的改变都要从有人愿意从城镇"回归"乡村开始。这种回归并不是城镇对乡村居高临下的又一次指导和教育，因为这多半会滑向对乡村资源的又一次掠夺乃至对乡村既有生活结构和风土人情的利用。这种回归与其说是城镇"回归"乡村，不如说是乡村"接纳"城镇，实质是凸显乡村在城乡关系中的主体性和首位性。而关键就在于"乡村本地就业"的"适配化"。曾经的东风村实际上是一个中国乡村问题的缩影与典型代表。大部分年轻人几乎都流向了城市，不管是打工还是求学，最终的目的实际上都是为了留在城市，而并非回到乡村。

> 谁也不想自己一个人跑到城市去打工啊，但留在村里吧，总也感觉没什么事情能做，搞塑料回收加工我还是觉得有点累，再说说出去也丢人，不说别的，找媳妇人家一听都不愿跟你。你说我还能怎么办，后来也是听老乡说城里面还有点工作可以做，虽然进了城做起来也是累，但终归做的事情还比较体面，回家说起来也有点面子。——（HMS，东风村网商，2016）

劳动力尤其是有效劳动力的外流和锐减造成了东风村产业发展的"下行循环"，本来就无法吸引高效产业的乡村经济由于缺乏具有创新能力、市场能力和专业能力的"优质劳动力"回流,因此只能由村里面的老人、妇女和没有能力外出的年轻人继续从事性价比极低的基础性产业。也正因为如此,东风村长时间内主要从事的都是养猪、卖农副食品、塑料回收加工等低端产业,不仅收入低、任务重,而且还浪费资源、污染环境,甚至还对人体健康有危害。这种产业发展的困境又反过来形成了对乡村外出劳动力回流的一种"阻碍",在这种产业现状下,外出的年轻人由于环境、健康和生活方式等问题的影响,不愿意回到乡村进行生活就业。与此同时,家乡这种低端的产业选择和发展方式显然已经与年轻人在城市里所接受的教育与技能训练脱节,他们回到乡村可能会面临"无用武之地"的困境,这又使得他们在实质层面"不能够"回到乡村生活就业。这是在这种"不愿意"和"不能够"的困境夹击下,东风村外出务工的年轻人实际上已经无法回到乡村生活就业。人才与有效劳动力的缺失造成了东风村产业的"空心化"。

而产业的"空心化"造成了乡村家庭更多的"空巢化"。由于年轻人的"出走",东风村留在村里的只有老人、孩子和妇女,完整的家庭结构被破坏,整个乡村社会的"中间支撑力量"缺失。东风村也因此出现了老人生病没人照顾、孩子上学没人接送、妇女在家独守空房等社会现象,并衍生出一系列社会问题。比如笔者在采访中就得知由于小孩子上学没有人接送而且父母长期不在身边导致了他们的教育出现了不应有的"缺失"。在这种情况下,许多小孩都选择辍学或是沾染上了打架、早恋甚至是聚众斗殴、黑社会团体的一些恶习,严重的甚至会导致一些伤人事故的出现,而这些问题恰恰是"拆分型农民工生产体制"的产物。①

> 那个时候村里面还是不太平,因为我们这本来就是一个三不管地带,流动人口也多……村里面也没有年轻人,在一起打麻将什么的也会引发一些矛盾。——(WWJ,东风村网商,2016)

---

① 汪建华、黄斌欢:《留守经历与新工人的工作流动 农民工生产体制如何使自身面临困境》,《社会》2014 年第 5 期。

但淘宝村发展带来的新产业与新就业扭转了这样一个趋势,东风村开始经历从"空心化"向"年轻人回归"的转变。而这种转变关键就在于形成了以"网商家具"为核心的"本地就业"体系,为东风村的年轻人提供了回乡创业、工作的平台和载体。东风村家具网商的经营规模与利润从2008年开始就不断地稳步提升,一方面是网店自身产业经营状况的不断好转,比如作为东风村最早从事网店经营的店主,SH即便目前已经不再是整个东风村最大的网商家具商,但其在天猫、京东等网商平台的店铺依旧每天可以发往全国货品200件。而在一般情况下,东风村做得比较好的网店可以一天将销售额做到1万元左右,一年下来一个较好的店铺可以获得300万元左右的营业额。在网商发展开始阶段,网销家具的平均利润率可以达到20%左右,而个别"生产—销售"一体且规模较大的网店利润率甚至可以超过40%。SH在起步阶段平均下来,每年的网店利润大概在60万元,DFCL在起步阶段的年利润在30万元左右。这对于一个乡村初创产业的从业人员来说,已经是非常高的经济利润回报了。

这种远超一般产业的利润空间迅速带动形成了以网商为核心的高质量就业体系,实现了对本地就业的吸纳和提升。根据了解,东风村的每户网商平均会雇用6个劳动力,而雇用4—7人的网店比例最高,融"生产、销售"于一体的大型综合性网店甚至可以雇用几十个人。而这些雇佣人群首先就是原本赋闲在乡村只能从事简单农业种植或是农副食品加工的父母、兄弟姐妹以及亲戚,其次就是那些从城里返乡回来的年轻人。随着网商产业发展对规模、专业等相关领域要求的提升,东风村地方性的劳动力已经无法满足自身网商产业发展所带来的用工缺口,因此大量的外村居民成为东风村网商雇佣的主要来源,来自外村的从业人员已经成为东风村网商就业的第一大群体。[①] 淘宝网商产业以有效的就业和创业实现了农村剩余劳动力本地化问题,目前绝大部分外出打工者都回村创业、就业,并且吸引了周边甚至外地人员(河南、安徽等)到当地就业。

---

① 叶秀敏、汪向东:《东风村调查——农村电子商务的"沙集模式"》,中国社会科学出版社2016年版,第29页。

东风村网商从业人员收入也获得了大幅度的提升,实际上不仅是网络电子商务的直接从业人员,其带动的产业上下游从业人员也提高了收入。尤其是一些技术工种,比如原本东风村的木工在缺乏市场需求的条件下,只能到处找一些零散木工活做,甚至很多木工都转行专门去做棺材等特定种类的木工产品。但随着网商家具销售扩张,对家具产品的生产需求也迅速扩大,在供需关系改变的影响下,木工逐渐成为紧俏人才。2007年,木工的工资是每天60元,而到2010年,这一数据就攀升到了每天100元。随着网商产业发展层次的不断提升,收入差距的梯度性也开始出现,那些会设计、会使用现代化设备的木工每天可以拿到150元,顶级排钻工的日均工资甚至可以达到200元。而即便是最普通的产品包装工人的工资也从每天的20—25元上涨到40元,而在农忙时候,这个价格则会进一步上涨到50元。在2010年,网店客服工作的雇佣员工月工资都可以达到2000元。这实际上已经超过了东风村其他产业的平均水平工资,甚至超过了沙集镇乃至睢宁县一般产业的工资,东风村也因此成为劳动力的净流入地区。

> 其实淘宝带动的不仅仅是淘宝这批店主和行业相关者的收入,因为大家有钱了,所以消费能力也就更强了。现在基本上是家家有车,100万元以上的都不是什么稀罕事。我们村有一家专门旋粉皮的,就今年挣的钱就盖了4000多平方米的住宅,估计花了有四五百万,前两天还跟我说没挣钱。——(WYK,东风村网商,2016)

笔者在访谈中也采访了很多从外地来到这里的从业人员,他们当中有从北京来到东风村创业、专门做第三方运营服务"90后"大学生。有来自周边乡镇的工人,骑着摩托来上班,一天能收入200多元。有小学学历的家具打磨工,以前是到处找活做,现在是活都干不完,一个实木床打磨一下要200元,每个月的收入上万。也有从苏州迁移到这里的摄影设计工作者,一个月的经营流水在10万元左右,网页设计的价格在500—2000元不等。而这一切都是东风村网商经济发展的带动结果。作为一种乡村创业的尝试,淘宝村对就业和农民收入带动的积极意义非常明显。除此之外,淘宝村所代表的农民创业实际上是当下中国城镇化推进进程中，乡村人口尤其是劳动力走向非农化以及实现农民增收的有效选择，尤其是在既有进城务工以及乡村城镇化出现困境的情况下，就业压力与农村劳动力过剩使得农民创业成为必然要求①，而这也构成了中国解决"三农"问题的重要路径。

网商家具产业的出现和崛起改变了东风村长久以来在城乡关系当中所处的"弱势"与"资源输出"位置，构成了对当下中国城镇化很多既有问题和整体发展框架弊端的一个回应。我们可以这样理解，东风村的网商经济崛起实际上是一种乡村的更新可能性，一种能够连接市场要求与乡村社会的纽带和桥梁。东风村"本地就业"能力的提升不仅将年轻人带回到乡村，更成为东风村社会结构变化的一个重要推手，网商经济有效解决了东风村因为"外出务工"而导致的"乡村留守"及其引发的社会问题，而乡村空心化恰恰是乡村诸多社会伦理乃至社会稳定方面问题的重要源头，赌博、低俗文化传播、宗教盛行等不良乡村行为，其本质都在于乡村空心化所形成的畸形社会结构与家庭结构。

> 以前小孩在外面打工总是会担心，现在一家人在一起，先不管赚多赚少，至少心里还比较踏实，也是热乎乎的。——（HCY，东风村网商，2017）

二 生活重构："社会分工"与乡村秩序改善

东风村网商经济发展带来的就业优化与收入提升不仅将"年轻人带回了乡村"并解决了乡村空心化问题，更重构了东风村的日常生活样态。随着网商产业崛起，作为一种互联网经济与线下实体经济结合的新样态，东风村的网商经济尤其是线下实体经济的兴起使得原本赋闲在家或是只能从事低端产业的老人、妇女甚至孩子都动员起来，参与到网商家具产业的生产服务过程之中。在这个过程之中，原本已经接近"解体"的东风村家庭因为网商经济的出现而重新"完整"，这种完整不仅仅是因为原本在外打工的年轻人回到了乡村，使得东风村的家庭在结构上重现了有

---

① 米运卿、赵立莹：《农民创业的制约因素分析及对策探讨》，《中国农村教育》2006年第1期。

"老年、中年、青年、少年"的完整性，而以"家庭"为单位的社会参与也使得社会互动变得也重新活跃起来。正如前述所言，东风村的网商经济最核心的经营单位就是"家庭"，在后期发展过程之中，即便是已经走向了工厂化、正规化经营，但家庭成员由于在信任度上面所具有的极高可信性，因此家庭的核心作用依然没有削减。随着网商经济不断发展，东风村的家庭作用也在不断增强，这无疑对于东风村的社会生活样态转变起到了非常重要的作用。

首先就是社会关系与社会治安水平的大幅度改善。在网商经济发展之前，东风村日常的生产方式（农耕、农副食品加工或是其他工业）会导致大量时间的"空闲"，而这种"空闲"时间夹杂着经济收益的低效和日常生活的摩擦很容易导致邻里之间的冲突甚至是一些治安事件，一定程度上影响了社会的安全稳定。而且，由于过于闲散的时间再加上乡村产业自身较弱的劳动生产强度，东风村一度也盛行各种乡村的"八卦""流言蜚语"或是"背后议论"，由于没有什么太多的事情做，因此许多留守的老人、妇女和年轻人经常热衷于在一起议论别人的生活与情感问题和一些并不明确的隐私细节，这些无疑都增加了对社会秩序稳定的冲击性，造成了非常不好的社会风气。

> 我2001年当上了东风村的总支书记，2010年从这个岗位上退了下来。可以说经历了东风村淘宝最初的萌芽阶段。我原来想的就是，要是有一天东风村家家户户都有事干，人人手里都有猴牵，就好了。现在应该说实现了，因为大家都太忙了，基本上没有闲人，那些调皮捣蛋、倒街卧巷的人没有了，那些以前整天被老婆骂两手插裤子甩大袖子的人没有了，甚至于打架吵架偷鸡摸狗的事情都没有了，这就是我认为的文明，这就是东风村的文明。——（WWK，东风村原党委书记，2017）

随着东风村几乎全村都投入到网店生意之中去，原本无所事事的时间也变得分外珍贵，所有人都在忙碌着各自的事业和事情，即便是那些本来不想参与进来的年轻人也在社会压力尤其是家庭压力的驱动下慢慢开始投入网商产业之中。用东风村前任村支书 WWK 的话来说，就是

"家家户户有事干，人人手里有猴牵"。

> 我一向没什么事情做，也不想去干这个，因为还是觉得累。但没有办法啊，跟你一起玩的朋友都有事情做了，各个都做网店生意去了，也没有人跟你一起玩了呗。而且我妈还总是跟我说人家亲戚家谁谁开网店赚了多少、买了车子又盖了房子什么什么的，烦都烦死了！（所以你是不想参与进来的？）没办法啊，慢慢就剩自己一个人在家了，连我妈都加入了，我能不帮忙啊？再者说自己也确实是有点羡慕，以前大家都是一样的，现在人家都有车有房了，我当然也想这样啊。——（HQ，东风村网商，2016）

正是因为形成了这种"人人有事干"的新氛围，整个东风村的社会治安与社会风气大幅度好转。根据沙集镇派出所提供的数据，自 2008 年起，东风村辖区范围内的治安案件数量开始明显减少，到目前已经基本上没有了打架、盗窃等治安案件的出现。而在其他民事案件领域，东风村同样也表现出优势，根据沙集镇负责司法工作的相关官员介绍，整个 2017 年，全镇一共出动调解村民纠纷 200 多件，而东风村只有不到 5 件。

其次，东风村从"生产乡村"进入了"消费乡村"，网商农户实现了从单一生产者到"生产—消费"双重身份的转变，爆发出了非常惊人的消费意愿与生活改善能力。最典型的例子就是原本许多带有"小农经济"特征"家庭消费"开始向市场化、专业化和分工细化转变，即出现了一种多层次意义层面的"消费分化"。现在的东风村，基本上很少有网商会在家里吃饭，而大多选择去"餐馆饭店"吃饭或是采取"叫外卖"的方式。这一方面是因为由于网店经营本身的时间要求过于紧凑，因此没有时间专门做饭；另一方面则是因为网商经营的收入提升，出现了饮食消费升级的需求，当下东风村已经出现了不少餐馆专门为本村的网商提供餐饮服务。同时笔者也注意到，还有一个重要原因是出于"谈生意"的需要，越来越多的网商选择在外进行餐饮消费，这在以前的东风村是无法想象的。网商产业发展起来之前的东风村没有一家有包间的餐馆，而现在东风村及其周边区域有大大小小的餐馆 100 多家，已经形成了完整的餐饮服务体系。除此之外，社会分工细化同样体现在理发、娱乐、旅游、养生、美容、健康、购物、文化教育等各个领域。

比如网商WWJ，以前是生产队长，现在是东风村的网商，做过村里的总账会计与东风村电子协会副会长，现在厂里是儿子负责生产，找亲戚过来负责包装，女儿负责客服，自己负责生产经营的后勤服务，一年有40多万元的收入。WWJ对自己的房子进行了翻修了，四上四下，七室一厅，每个房间都有空调，虽然是在村里，但家里的厨房、餐厅都是按照城里人的格局，有健身器材和非常完善的电脑宽带等设备，同时生活习惯也发生了巨大的变化，而这一切很大程度上建立在网商产业相关从业者丰厚的收入上。

> 现在东风村的网商基本上都有了自己的车，好多人都开上了宝马、奔驰。我和我儿子也是，每个月都要一家人一起出去玩玩，要找个好一点的饭店吃吃饭，也会去唱歌，很多时候我们也会去南京、苏州甚至是上海玩一下。现在东风村的村民确实不一样了，以前好不容易进一次城，总觉得低人一等，因为那时候没有钱，而且很多东西确实我们根本没见过。但现在不同了，我们通过互联网什么都可以了解，什么也都有，大家确实感觉更平等了，更有底气了……我之前有一次去耿车镇一家卡拉OK厅，一看总共八个房间，全部都是我们东风村人包的。但东风村到现在为止还是没有一个上档次的宾馆和娱乐场所，我们经常开玩笑，东风村挣到钱，70%都在村外面花掉了。——（WWJ，东风村网商，2016）

最后，东风村网商的生活生产方式也发生了巨大的转变。在网商经济发展之前，东风村的农民并没有严格意义上的"工作"与"生活"区分。但在网店经营的过程之中，村民们慢慢改变了以往基于农业生产周期或是其他产业发展而形成的弹性劳动方式，"朝十晚三"成为被东风村村民普遍接受的工作方式和节奏，即工作的时间从早上10点到凌晨3点，这是由于大部分人的网购消费时间习惯都会在晚上，因此东风村的营业高峰期是傍晚到凌晨，从下午开始进行物流打包、上货、运输，在晚上开始进入网店客服的高峰期，而大部分网商都会在凌晨之后坐在一起"吃夜宵"并畅谈网店经营的心得，因此整个东风村晚上经常是灯火通明，反倒是白天要安静不少。而且由于家具属于大件物流运输，因此东风村经常会出现各种车辆往来穿梭，快递、打包、运输的车辆非常密集的繁华场景。这也使得东风村从空间样态上呈现出一种与传统乡村截然不同的面貌。

> 我们现在的作息规律跟以前太不一样了，我其实觉得现在淘宝生意做起来之后，其实还会有一些问题，比如说身体健康问题，我们现在的作息完全是反人类的，每天干活基本上要到凌晨三四点，然后早上又要起来组织生产，下午反而可以睡觉，长此以往肯定会对身体和精神产生影响……但确实也很过瘾，尤其是凌晨的时候忙完各种事情，大家在一起吃烧烤、喝酒，算算这一段时间的营收，还是很有成就感的！——（LXL，东风村网商，2017）

正如大工业时代所带来的生产生活方式变革使得人们在朝九晚五之外有着更加富余的专门空闲时间一样，东风村也从原本"生产生活不分家"转变到了现在新的工作方式，产生了餐饮、娱乐、体验等一系列消费需求。正是以这些消费时间内产生的闲暇需求为基础，城镇体系才能衍生出一系列特定的服务行业和产业，真正推动了乡村现代化的切实落地与生根。

三 产村融合：淘宝店升级与空间关系变迁

作为一种极具中国特色的乡村电子商务产业与空间集聚的实体形态，东风淘宝村所带来的变化不仅仅在于产业集聚等传统经济领域，它同时也促成了农村空间及产业形态的重构，为"互联网+"时代下农村实现新型城镇化提供了一种可能的新路径。这其中的演变过程可以用从"产村一体"到"产村融合"①来进行概括，即东风村在淘宝网商推动下逐步走向产业化、城镇化协同发展的一个过程。正如有的学者所指出的那样，在淘宝村的推动下，原有单一、混乱的乡村空间形态向正在逐步走

---

① 李文彬、陈浩：《产城融合内涵解析与规划建议》，《城市规划学刊》2012年第7期。

向更加多元化、集聚化、立体化的新垂直和水平空间发展。① 互联网经济下的电子商务产业加速了乡村空间的重构过程，自组织模式下的网商发展成为空间变迁的触发器，在这个过程之中，政府发挥了重要的作用，其主导的空间改造推动了东风村村庄空间的良性发展和有机更新。

东风村网商在起步的时候是典型的以家庭为核心的"作坊式生产单位"，这种模式以村民自建的宅基地和周边土地改造为基本生产空间，以家庭成员以及周边亲戚为基本生产劳动力，最大限度地节省了生产成本，是一种典型的乡村"前店后厂"生产样态，即将家庭居住生活、网店销售服务、家具工厂生产合为一体，都依托于东风村网商自身家庭本身的居住空间与宅基地。东风村网商经济之所以要始终以"家庭"为核心单位，也与其所采取的这个生产组织模式密不可分。也正是这种生产单位的特点，东风村的网店生意拓展非常迅速，在短期内从个体行为传播到集体层面，并最终成为一个典型的淘宝村。这种"产村一体"的生产组织方式最大限度地避免了网商家具产业在一开始对村民既有生产生活方式的冲击。

但随着东风村网商经济的迅速扩张，这种模式明显已经不能满足生产与生活的需要。一方面，生产规模扩大要求厂区面积不断扩大，而原本村民自己的宅基地和周边闲置土地早已经被开发完毕，而且由于各家都在进行厂房扩建，因此围绕土地的争议、冲突乃至纠纷层出不穷，已经严重影响到了整个东风村的网商经济发展；另一方面，随着早期网店生意的成功，大部分东风村网商对生活方式也有了新的要求，居住环境、配套生活服务等相关条件的改善也成为东风村几乎所有网商的新期望，尤其是一些从城里回来的大学生创业人员和团队以及东风村网商雇用的一些外部管理人员和技术人员，他们对于东风村居住条件、生活条件乃至休闲条件提出了更高的要求。原本东风村的生活样态也仅仅维持在乡村的一般水准，而在网店生意的这种"产村一体"模式出现之后，东风村的生活空间几乎完全被生产所占据，根本无法满足新一代东风村村民对"类城市生活"的基本要求。

---

① 杨思、李郁、魏宗财、陈婷婷：《"互联网+"时代淘宝村的空间变迁与重构》，《规划师》2016年第5期。

那时候不是厂子和住的地方在一起吗,整个生活确实是太难受了。因为一般来说都是晚上来淘宝,所以晚上的时候到处都是淘宝客服咚咚咚的声音还有键盘的声音,因为结束的晚,所以我们这边吃饭也在晚上,灯火通明的,根本没法休息。白天的话工厂开工啊,那时候我们哪知道什么噪声污染,而且你家不生产别家也会生产啊,所以特别吵。还有物流在这边收东西、装车。这个物流配送基本上从中午开始就不会停,都是大车来来回回,声音特别大,而且非常不安全。——(CS,东风村网商,2016)

在城镇化的过程之中,资本与各参与主体之间的相互作用就会促进社会、经济、政治制度与结构的形成,并通过特定的技术手段形成对空间结构的影响,因此空间永远都"不仅仅是一个从意识形态和政治中剥离出来的科学的对象,它始终都是政治的和战略的"①。东风村所遇到的这种"产村一体"发展困境是典型的产业化与城镇化"失配"问题。在一开始,这种发展模式非但没有成为一个问题,反而成为推动淘宝网店生意在东风村落地、传播、扎根的重要原因,这是因为当时东风村的城镇化进程要领先于既有的产业发展(以塑料回收加工、农副食品加工为主),因此有大量的"潜力要素"可供利用。

这种"潜力要素"包括乡村低密度住宅、低人口密度等所形成的大量开发利用土地以及乡村低就业质量形成的大量潜在劳动人口等,甚至包括一些市场监管措施、政府管理措施(比如对村民擅自更改房屋用途以及扩建自家宅基地周边空间等行为的默许)、环境污染容忍度(在许多村民看来,相对于环境的保护,如何利用产业提升自己的生活水平明显是更为重要的,这也解释了为什么东风村会选择塑料回收加工以及后期的家具生产制造产业,这两种都是环境污染极大的产业类型)、生活环境容忍度(噪声等)都是这种"潜力要素"的重要组成部分。因此,东风村网商在一开始所形成的"前店后厂"可以最大化利用之前东风村城镇化与产业化之间发展落差所形成的"潜力要

---

① Soja E. W., "The Socio-spatial Dialectic", *Annals of the Association of American Geographers*, Vol. 70, 1980, pp. 207-225.

素"。

> 那个时候说要开淘宝店，我就想着自己家前后可以用起来，都是自己的地，闲着也是闲着，那个时候也没有考虑说安全、卫生或是污染什么的，以前做塑料那会儿不比家具这些污染重多了？没办法，那时穷啊！——（PXF，东风村网商，2017）

如果说乡村社会中这种"潜力要素"的多寡表现得并不明显，那么城市里面的冲突则要激烈得多。越来越多的社区业主维权的背后就是一个"潜力要素"多少的问题，比如东风村可以接受有污染的家具生产产业，这是因为相对于特定产业造成的污染，东风村村民更在意产业发展对自己生活水平和就业水平的提升，前者是一种偏重城镇化的要求，后者则更加偏重产业化要求。但在大城市，高档小区的居民可能会拒绝那些高精尖且没有污染的产业布局在周边，因为相对于这些产业所提供的就业和人气，他们更看重自己小区的居住质量或者是房产估值波动，这实际上就是城市居住空间在房价和社会经济差异的"分选"机制作用之下，形成的一种居住分化、相互隔离甚至对外封闭的状况。[1] 这种"潜力要素"的高低多少，实际上代表了特定区域城镇化与产业化之间的"间距"，也代表了对产业发展的"容忍度"。而正是因为东风村在网商经济出现之前产业化大幅度落后于城镇化，因此出现了对产业发展的"极高容忍度"，而"前店后厂"这种模式恰恰实现了对东风村发展现状的最大化利用。

网商经济的迅速发展带来了产业化的快速进步，城镇化与产业化之间的距离缩小，原本东风村的"潜力要素"与产业发展"容忍度"都开始缩小。在这种情况下，东风村网商发展的重点已经从单一的产业化走向产业化、城镇化并重，如果不能够加快推进城镇化，那么东风村的网商经济产业化发展升级也会受到影响。而这需要政府层面的协调和解决，因为网商个体无法实现对城镇化发展困境的突破。

---

[1] 蒋亮、冯长春：《基于社会—空间视角的长沙市居住空间分异研究》，《经济地理》2015年第6期。

关于这一点我们不能忽视基层政府的作用，根据国际相关研究，发展中国家的地方管理单位机构对社会集群的劳动分工、技术性新知识获取以及相应创新模式、路径的学习扩散有着重要作用①，而在中国，政府在推动产业集聚和创新等方面的作用尤为明显和突出②。东风村的当地政府（县镇及村委会）在处理东风村网商发展的过程中较好地实现了"不缺位"与"不越位"的平衡，即一方面不主动干涉、主导甚至是引导东风村网商家具产业的发展，将发展的主动权始终放在东风村村民自己的手中；而另一方面，东风村政府对网商经营的进展始终保持紧密关注，当出现诸如公共服务跟进不足、生产用地发展紧缺或是网商群体的行业纠纷等问题时，政府就会及时跟进进行处理，做到了服务管理的"不缺位"。

> 我们很多的做法其实是被网商催着往前走，比如网商带动了物流发展，因此需要拓展道路，我们政府就直接修了6米多宽的柏油马路；网商觉得网速太慢，我们就联系电信设备供应商进行网络升级改造；然后很多网商反映开店没有地方，所以我们前几年也建设了产业园。——（QLC，沙集镇原党委领导，2017）

据了解，为了解决东风村当时出现的作坊生产及其衍生出来的问题，政府积极推进了生产生活的功能板块分离，即建设东风小区，配套幼儿园、餐馆、派出所、诊所等相关设施，让村民可以生活进小区；同时建设电子商务产业园，配套管理委员会、街道、厂房、公共设施等相关硬件设备，让网商可以生产进园区。通过两者的功能分离一方面满足了生活改善需要，另一方面提升了生产升级需要。而且根据走访观察，这两个地方离得非常近，电子商务产业园虽然是以沙集镇为主体，但却紧邻着东风村，从一般网商的家里即便是走路去园区也不过10分钟左

---

① Bell M. & Albu M., "Knowledge Systems and Technological Dynamism in Industrial Clusters in Developing Countries", *World Development*, No. 9, 1999, pp. 1715-1734.

② 苗长虹、魏也华：《分工深化、知识创造与产业集群成长——河南鄢陵县花木产业的案例研究》，《地理研究》2009年第4期。

右的路程，因此这种产业园与生活社区的分离并没有造成产村分割，而变成了一种新阶段的产业化与城镇化互动——"产村融合"。村委会聘请专家进行考察论证，制定了《东风村新型居民小区假设规划布局》，将所有的村民小组进行撤并，建设三个居民小区，每个小区要按照城市社区要求配备公共服务设施和基础设施，这也是政府试图通过集中化居住来实现对空间的分割利用和高效分配的一种尝试。

有学者就将中国专业村发展过程中的类型分为政府主导、政府参与和市场型[1]，划分主要依据在于产业发展初期政府参与程度的不同。而东风淘宝村发展过程中的政府作用更多偏重于服务类型，属于典型的"市场型"。但实际上无论是哪种类型，政府最终都会在乡村经济的发展过程中逐渐起到非常重要的作用，这也与当前中国社会渐进式改革和政府主导社会建设尤其是基层社会发展的既有格局相符合。后续在县镇政府以及相关部门的支持下，东风村流转了新农村小区用地630多亩，商贸用地130多亩，小区建设之后将原有村庄的宅基地进行复垦还田，增加了1380多亩土地，成为下一步乡村发展重要的储备用地。与此同时，在县委县政府的大力支持下，沙集镇在2011年底启动电子商务创业园建设，总占地面积约1800亩，启动区630亩，拓展区670亩，远景规划区500亩，基础设施总投资超10亿元。园区将生产加工、物流仓储、电子商务区、商务服务区（见图3—11）、生活区一体规划在内，最终完成四层标准厂房建设40000平方米。由9位网商大户认建的11栋标准厂房已投入使用；6000平方米物流分拨中心投入使用；电子商务大厦已完成建设，已经投入使用。同时政府还努力吸引云计算平台、代理运营、店面及产品设计、广告策划、培训及研究机构等电商服务商入驻，集聚周边网商进园创业，建设融生产、研发、服务、产品展示、网上交易、仓储、物流等为一体的区域性电子商务集聚区，为园区发展逐步提档升级，全面提升电商发展的层次性，为沙集电子商务的跨域式发展奠定了坚实的基础。

---

[1] 高更和、石磊：《专业村形成历程及影响因素研究——以豫西南3个专业村为例》，《经济地理》2011年第7期。

图 3—11　沙集镇电子商务产业园服务中心

以后我是要回湖南的，没办法，要孝敬老人，他们都 80 多岁了，每年春节我都要开十七八个小时的车回去，陪父母过完年，然后正月初八再回来，这都习惯了。再干几年，等我 50 岁了，我就回老家养鱼去，不再这么干了，确实太累了！人总要回家的。我的小孩？不知道，我有两个小孩，大一点的 15 岁，在县城上寄宿学校，两个星期回来一次，也不需要太操心。小的在幼儿园，回来就要上网用电脑，说自己以后也要学淘宝。他们可能以后会对这个地方更有认同感吧！——（SWZ，东风村网商，2016）

淘宝村很大程度上体现为信息网络与地理空间的融合[①]，并以此形成了集聚"人流""物流""资金流""技术流"等的"流空间"，淘宝村既可以做出对地理空间的反应，同时也可以带动周边空间的发展。因此，东风村的网商家具产业就依托大规模的商品交易格局促成了特殊的乡村城市化空间生产。

第四节　乡村文化建构：立足身份认同的文化自信

一　乡村尊严：从乡村闭塞到"文化自觉"

东风村在网商经济驱动下文化层面的变化首先就体现在实现了从乡

[①] 王林申、运迎霞、倪剑波：《淘宝村的空间透视——一个基于流空间视角的理论框架》，《城市规划》2017 年第 6 期。

村闭塞到"文化自觉"的转变,并塑造出一种"以我为主""为我所用"的"乡村尊严"。在淘宝网商的发展过程之中,由于农民成为发展主体,因此在不断的突破发展与创新过程之中,这些农村网商通过互联网持续性地接收来自外部多元文化世界新的文化要素,从而在立足自身的乡土文化基础上进行对话和互相理解,形成了对东风村文化更加深刻的认同与意识。

> 以前自己还是见识比较少,毕竟也很少去外面走走看看,即便是去打工,也不可能对城里有太深的了解。但是做了淘宝网点之后就不一样了,因为通过互联网确实接触到了外面的很多事情与信息,了解了来自全国甚至是外国的一些有趣的事情,所以自己现在的见识和视野也提高了不少。——(PXF,东风村网商,2017)

对于乡村来说,这种"文化自觉"是非常艰巨的,就像费孝通先生论述的那样:"文化自觉是一个艰巨的过程,只有在认识自己的文化,理解并接触到多种文化的基础上,才有条件在这个正在形成的多元文化的世界里确立自己的位置,然后经过自主的适应,和其他文化一起,取长补短,共同建立一个有共同认可的基本秩序和一套多种文化都能和平共处、各抒所长、连手发展的共处原则。"[①] 在当下乡村的发展过程之中,是否具备"文化自觉"决定了乡村文化传统与地方特质的发展前景,尤其是面对着全球化、科技化、现代化的浪潮。

比如乡村旅游开发,往往都打着"原生态、原真性和原文化"的概念,纷纷以地方历史、地方故事、地方风俗和地方生活等文化要素为卖点,在对地方文化要素进行选择性开发、呈现和售卖的基础之上引进来自城镇甚至是国际[②]的资本、技术和管理经验,形成一个综合性的旅游产品供给体系,吸引城镇居民前往居住、就餐、旅游。而在此过程之中,这些旅游产品的规划、设计、经营、销售和服务等相关环节都可以获得

---

① 费孝通:《反思·对话·文化自觉》,《北京大学学报》(哲学社会科学版)1997年第3期,第22页。

② 比如浙江省莫干山的民宿经营,就有很大一部分来自国际上的资本和技术力量。

较为丰厚的利润，当地政府不仅可以通过此利用外来资本和技术实现对当地落后的乡村进行城镇化改造，实现乡村空间、建筑、产业样态的跨越式发展，而且可以将这些旅游产品的创新开发模式作为自身任期范围内的重大政绩进行推广。毕竟与传统的工业和简单的乡村旅游相对比，这一类型的产业开发和城镇化推进方式具有典型的前沿性。而与此同时，当地的农民也可以通过参与其中，提升自己的收入水平和就业层次。但实际上，这种乡村旅游的开发形式并没有摆脱城镇主导的乡村地方文化改造样态，整个产业从规划、设计、建设到后期的运营、营销、管理等，全部是以城镇视角进行审视，乡村的文化资源是在城镇规划指导下，运用城镇技术进行建设、采用城镇商业模式进行运营、吸取城镇营销路径进行宣传，最终形成将乡村地方文化及其他相关要素完全"他者化"的一个"消费闭环"。乡村文化看似处在这个闭环的核心环节，但实际上却丧失了主动性、自主性，这种对于乡村现代化的推进方式看似是一种良性循环，实则是乡村地方传统在外部视角主导下不自觉丧失自身文化基因的过程，是一种被加工、被建构的深层次的"规训"[1]过程。具体来说有以下三个细分维度。

其一，"他者化"的处理导致乡村地方文化的碎片化与片段化，并最终导致一种文化的"去生活化"[2]。乡村文化的生活性是其核心基因也是维持乡村文化活力和持续更新的关键动力，而在这种运作过程之中，乡村地方文化为了迎合市场和消费的需求，为了形成所谓的审美、产品亮点或是赢利点，必然会从生活性转向片段化和表演化，从而使得这种乡村文化的生活性不复存在。其二，在这个过程之中，乡村所要保存、呈现、放大或是它所能保存、呈现、放大的文化要素并不取决于这些要素对于乡村的重要性和必要性，而是取决于城镇消费市场需求、专业规划设计标准等外部因素，来自城镇的资本、技术将按照城镇当下市场的"口味偏好"对乡村多样态的文化进行"流水线式"的加工和再处理，这就导致乡村文化体系当中很多不适宜展示开发、盈利运作和美化设计的

---

[1] Bourdieu P., *The Forms of Capital*, Westport, CT: Greenwood Press, 1985.
[2] 王易萍、谭志坚：《论消费社会中民族艺术的商业化与生活化》，《商业经济研究》2016年第18期。

部分被彻底舍弃。其三，在中国长期城乡二元结构体系下，城镇对于乡村具有巨大的技术、资本和知识优势，这种运作将城镇的优势在短时间内以一种非常剧烈的方式展现在乡村面前，对乡村文化和乡村居民造成了巨大的冲击，很有可能会改变乡村居民对自身文化的内生性认知，让他们丧失"文化自觉"①，也就间接丧失了"文化自为"的可能性。而对于乡村来讲，这构成了乡村城镇化对其最大的挑战和威胁。②

由此我们可以看到，在这种更深层次的"规训"体系面前，乡村文化面临巨大的冲击和困境，而如果不能够及时纠正，面向未来的乡村现代化必将会彻底磨灭乡村悠久历史所形成的珍贵记忆和宝贵文化，这不仅对于乡村是一个损失，也是中国的巨大损失，甚至可以被视作是世界特色文化资源的重要损失。

但东风村借助网商生意的发展实现了某种"文化自觉"，这要归于网店经营本身在产业经济模式与信息传递方式两个层面的创新。首先是产业经济模式，东风村网店销售的是家具产品，东风村为城镇消费者提供的是家具设计、生产、加工、包装、运输、沟通、服务、反馈、安装等价值环节，尤其是在新的发展趋势当中，根据消费者需求进行产品定制已经成为东风村网商的新的"产品卖点"。相对于以往乡村单纯的文旅资源、乡村风光或是简单农作物销售，东风村家具产品尤其是后期的定制化家居产品实际上具有一定的技术门槛与操作难度，而且在前期的客服交谈过程之中需要大量了解消费者的需求、文化喜好和使用习惯。"产品价值复杂性"与"产品需求综合性"的叠合使得东风村的网商更加容易通过网店经营这一路径来实现对城镇文化世界的一种平等性了解，也因此更加容易形成"文化自觉"。

> 我们现在做的这个生意跟以前不太一样，以前我们不管是卖生猪

---

① 费孝通：《反思·对话·文化自觉》，《北京大学学报》（哲学社会科学版）1997年第3期。

② 笔者曾在江苏、浙江、安徽、吉林以及湖北等地的乡村进行过调研，当地农民在面对外来资本、技术和审美改造的时候常常呈现出一种非常的不自信与相当程度的自卑，认为自己没有文化、没有品位，也就因此丧失了对自身祖祖辈辈生活村庄改造的发言权。更为关键的是，这种文化不自信已经覆盖政府和农民等多个层面，似乎在某种程度上成为一种共识。

还是做塑料回收加工，其实都觉得自己卖的东西档次不行，人家也不是很看得起你，因为在你这买和在别的地方买没有什么太大区别。但是现在不一样了，尤其是我们的这个家具从简单的木条拼装到实木之后，其实技术含量提高了不少，再加上现在也有相关的定制服务，所以你这个产品的档次一下子就起来了，跟顾客沟通的时候也感觉不一样了，看着人家晒图说你的宝贝好，跟自己家的风格搭配效果不错，那种成就感也是之前没有的。——（ZB，东风村网商，2016）

这就是东风村"文化自觉"形成的重要基础，以往乡村城镇化的推进过程可以被视为是一种"大市场化"的改造，土地、劳动力、资源、文化、习俗、环境和其他各种资源都是被改造的对象，而乡村也最终演变成为一个"超级工商企业"①。即便是许多成功的乡村，不论是以工业、科技还是贸易、旅游等产业为驱动力，但其共同之处就在于将自身资源最大限度地"市场化"，也是在这个过程中，很多乡村的传统文化要素被这股工业化、产业化和市场化的浪潮所消费和改造。在这种情况下，东风村发生的这种文化转变无疑是非常具有启发性的。

与此同时，在单一的网店销售之外，东风村的村民已经开始通过互联网进行更多的文化探索，而正是这种文化探索使得东风村的"文化自觉"有了更加坚定的基础。在走访和调研过程之中，笔者发现东风村网商通过互联网进行购物、学习与知识查询甚至是社交成为非常普遍的行为。相对于单一的"互联网产品生产者"，东风村的网商已经开始转型成为"互联网的消费者"。借助互联网本身作为一种信息搜索交易平台所具有的"抹平一切"的技术特征，东风村的网商不仅可以"有渠道"选择来自外部的文化、信息和其他产品，同时在不断的消费和使用过程之中，东风村的网商会形成自主选择意识和能力，继而通过互联网进行搜索、获取或是购买。这有效激发了东风村的"文化自觉"，也让淘宝网店既有交易路径变得更加"双向化"与"平等化"。

---

① 高慧智、张京祥、罗震东：《复兴还是异化？消费文化驱动下的大都市边缘乡村空间转型——对高淳国际慢城大山村的实证观察》，《国际城市规划》2014年第1期。

> 我们现在都学着在网上买东西了，不仅是我，连我妈都在网上购物……也会在网上做些别的，比方说浏览新闻、信息什么的。不过我觉得对我改变最大的还是参加了一些网上的群，尤其是我们通过做淘宝形成了很多微信群、QQ群与一些特定的版，那里面大家会进场在一起交流，你有什么事情也可以互相帮助。以前只能是村里面自己互相问问啊，你比方说原本我亲戚家的一个女儿考大学，村里面都觉得小女孩嘛，学个什么中文、行政之类的就很好啊！但我在网上搜了一下，又在我的一个好友群里面问了一下，人家有经验的人就说中文这种不好就业，还是要有个技术，说计算机、金融都不错，我想着跟我自己的生意有点关系，就让小孩报了计算机。——（ZB，东风村网商，2016）

乡村的地方文化不能被静止、孤立和单一地进行保护和稳定，因为不论是外部的社会经济环境还是内部的居民精神与物质文化需求，都在发生着巨大的变化，在这种社会大变革和大转型的背景之下，一味强调农村所谓"传统"的维系无疑是一种逻辑上的不自洽。在当前乡村现代化语境下，乡村文化发展面临两难选择：一方面过于市场化的开发和利用极大冲击了乡村传统文化的特征和历史沿革，继而影响到乡村在城镇化推进过程当中的独特性和可持续性。而另一方面，当下迅速变革的时代背景又使得对乡村传统文化采取单一保护的做法变得不现实，更难以成为可以覆盖保障全国大多数普通乡村文化留存的通用模式。东风村通过淘宝网商生意的发展，实现了对一种乡村的"文化自觉"，这无疑为后续乡村文化的进一步发展打下了坚实的基础。

二 身份认同：从"低人一等"到乡村自信

随着网商产业的发展，东风村已经开始出现一种新的乡村文化发展状态，并构成了互联网经济推动下的"乡村文化复兴"。这种"文化复兴"不仅成为东风村淘宝网商产业驱动社会变革的重要体现，更成为下一阶段东风村发展不断升级的核心动力。这种文化复兴关键在于形成了内生性的"文化自信"。淘宝村意味着一种全新的社会心态和范式，不仅是一种产业经济或是技术，而且是一种社会关系、社会行为、社会意识等多种要素交织在一起的"乡村文化自信"。①

> 不过最大的改变我想还是农民转变了观念,以前都是宁要城里一张床,不要村里一间房,现在大家都知道在家做淘宝能创业致富,所以很多资源尤其是人才开始向东风村集聚,有很多其他资源也在集聚。目前来说东风村和沙集镇区早已经连为一体,所以已经完全不是一个小村庄了,很像一个小城镇。——(QLC,沙集镇原党委领导,2017)

"文化自信"首先就表现在东风村草根群体寻求生活改善的自发性与自下而上。东风村网商经济的产生、发展、升级与创新,其背后最持久、最坚定也是最重要的动力就来自于农民内在的自发动力。在访谈过程中,不管是网商经济的源头发起者、后续跟随者、驱动转型者,还是兼职参与者,他们对网商经济的参与都无一例外受到内生动力的驱动,而他们相应的经营行为也都是自发自觉的市场行为,一切都是从市场需要和市场运行的角度来进行切入和思考。这种内生动力的背后其实是要通过"做生意"来不断改善自己的生活和收入。在中国社科院所做的调查当中,东风村网商在当初开店的动机这一选项中,50.7%指出是因为看好网店的发展前景,27.4%的网商是想尝试创业,22.6%的网商是想通过网店发财致富。

> (为什么当时想要开网店?)因为没有事做啊,不然在村里靠什么过活呢?开个网店其实也主要是想赚钱,当时也没别的路了,一直在做的塑料加工越来越赚不到钱。我看村里有人在做这个事(开网店),而且也有很多人跟着一起做,想着应该不会是个赔本的事情,对吧,不然也不会大家都去做。后来想了想,自己就也去了,谁不想过得好一点呢?——(SK,东风村网商,2016)

东风村网商经济的发展还带来了一种基于产业经济基础的"乡村身

---

① 沈妍、李春英:《城乡一体化进程中乡村新文化的建构》,《农村经济》2014年第12期。

份认同"。这种认同一方面与许多成功的其他富裕乡村一样，是因为自身产业发展带来了收入水平和财富积累的迅速提升，缩小了与城市在物质生活领域的差距，甚至超越了城市的居民收入水平。因此东风村的村民基于自身经济基础的水平提升自然形成了对城镇的经济财富层面的"相对经济优势"，并由此衍生出一种"相对优越感"。

> 现在东风村人常常会开玩笑，会说我拿票子搓条绳勒死你，或者是我拿票子把你一下砸趴下。这话虽然是玩笑话，但是也能看出来我们东风村民的心态不一样了，过去我们连城都不敢进，走到宾馆或是大商场那边，连头都不敢抬。现在我们自己感觉东风村人都是土豪了，说话的感觉都不一样了！——（WWJ，东风村网商，2016）

同时，东风村的这种"相对优越感"并没有仅仅停留在财富积累与物质生活提升，而是基于一种更加全面的比较。这是因为相对于其他村庄多是以资源类或是传统工业等产业发展形成的财富积累，东风村的产业基础是互联网经济，即便是相对于城市的产业发展来说，这种电子商务交易产业也可以算得上具有一定的技术门槛。而在这样一种典型的"城镇化产业"发展领域之中依靠自己的力量实现了技术突破和产业发展，并由此提升了自己的收入水平和物质生活条件，这使得东风村村民将自己基本上放在与"城镇"平等的对话层次上，也因此形成了一种"乡村认同"，即并不认为自己在产业发展尤其是前沿产业发展领域落后于城镇，而是在电子商务相关领域与城市发展水平持平甚至要领先。事实上，在现代化语境下的认同当中，文化认同、职业认同越来越成为重要的驱动力量。[①]

相对于以往乡村依靠传统产业富裕形成的"相对优越感"，东风村这种依托技术性、前沿性产业形成的"文化自信"更加弥足珍贵。在这背后不仅是对"乡村土豪"标签的去除，更代表了东风村网商实际上已经不再局限与"城乡二元框架"之内进行思考，而是跳出来站在一个更加

---

① 张文宏、雷开春：《城市新移民社会认同的结构模型》，《社会学研究》2009 年第 4 期。

宏观的角度来思考自己与全国甚至是全世界互联网市场及技术的联系。比如 LXL 的儿子小学三年级就已经有了自己的电脑，六年级就可以自己设计程序在网上出售赚了 400 元钱。这个把乔布斯、比尔·盖茨和马云作为偶像的孩子在他父亲的规划中，已经被安排妥当要去澳大利亚读书。

> 我觉得我们和城市人没有什么区别！东风村人其实就是想挣钱过好日子，因此也能吃苦，思想观念转变得也快，脑子还很灵活，现在有了网商这样一个确定的发展方向，目标更大了，观念更新了，干劲也更足了，未来的发展一定会更加美好！——（LC，东风村网商，2016）

东风村在网商经济发展过程之中形成的"文化自信"最重要的就是形成了乡村传统与互联网文化的平等对话、交流与互动，并成为一种全新的乡村社会心态。东风村的网商经济发展就是在乡土文化的底色基础之上实现了对互联网文化或者说是互联网精神的"以我为主、为我所用"，而在后续发展中，互联网文化同样实现了对乡土文化的渗透与改造，最终形成了东风村独特的"文化自信"。

中国乡土社会对于文化重心的定义以及文化传播方式的选择有着自己独特的逻辑和演化过程，其实际上就是自然知识与规范知识的分化，并且在乡土社会中将规范知识置于核心领导位置，正是这种文化重心和文化传播方式使得传统乡土中国始终偏重规范、传统和沿袭，而排斥变化、革新与未来。在这个基础之上，传统乡村的社会结构形成了独特的文化传播和文化分类传统，这种文化传统又反过来强化了乡土中国传统的社会结构体系，由此一个具备自我强化的封闭循环形成，乡土社会最为稳定、最为固执、最为强势的延续逻辑就在于此。

要实现对这样一个封闭循环体系的解构和再建构，就必须充分考虑乡土文化传播和乡土社会结构这一对关系的互动性和配称性。自近代以来，很多乡村现代化的建设，无论是偏重经济现代化还是偏重文化现代化，最终都未能取得较为良好的效果，恰恰是因为任何一个单向维度和单一领域的改造，都不能实现对这一闭环体系的取代，而只能暂时打开一个缺口，但缺口最终会被弥合。

东风淘宝村在不彻底变革乡村区域社会结构的基础上，实现了互联网的技术、思想和知识与乡村区域既有文化传播方式和社会结构的耦合，并成为乡村社会内生机制的一部分。在这之后，互联网以一种循序渐进和自觉自为的方式实现了对乡村区域社会结构和文化传播方式的变革与改进，最终形成一个新的闭环。互联网所代表的文化在乡村社会的传播过程中受到既有乡村传统文化基础的强烈影响，比如同样是淘宝村，在产品同质竞争的情况下，许多村会产生相互竞争甚至是恶意破坏的事件，而东风村和浙江省的青岩刘村，则在面临同样问题的情况下，形成了行业联盟和多种协调机制，不断进行机制体制创新。这是不同乡村文化、历史传统乃至宗族亲缘等多种因素综合作用的结果。① 但总体上来看，互联网这种独特文化（包括技术、商业模式等）在乡村社会文化体系中的传播具有适应性，比如许多淘宝村都会基于自身村落的关系网络进行交流，村落"熟人社会"日常交往的种种形式转而成为网商交流经营心得的一种有效聚会，中国传统社会以前被视为阻碍现代化发展的特质反而成了淘宝村传播互联网文化、知识和思想的有利条件。

东风村所形成的这种以"身份认同"为核心的"乡村文化自信"实际上为乡村传统文化与现代文化的关系提供了一种新的破局思路，即依托新型经济业态（互联网电子商务产业）的引入与发展，实现对村民经济收入水平与文化信息认知水平的同步提升，最终实现村民在乡村现代化转型过程中的"文化自信"。

三 农民本位：从"经验主义"到知识导向

作为一种产业经济创新样态和路径的淘宝村固然重要，更为关键的是淘宝村作为一种"互联网经济下乡"对乡村既有生产生活方式、思想观念、社会交往模式、社会结构体系等多层次社会层面产生的冲击和改变。在推动中国广大农村地区实现城镇化与现代化的过程之中，必须充分了解、尊重、顺应乡村区域发展的客观规律。对于广大的乡村地区来讲，现代化的实现和落地无疑是一个非常复杂的系统性工程，任何试图

---

① 贺雪峰：《论中国农村的区域差异——村庄社会结构的视角》，《开放时代》2012年第10期。

"毕其功于一役"的想法或是解决方案都可以被归结为是一种懒惰和不负责任。① 因为农村地区的现代化不仅仅包括最基础的经济生产方式现代化,生活方式、社会结构、家庭关系甚至是风俗习惯的现代化也是极为重要的应有之义,可以说是一种典型的复合型发展目标导向。恰恰与农业、工业和其他服务业不同,互联网(尤其是电子商务)对村落的现代化改造具有"弹性、韧性"相结合的重要特征。互联网经济带来的是一种自发式包容性增长②,这种增长在互联网的技术支撑下实现了产业层面的"由点到面"(单个主体创业模式到产业集群)、发展层面的从模仿到创新升级,以及更为重要社会发展层面的从城乡断裂到"就地城镇化"。

互联网经济改造的"弹性"可以被理解为是一种更加灵活的对接可能性,即不管发展主体的相关条件如何,互联网经济都具有较高的对接融合性。互联网经济是以网络技术为核心依托和基础,而对企业组织、生产方式、员工规模等其他环节的要求相对较低。淘宝村在一开始启动时,几乎都是依托"淘宝网",而作为中国最大的电子商务平台,"淘宝网"为想要加入电商平台的潜在商家提供了一整套的辅导流程和对接方案,可以最大限度地降低乡村居民对电子商务这样一个技术产业的接受难度。实际上在最开始阶段,普通村民经营一个淘宝店非常容易,一个可以上网的电脑,然后在淘宝客服的指导下申请一个店铺和一个支付宝账户,接着花少量钱请淘宝网提供的专人进行店铺设计和产品展示设计等工作。在这之后,与互联网相关的工作就只剩下使用阿里旺旺与潜在客户进行聊天、报价并填报发货信息。

正是这种技术上的低门槛结合互联网经济本身的灵活性,构成了"弹性"这一特质的核心要素。这种弹性反馈在各个方面,尤其是一开始,村民不需要彻底变革自身的生产生活方式与作息规律,季节交替性的既有乡村工作周期不需要被强行改变成"朝九晚五"的硬性工作周

---

① 房冠辛:《中国"淘宝村":走出乡村城镇化困境的可能性尝试与思考——一种城市社会学的研究视角》,《中国农村观察》2016 年第 3 期。

② 刘亚军:《互联网条件下的自发式包容性增长——基于一个"淘宝村"的纵向案例研究》,《社会科学》2017 年第 10 期。胡鞍钢、王蔚、周绍杰、鲁钰锋:《中国开创"新经济"——从缩小"数字鸿沟"到收获"数字红利"》,《国家行政学院学报》2016 年第 3 期。

期。一开始做淘宝网店生意的农民完全可以白天继续进行农活和日常劳作，在晚上登上淘宝网与客户在线交谈。谈成生意之后，白天利用空闲时间将货物打包，交给物流快递人员即可。因此可以看到，淘宝村当中互联网经济对既有产业结构、生产生活方式的冲击是非常温和的，一开始更多作为农民提升生产效率、利用空暇时间、扩大消费市场的一个"工具"而存在，也因此更容易被村民以一个比较低的"成本"接受。

但与这种弹性特质共存的就是互联网经济的"韧性"，即一旦这种新的产业形式被乡村居民所逐渐接受，那么互联网就会以一种潜移默化的方式彻底改变乡村既有的面貌，以开放、平等、协作、共享、虚实联动、打破时空约束、追求体验与质量极致化、生产组织与营销模块化、强调用户本位主义、追求免费效应等为主要特征的互联网精神与理念往往伴随着互联网交易技术逐渐向参与主体渗透。① 尤其是在"淘宝村"发展的成熟阶段，一旦村民意识到互联网能够给他们带来的便利和经济效益，他们会逐步自发改变既有的生产生活方式和思想观念。比如东风村在一开始尝试电子商务的时候，其所销售的韩式简易家具都是从别的地方购买过来，然后作为分销商在网上进行销售。但随着规模的扩大、利益增多和市场竞争，村民会自发开始开厂生产，从分销商转为生产、销售一体的综合产业形态。

推进农村地区实现现代化转型的关键就在于切中要害，提纲挈领，寻找到能够持续推进乡村发展的核心抓手与动力。只有清楚地认知、把握和推进实现农村现代化的"第一动力"，才能够以此为引领点，带动、辐射农村区域其他领域的现代化进程。那么，究竟什么才是推进农村实现现代化的关键所在？笔者认为，生产方式的创新与变革至关重要，只有从最基础的经济生产方式入手，才能够为农村、农业和农民的变革积蓄足够的力量，才能够持续性地推进生活方式、社会结构、风俗习惯等多个领域的全面现代化过程。东风淘宝村就是实现了对这种生产生活方式的转变，从而以乡村电商驱动发展的东风村乡村现代化模式具备了持

---

① 陈光锋：《互联网思维》，机械工业出版社2014年版。李海舰、田跃新、李文杰：《互联网思维与传统企业再造》，《中国工业经济》2014年第10期。

续、自发、内生性的经济动力。网络电子商务与东风村本地化优势充分结合，让互联网这种快捷、便利、高效的技术方式和交易手段被乡村居民所接受，并自发地进行学习。

更为重要的是，淘宝网这种虚拟线上社会的一些准则、规定、社会运行方式和文化观念会慢慢被东风村的网商所认同，即东风村的网商主体从通过互联网"产品销售"到通过互联网展开某种"类社会化"的过程。而这一过程的背后是东风村网商对自身的"认知转换"，即自己不再是一个东风村的农民，而成为一个淘宝网的成功店主，一个在线上虚拟社区具有较高影响力的版主或是其他身份[1]，这背后的主要动力不再是前置性的血缘或是地缘，转而以知识分享、自我尊严与权力实现等为主。

在淘宝网店的逐步发展过程之中，东风村不仅生产方式发生了变化，市场化的发展理念也逐渐成为网商经营的"社会共识"，而这种市场化理念笔者将其总结为是从"经验主义主导"走向"知识主义主导"，而这背后是因为互联网经济在发展过程之中越来越依赖技术创新和企业家精神[2]的客观需求转变。首先，在淘宝电子商务这样一个新兴的产业方向面前，东风村既有经商的经验开始出现"失灵"甚至是"副作用"的发展问题。比如笔者一个淘宝网商店主 DJ，之前实际上也是非常成功的乡村企业家，不仅在上海开过餐厅，也在周边乡镇开过十几家连锁规模的鞋店，全部加在一起的年收入达到了 300 多万元，但这些成功的经验在网店运营面前依然没有太多效力。

> 其实互联网这个行当跟我以前做出的还真是不太一样，传统的那种思路还是很难改过来。当时不是有一款鞋子成功了吗？所以我就一鼓作气投了 300 多万元在天猫上开了一家大店，鞋子还有牛仔裤都卖，那时候按照传统的线下营销思路，我就想着要备足货源，不要到时候措手不及，抓不住商机。后来我才发现，爆款产品的打造

---

[1] 刘丽群、宋咏梅：《虚拟社区中知识交流的行为动机及影响因素研究》，《新闻与传播研究》2007 年第 1 期。

[2] 朱富强：《深刻理解互联网经济：特征、瓶颈和困境》，《福建论坛》（人文社会科学版）2016 年第 5 期。

是一个技术活,不是每一个产品推出来都可以成为爆品的,我这300多万元的库存就砸在手里了。这也是我从商以来最大的一次失败,我以前的实体经验在网店这块基本上是没有什么正面作用。——(DJ,东风村网商,2017)

其次,淘宝网尤其是线上网店管理、营销、运营部分是一个典型的"快速更新"领域,需要大量的新知识、新技术、新信息,否则就会面临竞争落后的态势,有学者将其归纳为以用户诉求为动力的更新文化、以尝新纠错为手段的缓冲文化以及以市场反馈为基准的纠错文化。[①] 因此,这导致东风村的网商从业者必须在发展中准备随时"抛弃"既有的经验,转而以不断投资自身学习或其他手段来保持对淘宝网店运营相关方面的及时更新。比如网商SZZW就自己付了16800元的学费去上了淘宝大学,系统学习了淘宝网店运营的全流程,也更加深刻理解了自己的所学知识在这个过程中的重要作用。

为什么要去学啊?我觉得东风村的淘宝产业发展得太快了,我没有做好心理准备,很多东西我的一些知识、学问和以前的技能已经不能来应对了,必须要重新思考。因为自己以前好几次创业失败,而且工作也一直在变动,那时候想的就是要定下来,所以要认真地从头学习,只有这样,我自己的事情才能真正做好。——(SZZW,东风村网商配套产业经营者,2017)

当时大家都在做一样的东西,我觉得这肯定不是长久之计。我那时候就开始每年都要到广东、上海去参观家具展,去了解城里人的一些家具诉求,然后回来根据自己的一些基础进行独创设计,我的想法还是要形成一些核心竞争力,在这边市场上没有竞争者,关键还是要能够申请到产品专利,保护自己的知识产权。——(WY,东风村网商,2017)

[①] 田智辉、梁丽君:《互联网技术特性衍生的文化寓意:更新、缓冲与纠错》,《新闻与传播研究》2015年第5期。

而 DJ 则在自己经营失败之后，先去上了淘宝大学进行自我进修，然后在上淘宝大学的时候认识了一个同学，认为这个同学的水平比他的水平要高，自己继续进修还不如请专业人才过来直接管理。因此就高薪聘请他的同学加入团队，一起创业，开出的薪金要远远高于当地的水平。这个同学也证明了自己的价值，帮他做了一个爆款产品，一个产品一年就挣了 100 多万元。而最有趣的是，即便后来这同学就走了，自己搞了自己的事，但 DJ 依然会年年给这个同学打钱。

> 其实道理我也想得很明白，主要是人家确实比我强，看得高、看得也远。在电子商务这个行业，因为它不断变化，不管是市场、规则、信息还是计划走向，都在不停地变化，所以我很需要人家跟我分享相关的信息和技术。我每年给他钱，他也确实给我不停地更新各种技术。实际上，我还打算今年再给他一部车呢，这也是一种策略，人家万一以后有机会，还是可以回来继续找我，我的意思就是告诉他，有机会就可以想着来见我！——（DJ，东风村网商，2017）

最后，这种从"经验主义"到"知识主义"的转向带来了东风村网商以及村民对"学习"的重视。依托互联网的高速发展，原本已经几乎在知识积累、技术进步等环节陷入停滞状态的东风村开始出现了"终身学习"[①] 的一种新浪潮。值得注意的是，这种理念和行为的出现是因为互联网经济本身发展带来的内在要求，而这种理念和行为的实现同样也高度依赖于互联网本身具有技术便捷等相关特性。

> 网络的作用很大的，我们这里的农民不仅在网上卖东西还要买东西，而且能够了解天南海北各个地方的世界，增长了见识，最重要的是提供了一个学习知识的路径，许多农民现在都知道有问题就去网上找老师。——（XK，东风村网商，2016）

---

① 高志敏：《关于终身教育、终身学习与学习化社会理念的思考》，《教育研究》2003 年第 1 期。

> 比起以前的工作来说，现在做这个生意要更有前途，也更有想法了。这个产业的路很长，以后的钱有的是机会赚，关键是我觉得自己文化不高，考虑也不是很全面，可能会跟不上市场的变化，所以现在来说不断学习，干到老学到老才是最重要的，对于未来我是很有信心的。——（SJC，东风村网商配件经营者，2016）
>
> 最大的动力是人，但觉得以后最大的变数也是人，人的培训尤其是价值观的更新是非常重要的，比如要不断进取，不能今天挣80元，明天就不想去挣100元了；还要能欣赏别人；等等吧，我反正每天都要早洗心，晚洗身的，生活方式和思维方式要一起改变！——（LM，东风村网商，2017）

正是这种互联网经济发展带来的"知识主义转向"使得"农民"第一次成为东风村产业建设与现代化发展的核心资源与核心动力，而不再是以前的自然资源、土地指标、交通区位或是建筑空间等。东风村"网商农民"依托互联网进行不断的学习、创新和知识积累，从而可以成为自身进行网店经营、实现经济现代化乃至乡村现代化的最重要资源和行动主体。

第四章

从个体行为到集体参与：
淘宝村的传播逻辑

第一节 乡村"城里人"回归：
网商源头的群体结构

一 年轻的"乡村能人"：东风村淘宝店主的溯源

"淘宝网"以及其他各个电商平台上所发生的网店经营、网络购物、网络营销等网商经济行为对于东风村这样一个传统乡村来说无疑是一种前所未见的创新业态。对于乡村来说，对这样一种新产业、新技术乃至新思维方式的接受注定不可能是一蹴而就的，因此，东风村的淘宝店生意在"全民参与"之前，必然要经历从个体性行为向集体性行为的转变，即在东风村村民展开网商经济这一集体性创新尝试之前，需要有先行的"乡村能人"来进行个体层面的尝试。对于东风村来说，这种逻辑一直存在，不论是之前的养猪、卖粉皮还是塑料回收加工，总是要先出现前期的"开拓者"贡献经验与教训，才会有后期村民的集体模仿与学习，这一次也不例外。但不同的是，作为淘宝店生意"开拓者"的不再是以前的村干部、村里经济能人，甚至都不是传统意义上的东风村"村民"，而是具有一定城镇化、市场化经验的年轻人，这样一种人通常被东风村的村民称为"城里人"。

因此，切入东风村淘宝网商经济传播分析的第一个问题就是，东风村的"城里人"具有怎样的特征，又是如何从自身出发选择了对淘宝网店生意的探索，并成为东风村的"乡村能人"。这些能人具有重要的示范带头作用，也与特定乡村的经济增长关系十分密切①，成为乡村产业创新发展的重要因素。社科院对沙集镇网商经济起步发展阶段的抽样调查也证实了"年轻人回归"这一点。首先，沙集镇网商经营者当中18—30岁的年龄占比最大，达到了73.85%，年轻人占据了绝对的主导位置。其次，学历教育水平普遍不高，高中及以下的占比接近86%，而大专及本科以上则不足14%，这也验证了网商发展主体的结构性特征。最后，回乡创业的网商大部分都是已婚，这一占比高达74%，这也与前述东风村淘宝网商生意以家庭为核心生产单位的特征相吻合。②

在东风村的发展历程中，"沙集三剑客"无疑是东风村淘宝网商产业"乡村能人"的重要代表。在这其中，东风村的村民SH又是真正意义上的东风网商第一人，SH的巨大作用不仅体现在东风淘宝村发展的初始阶段，实际上，通过他自身的不断努力和发展，SH在整个东风村乃至沙集镇的淘宝电商发展全过程之中都具有非常重要的位置和作用。目前的SH不仅是一个成功的网商家具经营者，在天猫、京东等主流网商平台都拥有自己的店铺，在沙集等地方也拥有自己的家具制造加工厂，而且还加盟了物流平台公司，成立了服务东风村网商快递需求的物流公司（见图4—1）。除此之外，SH还承担了许多生意之外的社会性事务，现在作为沙集镇电子商务协会的会长以及沙集电商的代表人物经常接受省市乃至中央领导的接见与各种媒体的采访。SH可以称得上是整个东风村淘宝产业传播的中枢节点，尤其是在东风村发展的最开始阶段，作为第一个经营淘宝网店的人，SH通过自己的亲戚、朋友、同学、邻里等关系渠道，几乎与那个阶段所有后续参与淘宝网店经营的人相连接，输送了大量的有效信息和经验。因此可以说，SH在很大程度上可以代表东风淘宝村初始阶段的"网商能人"群体。

---

① 李小建、周雄飞、乔家君等：《不同环境下农户自主发展能力对收入增长的影响》，《地理学报》2009年第6期。罗庆、李小建：《基于共生理论的农户群发展研究——以河南省孟寨村农户群为例》，《经济经纬》2010年第2期。

② 叶秀敏、汪向东：《东风村调查——农村电子商务的"沙集模式"》，中国社会科学出版社2016年版，第38—39页。

图4—1 东风村网商 SH 的家具生产厂与物流网点

从家庭背景来说，SH 与东风村一般的普通农户并没有太大区别。由于家里并没有土地，而且自己因为小时候做农活受过伤，所以他基本上没有从事过相关农业活动，因此也就在自身成长的环境里并没有参与过系统性的农业生产活动。与农业活动的分离从某种程度上使得 SH 没有浓重的乡土情怀和羁绊。

> 我基本上没有做过农活，很多人会说农民对土地的这种感情还有什么安土重迁，其实在我看来都不存在。我也没有什么乡土观念，其实一是因为自己没有种过地，二也是因为我们这个地方一直都是两个地方交界（宿迁、徐州），确实没有什么归属感。——（SH，东风村网商，2016）

而根据访谈可以发现，与之前媒体所宣传的商业氛围浓厚的家庭不同，SH 家实际上是因为家里农业收入薄弱，所以只能在街上摆摊卖布以补贴家用，这决不能算得上是一种"经商行为"，更不是一种主动性行为。在农村从事农业经营相关的村民多半都是被迫起家，做点小生意对这些村民来说仅仅是一个突破自身困境的不得已办法。作为整个东风村淘宝网商产业的先行者和核心驱动个体，SH 却不是一个传统意义上的东风村村民，而是一个村民眼里的"城里人"。这种标签也变成了东风村最早一批从事淘宝网店经营生意年轻人（以沙集三剑客为代表）的"共同属性"。不论是 SH、DFCL、XK 还是 LXL 等人，他们都是通过正规的教育考核选拔（主要是指高考进入本科或是专科）进入城市，在城市从事过各种职业并在城市生活工作过相当一段时间,因此成了村民眼中的"城里人"。这些在东风村开始网商创业的第一批"乡村能人",大部分都是东风村走出去的大学生,具有在城镇甚至是大城市(南京等地)长期生活、工作的经历。

> 我们村有大学生不容易,大本就更了不起了,当时一开始做淘宝店的基本上都是这些大学生,人家想法多、确实也做得好。一看就是在大城市见识过世面的,人家是城里人嘛,懂的肯定比我们多,所以当时就觉得跟他们学一下应该不会错。——(WJJ,东风村网商,2016)

比如 SH 很早就离开了沙集镇前往南京,随后再从南京回到徐州,进入了中国移动公司从事客户经理业务。在中国移动的时候,SH 就已经开始在淘宝上开网店进行网络电子商务生意,这也成为 SH 日后将网商家具产业当作自己的创业方向的前奏。

> 他们说我上过南京林业大学,其实没有的,我一天大学也没上过,当时高中不想读了就退学,然后就去林业大学那边做了个保安,后来觉得保安工资太低就辞职,在南京卖过化妆品,还差点被人骗去做什么炒股培训。然后我又去了上海,给我姨舅那边卖黄酒,哦对,我还在那边做过群众演员。最后我发现这样干下去实在没意义,所以就回家了。——(SH,东风村网商,2016)

而与 SH 一起推进东风网店生意的 DFCL 则基本上也是同样的路径。从家庭背景来说,DFCL 的家庭虽然从事农业生产但却有着比较浓厚的商业氛围,他们全家在农闲的时候不会像一般的村民一样无所事事或者是四处闲逛,而是会全家上阵做雨具以补贴家庭的生活,后来他父亲更是成了村里竹编厂的厂长。因此可以说 DFCL 家庭也不是一个传统意义上的农民家庭。高中毕业之后,DFCL 考上了徐州市农业干部学校,进入城市开始学习生活,即便在后来大学毕业之后,DFCL 又相继尝试了烧烤、服装等一系列小生意,最终回到沙集开起了沙集第一批婚纱摄影与录像生意。

> 我大学毕业之前就干过很多事情啊,在徐州夜市卖 VCD 磁带,然后又转行开了一个东方烧烤的烧烤摊。之前也没学过烧烤,学校也从来没有教过类似的事情,但我觉得不太难,学得还蛮快,生意也迅速扩大,一晚上可挣到三四百元,我那个时候做得好的话,甚至可以从市里的铜牛劳动力市场上雇用五六个人。后来毕业之后我就找我哥哥的关系去拜师学厨艺,当了徐州丰县东渡大酒店的学徒,干了一段时间觉得自己不适合打工,所以就直接南下到了广州。我那时候是准备从模具工厂和服装店入手开始创业,觉得有前途。结果刚要开始,我父母因为只有我这一个孩子,就把我叫回家说要结婚什么的,我就这么回来了。——(DFCL,东风村网商,2016)

经过对东风村的走访调研,笔者认为东风村网商经济发展过程中起到源头推动作用的"城里人"可以被进一步扩大范围。东风村网商产业的"最初一步"的确是有 SH、DFCL 等严格意义上的"城里人"迈出的,但在后续发展阶段,在 SH 等人的带动下,许多其他从东风村里走出的年轻人也从城市回到了乡村,开始了淘宝生意,他们在某种程度上也可以被称之为"城里人"。对东风村网商经济发展起到最初推动示范作用的"城里人"不仅仅是那些通过教育制度选拔进入城市的年轻人,也包括那些从东风村走出去在城市打工求职以及从其他地方赶来东风村进行淘宝生意的年轻人。他们都是在城里求学或是工作,但后来因为淘宝店的生意,以各种形式与东风村彼时正在孕育形成的淘宝网商产业形成了关联,并纷纷投身其中。有的是直接做起了淘宝店,有的则是从事起了网商物流、摄影营销等一系列产业,从而成为整个东风村第一批推动网商产业发展的中坚力量。

但我们不能忽视的是这些年轻人在城镇中的境遇与困境,虽然相对于一般农民他们具有文化与能力上的优势,但在城市中却处于劣势和被歧视的位置。这种"失衡"会造成一种心态变化,有学者就研究指出,进城务工农民的社会心态比较倾向于极端化,而其根源就来自于农民进城之后对社会关系网络的单一性依赖与缺失。在这种情况下,一旦面对经济、社会交往乃至于冲突等困境时,农民通常容易采取较为极端的社会形态来处理。基于进城务工人员的相关调查就指出,这种处理主要有三种选择,即凶横、隐忍、怯懦。① 更为重要的是,进城务工的农民会出现某种程度上的"思考缺位",即多数进城务工人员由于时间、精力和生活的需要,根本无法进行学习和思考,大量的时间都被用来谋求生计和维持生活。在这种情况下,农民往往也会形成一种越来越闭塞的社会生活状态并且由于不断收紧的流动渠道而越发丧失创造性思考的能力。而这对于东风村的年轻人来说无疑是一个巨大的制约。

上一代的进城务工人员有着比较明确的目标,可以简化为"努力赚钱、回到乡村"。对于他们来说,城市仅仅是一个工作求职的地方,他们对于这样的生活并无强烈的归属感,因此哪怕在城市里生活与社会交往上存在着某种不如意乃至是"歧视",对上一代进城务工人员的影响和冲击并不大。他们进城务工的目的从来就不是"成为城里人",而是挣钱来供养家乡的亲人家庭,并最终可以回到乡村。但是这一问题随着新一代进城务工农民成为主体而越发凸显出来,一方面他们已经无法再"回到乡村";另一方面如果继续沿着父辈"进城务工"的路径,他们也无法"留在城市"。在这种困境下,新一代进城务工农民丧失了"目标感",这使得东风村新一代的农民丧失了对生活的规划与安排,城市发展的宏大耀眼与自身生活的支离破碎相互交织,他们既看不到自己未来的前途,更无法感知社会进步下的家国情怀,只有"工作—消费"背后的一地鸡毛。这种困境成了许多当下乡村社会问题解释的一个重要视角。有学者就基于对长江三角洲 16 城市的调研数据指出,新一代进城务工人员有着更高的公平感知度,因此相对于经济,其他方面(文化、生活、认同)的要求更高。② 正是在多种因素的作用下,东风村这些年轻的"乡村能人"选择回到乡村,迈出了网店生意的第一步。

从既有情况来看,东风村网商经济的原动力很大程度上来自于东风村"城里人"的个体选择尝试。笔者更为关心的是这些"城里人"具有

---

① 梁鸿:《出梁庄记》,花城出版社 2013 年版。
② 钱文荣、李宝值:《初衷达成度、公平感知度对农民工留城意愿的影响及其代际差异——基于长江三角洲 16 城市的调研数据》,《管理世界》2013 年第 9 期。

怎样的特征属性？而这些特征和属性又是怎样与网商互联网经济的发展要求形成了对应，从而开启了东风村的淘宝发展第一篇章，以及更为重要的是这背后的生产机制。① 可以说，对一系列问题的分析和回应，构成了本书从社会学视角对东风村淘宝网商产业传播扩张及其影响分析的一个关键立足点。

二 城市里的"失意者"：身份转换的动力机制

"城里年轻人"的回归对东风村网商经济的发展非常重要，在乡村新产业发展过程之中，来自城市的乡村劳动力回流起到了关键作用②，这是因为城乡回流的迁移过程之中带来的多样化社会资本促进了乡村本土性社会资本的流动，从而提升了创业的成功概率。我们必须要理解东风村青年"回归乡村"的动力及其背后机制是什么。这种动力存在一个"叠合效应"，一方面淘宝网店生意崛起带来了乡村"拉力"；但另一方面这些"城里人"在城市求职、生活、工作过程当中受到的"推力"同样不能忽视。尤其是在访谈调查过程之中，笔者发现很多人实际上是不得不"撤离"城市回到乡村。许多人在从事淘宝生意之前还做过很多其他的小生意，这些尝试基本上都失败了。

如果要概括东风村网商产业"城里人"这个群体，那么"失意者"应该会是一个比较贴切的用语。这种"失意"并不是指他们在后来网商产业发展、经营过程之中遇到的困境或是其他问题，而是用来指出他们与现有城镇化路径的一种"格格不入"的状态。一方面，正是因为他们都曾经进入过城镇生活、学习、工作，所以才能被称为"城里人"，而不是一个一直以来生于斯长于斯的"村里人"。但另一方面，他们又都没能在城市里面真正获得成功与自我认同，一直没有按照既有城镇化路径所需要的那样，成为整个城市产业经济发展的一个环节，这在很大程度上构成了他们的"失意"。比如 SH 虽然在南京、上海等地陆续做过化妆品

---

① 周潇：《反学校文化与阶级再生产："小子"与"子弟"之比较》，《社会》2011 年第 5 期。

② Ma Zhongdong, "Social-Capital Mobilization and Income Returns to Entrepreneurship: The Case of Return Migration in Rural China", *Environment and Planning A*, No. 10, 2002.

营销、炒股培训、群众演员、黄酒搬运工等多种工作，但都没有长久，也无法在城市获得自己想要的生活。

> 我始终觉得自己所从事的工作与我对自己的发展期望不匹配，我不是有一段时间在上海的亲戚店里面帮忙搬运黄酒吗？那时候每天的工作就是抱着黄酒上下车，那一坛酒有40多斤重，一口气干了大半年，我当时就想，我一辈子就做这个事情吗？这个事情有什么意义吗？——（SH，东风村网商，2016）

类似的情况也发生在 DFCL 等人身上。虽然考上了徐州的大学，但 DFCL 从一开始就没有打算沿着"学习—毕业—工作"这条路径走下去，在大学这段时间，DFCL 从大一开始就开始从上海购进运动鞋，然后在学校里面通过关系开始售卖，甚至后来每一个学校都会发展一个他自己的代理，生意越做越大，可以说早在大学时期，DFCL 就已经是一个典型的生意人。这恰恰是因为 DFCL 在城市直观感受到了城乡之间巨大的发展差距，这种生活的困境迫使其转向了教育之外的谋生道路。而从这里也能看出来，DFCL 实际上对既有城镇化提供的既定上升渠道不感兴趣。究其背后的原因，是他从来不认为"读书—找工作"是一个有前途的方向，这也代表了东风村的这些"城里人"在既有城市的生产机制处于一种"高度边缘化的生存状态"[①]。

> 家里每月只给一百块生活费，我能没有压力吗？我能不想办法克服吗？我不克服，农村的家一人种那几分地，上哪儿弄钱供我上学？再说了上完学又怎么样？在那几分地上又能干出什么惊天动地的事业？农业管理，有什么能叫我管理的？我一天学不上，想管我也管得了。老几辈人种地的，有几个上过这种学校的？不也种得好好的吗？——（DFCL，东风村网商，2016）

---

① 张汝立：《从主动边缘化到被动边缘化——农转工人员的进城行为研究》，《农业经济问题》2004年第3期。

东风村"城里人"的"失意"可以从两个层面进行解读：其一，相对于上一代的东风村进城务工人员，新一代东风村进城务工、学习人员对城镇化有了更加复合的要求，这种要求已经不再仅仅局限在眼前的经济利益与温饱需求，而是希望自己从事的工作从"我需要、我可以"转变成为"我喜欢、我擅长"，即更加满足自己的专业爱好与"自我期望认同"。与此同时，这种工作或是学习方向还要展现出非常好的发展前景和未来增长可能，这种"前景"可以被概括为是一种增长积累的"期望"，即"不是说一定要能让我留在城市，但至少我现在做的这些事情应该是帮助我积累或者学到一些东西"。其二，在对东风村网商"城里人"的访谈过程之中，不管是进城务工或是进城求学，他们所拥有的学历层次、认知水平和专业能力等，都无法支撑他们在南京、苏州、徐州这样的城市实现他们对工作和未来生活的期望①，这就形成了一个"错位"，而正是这两个层面的"错位"构成了他们在城市的失意。

> 当时高中毕业之后想着就要出去打工，然后就投奔我叔叔去了乌鲁木齐一家做保温门的工厂。那时候刚出来什么都不懂，就知道干活，但确实是太累了。而且每个月只有四五百块钱的工资，等于说我一个月下来刨去正常的开销，就相当于白干了，而且这边虽然是西部，但城市的消费要比我家乡那边高出好多，不管是吃住行还是其他都是。后来每个月涨到了3000多元，但生活我觉得这样下去实在是看不到前途，没法成家立业，没有办法对我未来发展有帮助。——（QY，东风村网商，2018）

结合之前东风村的产业发展情况，对于东风村的这些年轻人来说，想要离开乡村、想要摆脱养猪、收破烂的日子进入城市的路径和渠道是似乎只有"背井离乡"。因此，这些东风村"城里人"的路径具有很强的相似性，也几乎是每一个从乡村进入城市发展的个体的主要选择。在缺乏足够资金、城市亲属和相关其他资源（社会关系网络等）的支持下，

---

① 在求学访谈者当中，通过求学进入城市的只有极少部分是普通本科，绝大部分都是专科。而进入城市打工求职的，绝大部分都是高中及以下。

现有的城镇化模式就是要求东风村的年轻人离开家乡,来到城镇,并通过读书、就业、打工、创业等方式留在这里,逐渐成为一个"城里人"(见图4—2)。而留下来的方式具有很强的局限性,"读书"构成了一个非常重要的环节和渠道,这种通过教育实现农民城镇化转换也因为能够为城镇提供优质的劳动力而受到政策制定的倾斜。各种制度性的弥补通道已经建立并且日趋完善,政府对高校学子的各种日常生活需要本来就有财政补助,高校通常情况下也会设有助学金、勤工俭学岗位等资助困难学子,并且整个教育系统通过"好成绩—奖学金"的联动奖励,试图鼓励更多农村的贫苦学子通过刻苦读书获取奖学金从而可以更好度过自己的大学生活。而在大学之后,这些经过教育的青年劳动力进入市场,在市场的竞争中分别承担相应的工作,实现城镇对乡村青年劳动力的"高效筛选"。

> 我没有回来做淘宝,为什么啊?我现在在徐州有稳定的工作啊,这个可能还是要看一个成本吧,虽然我父母和哥哥都在这边淘宝村,但我不可能放弃徐州的一切回来做这个啊!我是1994年的时候考到了南京师范大学,后来毕业之后就进了徐州市教育系统这边当公务员,一直都是在城里生活,现在房子、孩子、老婆还有朋友什么的都在徐州。——(ZWK,东风村走出的公务员,2018)

但这种"教育进城"的制度性弥补渠道明显不适合东风村这些失意的"城里人"。这种"不适合"有着许多个人方面的原因,比如缺乏足够的教育学习能力以获得好成绩等,或者很多的青年农民比如DFCL等并不认为自己必须要从规定好的制度性渠道谋求发展。但无论是什么理由或是原因,这种依靠教育制度选择实现"优质农民进城"的社会身份转换渠道本身就存在着许多的不足和不合理;而正是这种现有路径存在的不足与不合理解释了东风村年轻人在城镇"失意"的原因。许多东风村大学生在上学的时候就已经放弃通过"教育—求职—工作—积累"留在城市的可能性,这实际是对"进城—读书—求职—留城"这一套几十年来一直延续至今的"农民翻身记"的否定。

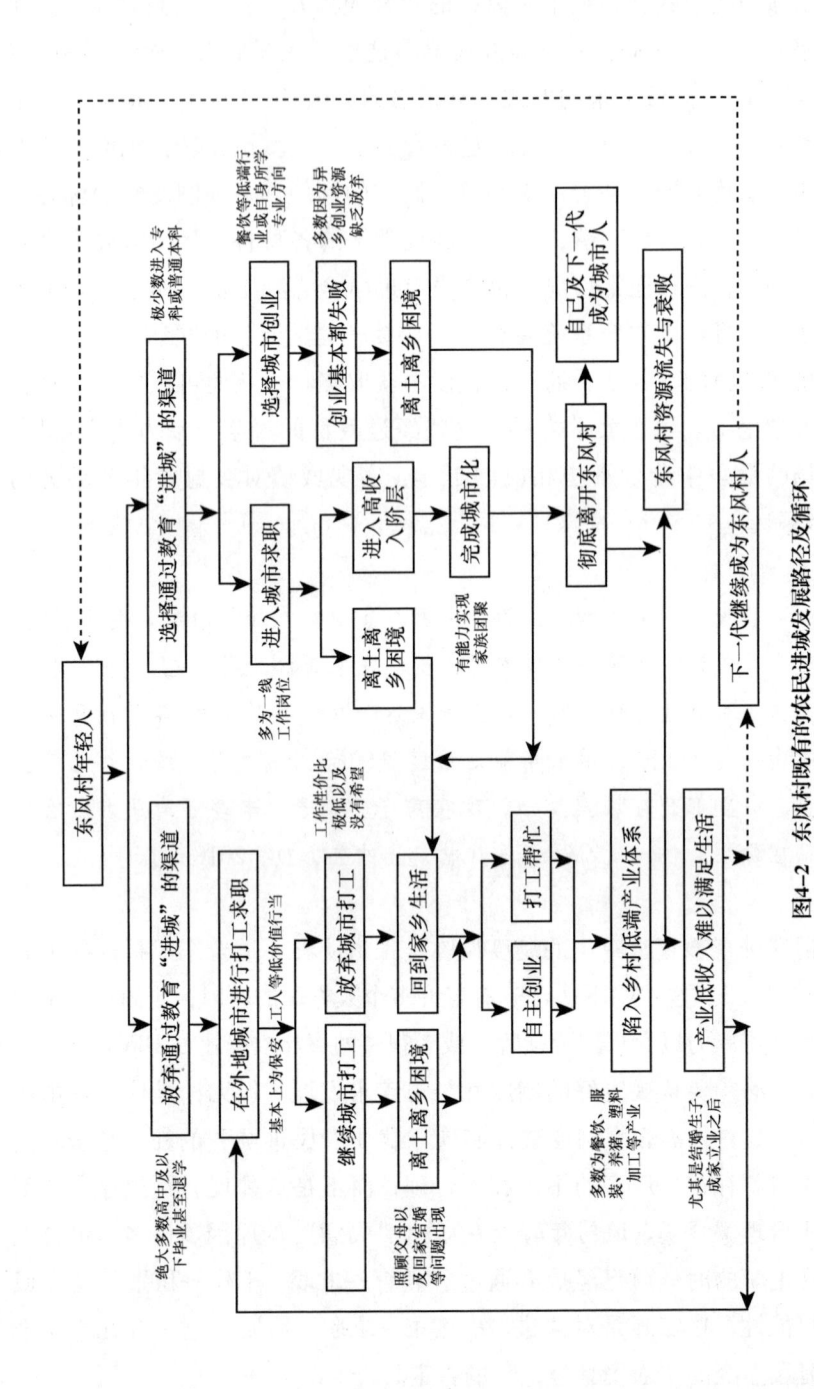

图4-2 东风村既有的农民进城发展路径及循环

首先,这种教育制度的考核标准呈现出明显的"单一性",即无论是在选拔、考核还是后期培养的过程中,始终看重的是青年农民所具备的应试能力和科班学习能力。许多来自乡村的青年农民由于乡村教育资源和缺乏,加上自身家庭成长背景与环境的局限,使得他们在进入科班教育体制之后存在着明显的不适应。而这种不足更多是因为社会层面的原因,比如有研究就指出,农村青年在城市的教育体制之中,会在语音、语汇和语法方面呈现出诸多地域方言特征,而这种语言系统作为一种权力架构形成了城市标准语系统和方言系统之间巨大的差异,从而造成农民尤其是农民子女在城市学校教育过程中的不平等。[1] 由此可以看到,种种因素制约了他们在这个流通渠道内的学习能力提升。

其次,这种教育制度的考核目标呈现出明显的"择优性",即虽然已经被选拔进入了这个教育流通渠道,但依然只有少部分的"优秀竞争者"可以从中脱颖而出,能够在城市中留下来并过上一种"体面的"生活。当然这种竞争与考核选拔息息相关,你的毕业院校层次、专业学习能力、所获奖励荣誉、社会资源丰富度甚至是专业方向(比如计算机、金融类等热门专业)等,都成为决定你是否可以留在这个城市的核心考量要素。学校尤其是重点高校已经出现了一种基于上一代资源的分层状况[2],这与现状的社会分层具有同构性,固化了现有的社会阶层结构,造成了一种学历隔离困境。

最后,这种教育制度的立足视角呈现出明显的"不对等性",即当下这种通过教育流通实现"农民进城"的渠道在本质上是传统城镇化的一种配套路径,其立足点依然是"城乡二元不平等"下的城镇化推进路程,即利用教育选拔、培训等制度渠道,从乡村区域"汲取"优质的青年人到城镇来,从而成为支撑城镇持续发展的重要劳动力、消费力等。因此,这种渠道更欢迎东风村村民以"打工求职"的方式慢慢积累、慢慢贡献最终留在城市,而如果这些来自东风村的年轻人想要进行其他的活动,

---

[1] 赵翠兰:《语言权力视角下城市学校农民工子女教育过程不平等探析》,《教育学报》2013年第3期。

[2] 程家福、董美英、陈松林、窦艳:《高等学校分层与社会各阶层入学机会均等问题研究》,《中国高教研究》2013年第7期。郑若玲:《高考对社会流动的影响——以厦门大学为个案》,《教育研究》2007年第3期。

比如自己创业，就往往会面临巨大的显性障碍（比如资金缺失）以及隐性障碍（比如人脉关系网络等）。

> 我自己就是教育培训毕业的，本来是在苏州做教育培训生意的，有几个合伙人，做得其实挺不错，本来是想成功之后把父母接过去住的。（为什么后来回到了东风村？）我其实思考过这个问题，在苏州创业其实很难，因为创业的人太多了，而且我们在那边没有关系网，所有事情，从启动资金筹措到后来的人脉关系拓展，从计划设计到招生培训，都要我们自己去做，而且风险很高，毕竟我们的启动资金也有限。再者你即便做出来了，即便是在苏州这样一个中国可以说经济最发达的地方做出来，但培训这个行当说实话空间局限性太强了，你只能对着苏州，所有的消费群体也在这边，不可能有太快的发展。但是淘宝不一样，这个可以说是面向全国甚至是全世界，它的可能性和增长前景太惊人了。而且那时候（2010年左右），我们村的淘宝生意才刚刚兴起，我在这边借助父母、亲戚、朋友的关系可以很快介入。——（LM，东风村网商，2017）

与此同时，东风村这些"城里人"的"失意"也绝不仅仅是因为既有城镇化路径"农民进城"的方式缺乏有效性。在目前主流的"农民进城"方式当中，教育制度的选拔、培训作为一个渠道路径已经几乎算得上是最公平和对乡村进城主体最有利、最友好的一种方式。其他比如务工、创业等相对而言难度更大，在城市里面获得成功的困难也更大。

> 太苦了，关键是没有前途。我那时候在南京一个电动工具厂做操作工，那时候南京很热，每天早上要坐接近40分钟的车去上班，晚上9点半多才能回到我自己的出租屋。就这么忙里忙外，一点时间都没有，一个月除了吃饭什么的，就能剩下个500块钱，500块钱我在南京连个像样的衣服都买不起。——（WJJ，东风村网商从业者，2016）

东风村这些"城里人"之所以失意,有很大一部分原因要归结到自身需求与实现能力的"失调"。他们与传统意义上城镇化所需要的"模范新市民"并不一样,这些具有更多要求、更多想法的年轻人难以接受既有城镇化框架下通过进城务工、进城求学等方式实现市民化的路径。因此,作为第二代进入城市的农民,这种单一生产关系中的利益对立会引发一种认同政治,激发了群体性的负面情绪,从而形成一种可以驱动集体行动的动员力量。①

> 我儿子上了警官学校,毕业了之后就只能在一个派出所工作,你是不是觉得还不错,根本没用。他一个月就那么400多块钱,都不够所里面的人情往来,没有钱,很多人都是狗眼看人低,我看不得儿子受这个委屈,就跟他说回家来自己干。然后他就回来开始开淘宝店。(别的方向有考虑吗?)哪有什么别的方向,家里就只有那几分地,都早就给别人干了。现在我们一起做圆通,他的库房租在县城北环外面的地方,比我这里大多了……现在已经结婚了,生了两个孙子,大的都上幼儿园了。——(WWY,东风村物流经营者,2016)

如果说,上述种种不利因素构成了这些东风村"城里人"在城市"失意"之下的回乡"推力",那么SH等人在东风村掀起的"淘宝风暴"则在相当大程度上构成了他们回乡的"拉力"。尤其是与他们之前在城市的就业行当、收入水平、生活水平和相对满足感等维度进行对比,这种"拉力"显得尤其具有说服力。

> 我在外面做过很多工作啊,餐馆服务员、锁具派送员还有电子厂打工,宿迁、北京、深圳都去过,后来有机会就在网上跟一些家乡的朋友聊天,他们就说起自己在做网上淘宝,感觉比在外面打工好多了,一个月不用出去奔波就可以赚个几千块,这个差距实在是

---

① 卢晖临、潘毅:《当代中国第二代农民工的身份认同、情感与集体行动》,《社会》2014年第4期。

太大,我当然就想着回去了,一个是在父母身边,再有就是不用到处漂泊,毕竟自己一直在打工,除了打工就是打工,很多城市根本来不及了解,感觉回想起来只有打工的经历,没有任何的归属感。正好这时候我爸(WWJ)让我回来,说学习淘宝,然后我就回来了。——(WJ,东风村网商,2016)

具体对比情况可以参见表4—1。

表4—1　　　　　　　　进城务工与回乡淘宝的对比

	进城务工求职	回乡淘宝经营
收入水平	一个月普遍在2000元左右,并且要承担相对较高的城市生活消费(租房、吃饭等),经常是"月光族"	即便是参与打工一个月的收入也普遍在3000元左右,独立开店的收入更可以达到上万元甚至更多,也有资金积累
生活水平	只能从事繁重的体力工作,且没有时间与家人团聚或是进行恋爱,基本上没有生活休闲的机会	淘宝经营时间灵活且不管是打工还是创业都在家门口,与家人团聚并且乡村社会很容易形成稳定的恋爱婚姻关系
发展水平	多是重复简单的机械劳动,无法获得实质性的技能提升,难有技能积累或者是比较好的发展前景	属于电子商务的淘宝店是朝阳产业,未来发展前景看好,创业不断学习新技能,支撑对未来发展的经营信心
尊严水平	城里从事的专业相对而言比较简单、低级和缺乏技术含量,也经常会在生活交往中受到一定歧视	互联网经济属于技术行当,听上去更有"档次",年轻人成为核心力量,也因此在乡村更有自豪感
社会环境	缺乏足够的人脉关系与社会关系网络,不仅看病、上学等问题无法解决,也不能学习新技能或创业	邻里、亲戚、朋友构成了紧密的乡村社会关系网络,人脉资源关系很强,学习淘宝开店或是找工作都很容易

SH、DFCL等第一批推动淘宝网商家具产业发展的东风"城里人"以偶然的个体行为尝试打开了一个"正向循环"的链条。在相当长的一段时间,不仅是东风村,许多乡村都无法形成对年轻人具有足够吸引力

的产业形态,由此导致创业氛围也不足,而农民尤其是青年农民的回乡创业构成之中,创业氛围、创业榜样、感知的强关系支持非常重要。[①] 但许多乡村因为自身产业类型的发展层次不高,导致相关因素都无法发挥正向作用。以东风村为例,不论是养猪、卖粉皮还是废旧塑料回收加工等,之前的种种产业类型既缺乏价值含量,无法为从业者提供资金和技术积累,同时又在产业链条上属于"低端"部分,不仅无法为村里年轻人提供学习、探索和施展才华的机会,而且非常"不上档次",导致很多年轻人宁愿在城里打工赚取微薄工资,也不愿意回家帮忙做小生意。这就形成了一种东风村年轻人与东风村产业的"失调",并形成了一种"负向循环",年轻高素质劳动力的拒绝回归导致东风村的产业更加没有办法进行有效突破,而这又反过来使得年轻人更加不愿意"回归乡村"。

> 我之前是学服装设计的,以前也在无锡打工,一个月就2000元,根本没钱消费,而我一个女孩子也很想家,就回来了。刚开始也不行,在高速服务收费站工作,一个月才1500元,没办法,我们那时候根本没有服装设计的需要啊。后来他们开始做起了淘宝,我就自己在凌城那边开一个淘宝店,但觉得压力太大就放弃了,然后到这边来应聘。——(CX,东风村网商从业者,2017)

"淘宝店"的突然出现与爆发式增长改变了这一切,作为互联网经济的淘宝网商家具产业是吸引东风村年轻"城里人"回归乡村的一个核心"产业引力",而越来越多年轻人的回乡不仅促进了东风村淘宝店生意的越做越好,也成功带动了原本东风村村民的集体参与和由此形成的"淘宝村"崛起。

东风村发展的新循环具体如图4—3所示。

[①] 蒋剑勇、郭红东:《创业氛围、社会网络和农民创业意向》,《中国农村观察》2012年第2期。

"淘宝村"兴起与乡村现代化转型

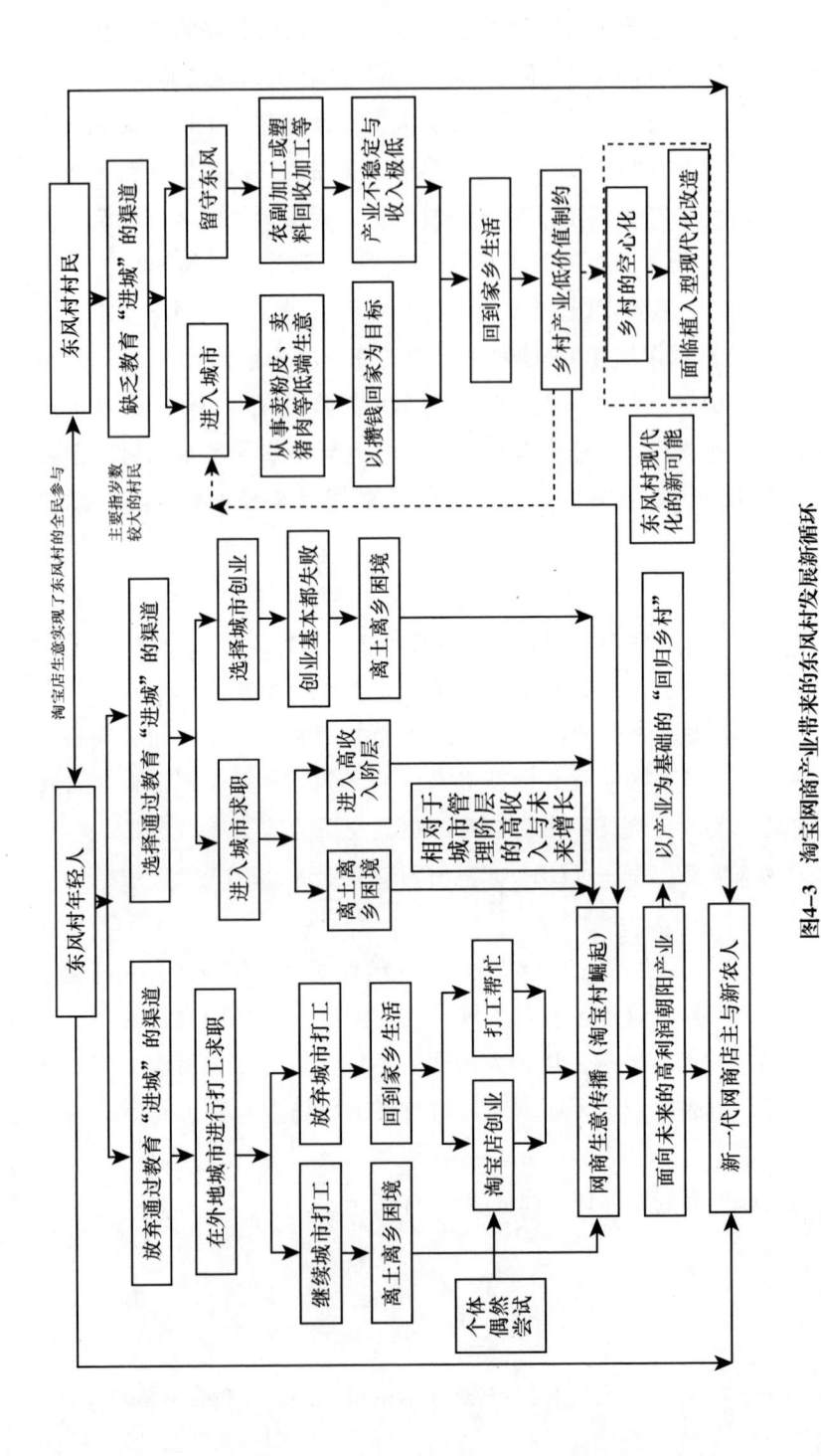

图4-3 淘宝网商产业带来的东风村发展新循环

现在轻松多了,我上午9点来上班,下午5点半我就下班了,自己的活就交给WJ来接手,然后我第二天早上过来上班接他的班就行。我觉得挺好,离家近、上班不累而且风刮不到雨打不着,赚的也不少啊,一个月2000多元,我在外面一天到晚累得不行也就这么多钱。——(CX,东风村网商从业者,2017)

我是2009年从新疆回来之后,那时候一个从小玩到大的朋友跟我说他开始在网上卖东西,而且比做塑料回收强多了。我就问他怎么(学的),他就告诉我东风村有个LXL是他亲戚,也做淘宝,跟着他学会的。然后我就跟着我这朋友一起开始学做淘宝。其实那会我本来还是想去新疆的,因为不知道这个生意会有多大。当时我妹妹在宿迁上夜班,很不安全,我爸妈担心,所以我想的是这个店做起来,然后给她做,这样就可以在家里上班了。结果后来发现生意越来越好,一天可以卖到接近40个产品,有几千块钱的收入。于是我就自己留下来跟妹妹一起开始做这个淘宝,反正去新疆也是打工,赚的钱还没有这个多。——(QY,东风村网商,2018)

在城乡"推拉力"的联合作用下,东风村的年轻人选择回归进行网店创业。学界将乡村创业分为两个基本流派:其一是本地化创业,包括农民回乡创业、失地农民创业或是农民自主创业;其二则是异地化创业,即农民进城创业。第一种创业构成了当下中国农民创业的主导类型样态。这是因为回乡创业实际上是一种外出劳动力对成本、收益综合考量之后的理性选择[1],可以在某种程度上可以看作是城乡二元体制下,农民外出务工发展的一个新阶段,归根结底是因为农民无法在城镇立足,受到歧视排斥并面临职业、年龄、自身发展等多重压力的结果,是一种较为典型的民工"回巢"现象。[2]

---

[1] 刘光明、宋宏远:《外出劳动力回乡创业:特征、动因及其影响——对安徽、四川两省四县71位回乡创业者的案例分析》,《中国农村经济》2002年第3期。
[2] 王天权:《农民工返乡创业:建设社会主义新农村的一条重要途径》,《哈尔滨市委党校学报》2006年第9期。

三 新农民的"新做法":网商的创业价值取向

从新中国成立之后的社会主义改造结束开始,我国就进入了一个漫长的城乡二元体制社会。在这个系统当中,乡村社会一直以来都处在一个从属、服务、供给城镇社会的地位和角色。而长期以来的这种推进方式强化了乡村农民一系列较为传统的价值观和思维方式,比如知足常乐、安于现状、规避风险等。但笔者通过对东风村淘宝网商最初从业者的走访却发现,这些传统的价值观念在他们身上发生了改变,取而代之的是一种"新价值",正是这种"新价值"在后续的淘宝生意经济领域发挥了重要作用。

具体来说,他们形成了一个以"价值实现"为导向的"理性行动逻辑链条"。这些"新乡村精英"的行动逻辑发起于对自身特定价值实现的追求,而并不是基于单纯的"维持生活"或是"光宗耀祖"等传统意义上对农民影响较大的动机。同时在实现这种价值追求的过程之中,充分发挥主动性和创新性,对于传统、制度、规定等束缚的接受度较小,也因此对于新事物、新技术、新形式具有较高的尝试意愿和尝试能力。有研究就指出,在乡村产业创新过程中,区域社会经济因素(经济制度、市场发育、技术改进等)固然重要,但文化价值观等软性因素同样不容忽视①,尤其是农民对新技术采纳、农民自主决策能力和对新事物接纳、学习意识的提升意识越发关键。

首先从动机源头出发,东风"城里人"的行为动机是一种典型的"创业者心态",即一方面要实现自己内心的价值追求和内心向往,同时更为重要的是要通过这种行动实现对经济利益的最大化追求,就是需要形成非常可观的经济利益获取,这与传统的乡村农民价值追求有着很大的不同。

> 我们村大部分人都是不想给别人打工的。当时淘宝一出现,全村在外务工的人,几乎是第一时间90%都返乡了,而且连那些大中

---

① 黄献军:《专业村是农村商品生产发展的新起点——湖南省益阳农村 150 个专业村的调查》,《农业经济问题》1990 年第 4 期。

专毕业的年青一代，很多人也都回到了家里来创业。实际上，挣那一点工资，不是我们东风村人的心愿，不要说年轻人，即便是年龄大的人都一样。这个也是为什么我们东风村的淘宝网店能开得这么快、做得这么好的重要原因。我很清楚地记得当时网店刚刚开始的时候，（县委书记）书记过来调研，他其实应该也是不相信一个小村会跟信息社会对接得如此紧密，当时只计划走访半个小时，结果不仅在我们村走访了两个小时，而且还召集乡镇干部、县直机关干部开了一个多小时的会，要求全力支持我们的草根创业。——（WM，东风村党支部书记，2017）

我其实从来就没有想过要外出给别人打工，自己的想法还是要创业，那时候我们村都是向旁边的耿车镇学习，家家做的都是回收加工废旧塑料的生意。我自己本来是做厨师的，但开一个饭店的成本太高，我没有本钱啊，但这个产业（回收加工废旧塑料）又没有什么成本，所以我就也加入进来开始做。做了一段时间有了点本钱，我还是做一点跟自己本行相关的生意。正好我本家的二哥在街上开了一个蛋糕店，生意很不错，我觉得这比塑料回收强，体面干净而且很舒适。于是我就跟二哥学了一下蛋糕加工，在隔壁的凌城镇开了一个蛋糕房。——（WY，东风村网商，2017）

例如，DFCL 回到家之后一开始是在父母的支持下按照自己以前的工作经验开了一家服装店，但 DFCL 并不满意。他更想从事的是婚纱摄影与录像，这在当时的沙集镇几乎是没有人会考虑从事的行业，但 DFCL 却坚持要做，因为"我很喜欢，而且新鲜刺激"，在沙集这样一个乡村地区，婚纱摄影和录像要比卖服装挣更多钱。

后来决定要做摄影之后，因为基本上属于什么都不会的状态，我就自己就进行摸索，我记得当时一共拍完了 70 多卷胶卷才算基本入门，当然这个水平开店赚钱肯定是不行了，所以我又跑去徐州那边有个叫绝色摄影中心的地方当学徒，后来又去了杭州新天地摄影去当摄影助理来学艺，就是想不断提升自己的技巧，这才回来在沙集镇这块做起了婚纱摄影的生意。做什么事情还是要按照自己喜好

来。——（DFCL，东风村网商，2016）

其次，从推进过程分析，东风村的"城里人"往往不太遵守现有规则框架，很擅长绕开制度性约束以"边缘性策略"来尝试在"灰色空间"做文章。这构成了一种针对特定问题"动态创新与解决能力"，即他们能够在许多领域、许多细分产业当中进行不断尝试、学习和创新，展现出非常突出的创新意愿和学习能力，而且许多时候可以模糊甚至突破现有规定的要求，这成为后续淘宝网商产业发展的关键动力所在。

SH从上海回到老家之后被人建议去移动公司当客户经理，但当时这种大型企业单位的客户经理需要大专以上文凭，实际上他没有读过大学，也因此不具备相关的资质。但SH后来通过其他途径和办法，最终成了移动公司的营业员。而在移动公司的SH又再次因为收入微薄看不到前途而变得不安分起来，很快在熟悉了自身的业务之后，他发现移动公司当时"充话费、送手机"的活动有操作空间，因此就跟他人合作，利用自己的职权进行手机套取，并将手机在社会上进行二次销售，以此赚了不少的钱，这也是SH在淘宝网上开店经营的初次尝试。但后来这件事情被移动公司的相关管理部门发现，SH也因此被迫回家。可以说，从进入移动公司到离开移动公司，SH展现出来的是对相应规则的灵活处理与越界利用，虽然这种行为从明面的规章制度来说是"不合规"甚至是游走在"法律边缘"，但不可否认这从一定程度上反映了他们敢于打破常规、挑战游戏规则的行为方式。

怎么说呢？这人做事情，就要胆大，不能前怕狼后怕虎的，你看我这前面，一天到晚，整个淘宝路上，到处都是车，挤满了你根本都没法走，这里交通方便，还有居民小区，大家一门心思想要往好日子奔，淘宝能不好吗？淘宝生意好了，我的快递生意肯定也不错，自力更生，丰衣足食。——（WB，东风村物流经营者，2017）

中国农民由于长期从事传统农业活动，因此对新技术、新经济、新模式的接受意识和学习意识一直较为薄弱。但淘宝村的出现和蓬勃发展却证明当下中国农民对"创新"的接受度正在不断提高，尤其是具有一定外出打工经验的年轻人。在胆大、敢于创新和敢于挑战规则之外,东风村的这些网商从业者还具备较强的学习、研究和创新解决问题的能力,不仅可以很敏锐地发现产业突破的方向,而且可以从实际解决的需要出发,综合运用自己现有的资源、技能和知识进行思考。

当网店生意兴起的时候,东风村出现了许多家具厂,而家具生产加工的过程中会形成大量的锯末。这在一般人看来可能仅仅是一个废品或是垃圾,但是初中就辍学在外打工的 CB 却发现了这里面的商机,那就是做成木炭,然后在网络上进行销售。CB 曾经在 DFCL 那里打工学习做家具和淘宝店经营,后来就自己去干网店,从别人手里拿货然后转手销售,但是没有挣到太多钱。但在这个过程之中,CB 发现了家具生产过程中的另外一个"商机",而他之所以有这种能力,与之前长期在外打工形成的见识丰富度是分不开的。

> 我当时记得是在看中央 10 科技频道的一个节目,里面是在介绍如何利用锯末做成木炭,然后卖给户外活动的旅游者或是烧烤经营者,我当时就想到了自己以前的家具厂,因为自己做过,所以我就想到整个沙集有上千家在做家具生意的,这里面每年会有多少废料锯末啊!而且一般来说,这种东西根本没有人要,我是不是可以用来试试然后做成木炭呢?这个东西一方面做的人少,肯定竞争很低;另一方面我之前在外面打工的时候看到过,确实城市里面烧烤非常需要,所以当时决定了,就去学做木炭。——(CB,东风村网商,2016)

CB 的木炭生意也并非一帆风顺。由于自己是东风村第一个做商用木炭生意的人,因此从一开始的木炭制造工艺、运输包装设计到后来的包装分量、点火方式、耐燃时间等都是他自己一点点摸索出来的。尤其是木炭的点火环节非常复杂,既要保证木炭易燃,可以被顾客和市场接受,但同时因为要进行快递运输,所以要绝对安全,可以被快递和安防接受,而且要在使用过程中无烟无味、环保经济,能够适用于城市环境的使用和推广。

> 我当时是不停地进行各种试验,可以说是无数次的试验了,最终确定了 5 斤、10 斤、20 斤三个包装层次,然后木炭的点火时间保证在 10 分钟内可以达到最高燃点。标准款是一个 15 厘米长、4.5 厘米宽,整体重量在三两的木炭的燃烧时间可以从一个半小时到四个小时,这一个范围既可以服务烧烤取暖,也可以服务野炊……到后来,我又发现单纯用锯末来做很难控制质量,而且容易散,所以我就主动把产品原料升级,从一开始大部分依靠咱们沙集镇的木加工锯末为原料到现在,我已经把运城的苹果树、梨树枝条等作为材料供应进行补充,这也是我考察的结果,苹果和梨树的枝条适合做木炭,空隙比较多,燃点也比较低。——(CB,东风村网商,2016)

现在 CB 的木炭生意已经达到了年销售额 500 多万元,雇用了十几个工人和五六个客服。在行动过程之中,除了大胆、创新之外,东风村的"城里人",尤其是接受过教育拥有一定文化水平的"大学生"还拥有很强的理性思考能力,往往可以从结合多方面信息、知识对事情进行"前置性"的理论化分析和预判,以此来指导自己的实际操作。比如 LM 在回家从事淘宝店生意之前就曾经系统盘点过这件事情的可行性与发展前景。

> 其实我刚开始回来做的时候,不是很踏实,就自己想了一下我们这个地方做淘宝的优势,想清楚了我才真正投入去做。其实有偶然也有必然,一是我们这里地处江浙沪包邮区,成本比较低;二是周边的初级制造业也比较发达,尤其是山东临沂那附近,家具的原辅材料还比较充足;三是交通发达,而且农业发展一直都不行,人均土地也少,这里的农民对土地没有什么依赖性;四是开始的时候主要面向的是江浙沪地区,人均收入高,消费水平高,而且对于网络销售也很熟悉。——(LM,东风村网商,2017)

最后,从目标设定着眼,东风村的"城里人"追求的不再是乡村社会内部的一种"绝对意义上的满足",而是将自身发展目标设定在了与改变与真正城镇中产阶级相对比层面上的"相对剥夺感",即要在乡村过上与"城里人"一样的生活,他们追求的实际上是一种"有尊严的城乡相处模式",形成一种自我认同的转换。① 这种目标设定实际上是真正把乡村与城镇放在同一水平面上进行比较和衡量。这也与他们自身的生活经验紧密相关,比如这几个东风村最初的淘宝网商经营者几乎在农村都属于通过勤劳致富起家的富足群体,有一定的经济基础,对乡村生活与文化有比较强的认同。而在进入城市之后,他们的平台与发展速度并不是很理想,也因此降低了城市对他们的吸引力。他们可以被称之为"市场性的乡村中产",这批人构成了以淘宝村驱动乡村复兴的核心力量,他们对乡村有着强烈的自信和骄傲。

> 很多人叫我们是网络时代的小岗村,其实不是的。我们跟小岗村不一样,现在村里也没有什么集体性收入,所以我们既不是南街村,也不是华西村,你如果说是小岗村的话,有一样的但也有不一样的。因为时代不同了,所以我们追求的目标不一样,小岗村当时要的是分田到户吃饱饭,我们是要家家想过城里人的现代生活,要有房有车有钱花,要有自己的尊严和自由,要有一个自主的天地。——(WM,东风村党委书记,2017)

东风村的新群体具有许多独特之处,这使得他们可以推动东风村的网商经济发展,并在经济产业成功的同时为东风村带来社会变革乃至文化变革。与大部分从乡村出走到城市的"新市民"不同,这些在城市失意并回到乡村的"城里人"在某种程度上成为"新农民"。他们对既有城镇化路径存在一种"内生性"的反抗和解构,更愿意也更擅长利用自己对规则灰色空间的理解、极强的学习能力和适应能力以及大胆创新和吃苦耐劳的精神来进行突破。在互联网经济与技术这个平台上,他们成为整个东风村的核心驱动力量,对内具备很强的威望和号召力,对外具备较强的推广品牌和吸引资源的能力,一跃成为村落集体的代表和符号。

---

① 张海波、童星:《被动城市化群体城市适应性与现代性获得中的自我认同——基于南京市 561 位失地农民的实证研究》,《社会学研究》2006 年第 2 期。田凯:《关于农民工城市适应性的调查与思考》,《人口学刊》1996 年第 4 期。

就是要勤奋，要有梦想，因为是给自己做事，而且这个事情特别有意义和前景，所以根本不觉得累，我这个厂从开始到现在，一天都没有放过假，不管生意好坏，我都不放假，很多人会说生意不好要放假！我就不会。——（CHB，东风村网商，2017）

教别人我觉得没什么，我在学会之后也曾经教村里的两户人家怎么在网上卖木炭，人家单纯卖木炭比我造木炭挣的多得多，我一斤挣两毛，人家能挣到八毛。没关系，因为卖的也是我的产品，而且大家也都比较熟，再说这也给我启发啊，我后来也开始自己开网店，做到了产销一体，人家也给我了我不少帮助，这都是互相的。——（CB，东风村网商，2016）

第二节 "淘宝生意经"扩散：网店创业的乡村融入

一 自发驱动："先行者"的行动链条

东风村的"淘宝村"转型始于"城里人"回归乡村后的偶然个体行为尝试。而笔者在访谈过程中发现，这种个体偶然尝试行为的背后实际上是东风村甚至是整个中国乡村年轻人回乡的一种共有困境，在 SH、DFCL 等人偶然个体行为的背后，隐藏着东风村乡村发展的必然性困境。正是为了突破这种必然性困境，许多东风村乃至其他乡村的年轻人都展开了各自的探索，而"恰巧"SH 等人的一次偶然性尝试突破了这种乡村发展的必然性困境，这种偶然与必然的融合互动也因此成为本书从社会学角度研究展开相关研究的意义所在。"穷则思变"是驱动东风村网商经济发展甚至是其他区域（比如浙江等）乡村发展过程中一部分农民不断突破自我局限、谋求创新发展的核心动力。[①]

东风村淘宝网商最初几人基本上都是 2006 年左右开始切入淘宝店经营。而那时候也恰恰是淘宝网刚刚在中国出现并发展的最初阶段。

---

① 黄中伟：《非均衡博弈：浙江农民创业的原动力》，《企业经济》2004 年第 5 期。

> 我应该是东风村注册网店最早的人了，比 SH 还有 DFCL 他们都要早，现在我的电脑上还留着时间记录，当时应该是 2006 年 4 月 6 日。我注册的淘宝网店是 xk8181036，好像 SH 的是怡美之恋，DFCL 的是天赐良机。——（XK，东风村网商，2016）

而当笔者梳理作为第一个淘宝家具网店的推动者——SH 的行动逻辑的时候，发现他对互联网网商经济的探索并不是一种基于"企业家精神"的自发、主动以及带有某种布局色彩的前瞻性行为，反而呈现出一种典型的"刺激—反应"路径，具体来说就是往往自身所处的生活与工作状态陷入了发展困境，为了突破这种困境，"不得已"尝试了可能的解决措施。在一开始，之所以 SH 会选择在淘宝上开店，就是因为自己已经从中国移动客服经理的岗位上被迫辞职，只能回到农村，而东风村当时既有的产业结构和就业方向，不论是农副产品加工还是塑料回收加工都对 SH 不具备吸引力。从这个时候开始，SH 的网店创业开始了不断"困境—突破"的发展过程，整个过程具有很强的"自发性"。

> 我自己之前有从没有做过农业方面的事情，不管是养猪还是卖粉皮都不行。他们很多人在做塑料回收加工，甚至包括我爸自己的小生意，其实说起来都可以，但我觉得这些都没什么前途，就是没有发展前景而且还挣不了几个钱。——（SH，东风村网商，2016）

困境一：如何利用网店销售提升自身收入，满足家庭生活的开销需要。

SH 首先借助自己以前积累的电话卡等产品，开始尝试通过网络销售（淘宝网店）赚取差价，虽然每个月的利润很微薄，也就两三千元，但"应能满足生活，我一个人跟父母住在一起，反正开销也不大，而且开这个店根本不需要出去跑，很轻松"。如果一直这样下去，SH 可能就不会有动力去大胆尝试网络家具销售。但恰在此时，由于以他的年龄在农村已经是一个适龄甚至较晚结婚的阶段，因此父母张罗着帮他介绍对象，并迅速相亲结婚组成了家庭。

由此，SH 原本安逸的淘宝网店生意面临着巨大的转折。如果继续

"小打小闹"地进行电话卡的网络销售,那么每个月的收入以及不稳定的销售情况不足以支撑一个独立家庭的正常开销,这种情况下家庭的压力必然会迫使 SH 放弃这种"轻松"的网店赚钱途径,转而找一份在家人看来更加"像样"的工作,而这种工作不外乎就是进城务工或是留在家里从事塑料回收加工等产业。但同时,这种变故也带来了机遇,之前的淘宝网店小本经营已经使得 SH 在此时认识到网络电子商务所具有的蓬勃生机和潜在市场,生活方式改变带来的压力给了他下定决心行动的动力。从自身经历来讲,从南京回到老家和从老家移动公司的被迫离职成为两次城市对 SH 的"驱逐",这也让他彻底觉得自己不适合城市那种按部就班的生活和劳动方式,也因此开始以乡村网店创业,这也符合农民对自身创业行为的选择方向,即往往强调启动速度较快,且多依托自身对特定地区资源、市场的熟悉采取"本地化"为主的态势。[1]

困境二:如何确定下一步网店销售产品的行业方向以及具体产品类型。

为了扩大自身网店规模和经营利润,SH 尝试了许多办法。SH 第一个选择是代卖义乌小商品市场的各种小商品,但这种渠道很不稳定而且竞争激烈,每个月只有千把块钱的收入,这种收入水平明显不符合 SH 经营网店的要求——对经济利益最大化的追逐,他认为"卖这些小商品来钱太慢"。于是 SH 又开始销售电话灯,这种产品实际上是违法产品,因为它的使用方式是装在固定座机上,然后可以节省费用。这种灰色产品具有很强的市场需求与盈利空间而且下游生产链很完整,因此在一段时间内成为 SH 网店的主打产品。但很快 SH 的产品遭到了电信局的起诉,整个生产厂家都被取缔,SH 的网络销售又一次陷入瓶颈。

不断失败的网销产品尝试让 SH 再一次必须做出被动回应,而这时候,社会关系网络带来的有效交流和自己在大城市的生活、打工经验发挥了重要作用。DFCL 在此时开始介入 SH 的网店生意探索过程,他们不仅是邻居还是非常好的朋友,DFCL 实际上要比 SH 更早接触到网店,但在一开始的时候 DFCL 并没有完全将网商作为主业,因为他在沙集镇有比

---

[1] 赵西华、周曙东:《农民创业现状、影响因素及对策分析》,《江海学刊》2006年第1期。

较成功的婚纱摄影生意。但通过婚纱摄影，DFCL 了解到了结婚对家具的刚性化需求，于是非常善于做生意的 DFCL 在开婚纱摄影工作室的同时还会与县城的家具厂商合作，将特定家具厂的家具卖给新人，然后从中赚取差价。这种路径虽然利润可观①，但毕竟不稳定，因此 DFCL 只是将其作为摄影的副业，但这让 DFCL 意识到了家具这种产品在生产与销售环节巨大的"差价"。与此同时，SH 自己在不断尝试网销产品类型的时候，结合在北京、上海等地打工租房居住的实际经验，他认为如果能销售专门提供给大城市白领租房居住的简易家具，应该会很有市场前景，因为自己在外打工的时候就发现有迫切的相关需求，而大城市传统家具卖场的家具产品又过于昂贵，因此 SH 认为这里有空白的市场机会。

这两人在日常的交流之中相互验证了自己的想法，SH 提出了网销家具的巨大市场机遇，DFCL 则以自己的实际经验验证了这中间存在着巨大的盈利空间，因此网销家具这个新的突破方向被确定下来。虽然确定了方向，但家具行当五花八门、种类繁多，应该从哪个具体家具产品类型入手成为下一个问题。而 SH 基于以前在上海打工学习的经验，认为宜家商场销售的家具不仅价格便宜、轻便耐用而且款式简单，应该比较容易模仿生产。所以 SH 和 DFCL 一起来到了上海宜家家居，仔细考察了宜家的简易家具，并对重点产品进行拍照以便后期进行改版、设计和生产。

困境三："年轻人—新产品"组合如何在乡村找到"靠谱"的"木匠合伙人"。

如果说确定简易家具为网销产品还是停留在个体层面行动的话，那么如何找人将宜家家居的产品模仿制作出来就已经开始涉及 SH 等人对东风村外部产业链的合作甚至是改造。在访谈中，他们也多次表示其实最困难的其实在于对外寻求产业合作对象，而首当其冲的就是寻找能够制作类似家具产品的木匠。当时沙集镇周边并没有相应的产业承接个人或是单位，整个沙集镇都没有木匠从事这种新潮设计的简易家具制作，甚至大部分木匠连家具都不做，都是靠做棺材等乡村特色产品来盈利。所以 SH 等人找遍了周边的各个乡镇，包括凌城、李集、耿车等，但都没有木匠对这种生意感兴趣。对于这个区域的木匠产业来说，这种从来

---

① 批发价拿过来 800 元不到，往往可以卖到一两千元。

没有出现过的产品，不仅在技术上难以胜任而且又很难获得足够的稳定收益，用当时木匠自己的话来说就是"很麻烦"，因此自然没有人愿意去尝试来接下 SH 等人的订单。

SH 等人不单单是在找一个能够做出产品的木匠，而是希望寻找到可以形成长期合作且能够不断满足网购消费者新要求的"生产合伙人"，这就意味着他们试图寻找的是具有专业精神和市场精神的"木匠工人"，但沙集镇乃至整个北方农村大量存在的是所谓的传统"手艺人"，这两者有着极大的不同。"木匠工人"要求能够与客户及时沟通，根据相关要求进行产品设计和创新，同时较为严格地遵守合同并按期供货，具有契约精神，等等，这些在市场经济中被视作再正常不过的基本要求。但实际上，乡村里的木匠那时还没有这样一种意识，许多木匠甚至觉得"我给你干活，是帮你，不是为了你那两个钱"。

> 有木匠当时在电话里说可以试试，于是我们一行人找到了山上，结果这个木匠正在家里和亲戚喝酒，我们当时就给他看了样式图片，结果他居然让我们等着他把酒喝完再说，当时其实就挺生气，但觉得木匠不太好找，所以就等到他喝完酒，结果这个木匠喝醉了直接就躺在自己旁边一个棺材的木板上睡着了。——（SH，东风村网商，2016）

这是当时乡村很多村民对待生产和市场的一种态度，他们并没有接触过完全的市场化和产业化，因此他们是将生产、生活混在一起，而这明显与互联网要求的快速、准确和迭代更新等要素不匹配，也不可能成为淘宝网商需要的合格"木匠合伙人"。许多基于实证的研究都指出，强乡土社会属性，比如宗族网络发达程度如果过高，那么会对乡村企业的发展以及其自身市场意识的培育具有显著的负向影响。[①] 乡村木匠所表现出来的这种"不靠谱"一方面固然是乡村市场经济与专业分工发展滞后

[①] 阮荣平、郑风田：《市场化进程中的宗族网络与乡村企业》，《经济学（季刊）》2013 年第 1 期。孙秀林：《华南的村治与宗族——一个功能主义的分析路径》，《社会学研究》2011 年第 1 期。

的一种必然性结果,但同时也有很大一部分原因是乡土社会的"潜规则"。这些东风村的淘宝店主都是年轻人,要求制作的又是一个在乡村几乎没有人会买的东西。"年轻人—新事物"的这种行为路径在乡土社会显然不具备较强的"可信度",因此这些木匠会"前置性"地形成一种"不靠谱"的判断并由此降低对他们的信任投入。再加上沙集镇域范围内的木匠可选择对象非常少,因此这种寻找也陷入了僵局。

就在这个时候,乡村熟人社会的关系网络就起到了作用,DFCL母亲的一个亲戚正好是做木匠活的。凭借这种"亲属关系"的加持与背书,他最终成为淘宝网商的"木匠合伙人",这个人就是木匠WYS。WYS在一开始的时候并不信任眼前这两个年轻人,认为他们"嘴上没毛,办事不牢"。但一方面是碍于亲戚之间的关系,另一方面则是DFCL以自己影楼生意为基础说服了WYS接下了自己和SH的这一单生意。但这中间的过程依然是一波三折,当然这主要是因为木匠自身的手艺不达标,而为了解决这个问题,SH等甚至自己亲自参与生产流程和环节的改善与创新,最终完成了产品。

> 那时候我们宿迁那边买的木条子原料回来进行组装设计,木匠说可以做个试试,结果用刀刻了十多天,依旧达不到标准,而且还要200元一个,我买回来也就才98元,后来压了压价格,他答应可以做,却在打眼时又不会了,是我和SH两个帮他一起想办法,把四个锯片放在一起,终于打眼成功……我很清楚那个架子加在一块的成本是59块,然后我在我自己的店里把这个产品挂了出去,最后是卖了100块钱。——(DFCL,东风村网商,2016)

最初的东风村网商家具从环节来说其实非常简单,就是将宜家的家具以低廉方式进行仿制,然后通过网络销售的形式以最平价的方式销售出去。由于家具本身存在着巨大的流通中介环节利润,因此这种最简单、最直接的"生产—销售"路径反而形成了巨大的利润空间。杉木做的木格收纳架子成为东风村的第一个产品,在WYS做完之后,DFCL和SH等还在DFCL的影楼里用砂纸手工打磨,最终完成了这一个产品。而SH等人也终于成功开始在网上销售家具,这一次尝试大获成功,他们的产品非常受欢迎,利润率可以达到100%。

> 当时我就去了解了,SH他们代加工的木条子来源是浙江一家公司,一个产品的成本可能只有几十元,但他们通过简单设计和木匠制作,可以在网店上把产品卖到两三百元。一个最简单产品的利润就可以达到100多元。——(LXL,东风村网商,2016)

虽然看上去简单,但从乡村起步进行网店家具的生产、销售却是一个异常困难的任务,中间充满了需要进行创新应对的环节,比如虽然是模仿宜家的设计,但SH还是根据自己的判断进行了调整和微创新。因此东风网店的家具产品"不是纯粹的仿制,在细节上做了一些改进,比如别人的产品在接口处用螺丝固定,我改成卡扣设计,更实用、更美观、更容易组装,比较适合拆开来运输"。而当产品出现之后,如何进行物流快递运输成了一个大问题,因为家具运输不同于以前SH销售的电话卡,这种产品体积重、要求高,因此只有沙集镇上的EMS可以承运,但当时EMS从来没做过类似的物流需求,所以收费很贵。这构成了对SH网店家具销售的巨大挑战,因为这会抬升每单产品的费用以及相关收费,也直接降低了网络销售中的最核心竞争力——性价比。SH等人当时提出了一个协议,即如果每个月的邮费能够达到4000元,那就要求EMS给予自己单笔邮费以优惠。这背后是东风村网商对互联网产业的一种深度理解、创新利用以及极强的自信,即在充分相信网络购物巨大消费潜力的基础之上,大胆利用自己网店后期可能出现的收入来实现对当下成本减少的"对赌"。

> 做了一段时间之后,邮政局也看到了我们巨大的增长可能,于是就跟与我们进一步协商,提出要是他们一月的快递收入可以达到8000元,那么就可以每天专程来这里收货,我们也不用过去送货了,但在这之前必须签订合同,当时我们就让DFCL以影楼的名义签订了合同。结果合同签订的第一个月,邮政在这里的物流收入就超过了1万元……后来他们(邮政局)在县城最好的酒家招待我们,当时真的是开心,点的是最好的菜,喝的是最好的酒,我还记得那个酒是

一个圆坛子，上面刻有龙的图案。——（SH，东风村网商，2016）

东风村的淘宝网商生意的开端充满了各种偶然性，可以说正是以 SH 为代表的先行者对一个个偶然性的不断尝试和经验积累，才最终形成东风村人对淘宝经营这一产业的熟悉。对于东风村网商而言，仿照宜家的样式产品不仅切合了都市白领的需求，而且还拥有价格便宜、安装便利等因素，因此这种简易木条家具在网上非常受欢迎，不到一年的时间 SH 的利润就达到了十几万元。

困境四：如何在网店生意成功后处理与上下游合作伙伴的合作关系。

正如前述所言，淘宝网商家具产业的迅速崛起离不开这些初创者的个体偶然尝试行为和成功，但这并不意味着从个体淘宝网店的成功到东风村整体网商产业的崛起是一个水到渠成的事情。在 SH 等人成功搭建了以东风村为基础的网商家具产业链条之后，便开始希望能够"关起门来做生意"，将淘宝网店的经营秘密局限在最开始的几个网商店主圈子当中。这意味着东风村初始的网商从业者试图用垄断的方式来独占网商家具这个潜力巨大的市场，防止有人进行同质化竞争。

> 当时我们同这位木匠沟通好，这些产品只准卖给我们两人，不准再卖给别人。因为这个产品我们也花了很多心思，从最开始的想法到设计修改，哪怕是最后的家具生产，其实我们是主导整个过程的，因此可以说这个产品就是我们两个人的想法。——（SH，东风村网商，2016）

但这种口头协定并没有任何作用，很快 SH 等人发现淘宝网商出现了跟他们卖一模一样家具的淘宝网店，他们去跟 WYS 对质，但 WYS 矢口否认。而 SH 又发现这些店家都是东风村的村民，好多还是他的朋友，于是他又去质问这些朋友，但他们却说是从外面拿的货。

> 实际上因为这些家具都是我们自己设计改装过的，所以他们那些店只可能是从木匠这里拿货的。于是我们就半夜里去跟踪车辆，然后派人在木匠的家里进行蹲守，最终人赃并获，确实是有几个我

们村里的朋友不知道怎么知道我们做这生意很来钱，所以眼红，就找到了木匠，并也从这里进的货……生气啊，但又能怎么样？我们质问他们，以后还这样吗？他们说不了，我们也就罢了，一个村子里的还能怎样？——（SH，东风村网商，2016）

而WYS对此的回应则是基于一种相对比较而得来的"合法性自我验证"。

他们俩都把用淘宝技术教会给别人了，我们怎么就不能把家具卖给别人？——（WYS，东风村木匠，2016）。

这恰恰是东风村网络乡土社会特有的关系网络与社会结构在起作用。无论如何，"淘宝店"的秘密守不住了，而为了摆脱由此形成的供货不足和同质化竞争，最初的淘宝店主纷纷开始从单纯的网络销售转向网络销售与线下生产并存，即在被逼无奈的情况下选择了自己开厂建设，从"合作建设家具产业链"走向了"自己建设家具产业链"，而这更加切合东风村所属地区的市场环境与产业基础，也构成了东风村淘宝化发展的重要推动力。"我花了2万元买来了简单的加工机器，买了5万元材料，把准备做猪圈用的300平方米地方用来建厂房"，就这样，SH开办了东风村第一家淘宝家具厂，虽然购买机器和材料是很大的一笔款项，但最重要的成本——厂房却是免费使用的，这降低了开厂子的成本，也成为东风村人人都能做淘宝的重要基础。

至此，SH对淘宝网商家具产业的行动逻辑链条就构建出来了，面对不同的困境，SH等人分别采取不同的策略行动来进行解决，最终在东风村第一次做起了淘宝网商家具的"新生意"。（见图4—4）

家具厂开起来之后，SH等又重新成为创新引领者，当时在整个沙集镇，只有他和DFCL两个厂子可以大规模供货，因此生意非常好。"大家一起来淘宝，来我家拿货的人天天像赶大集似的，有时为了抢货，还能在一起打起来。"也正是从这个时候开始，SH开始对带动大家一起开淘宝店这一行为不存在抵制心理，想法也发生了转变。这其中的原因可以从两个层面来分析：其一，就像WYS所提及的那样，乡村社会的熟人关系

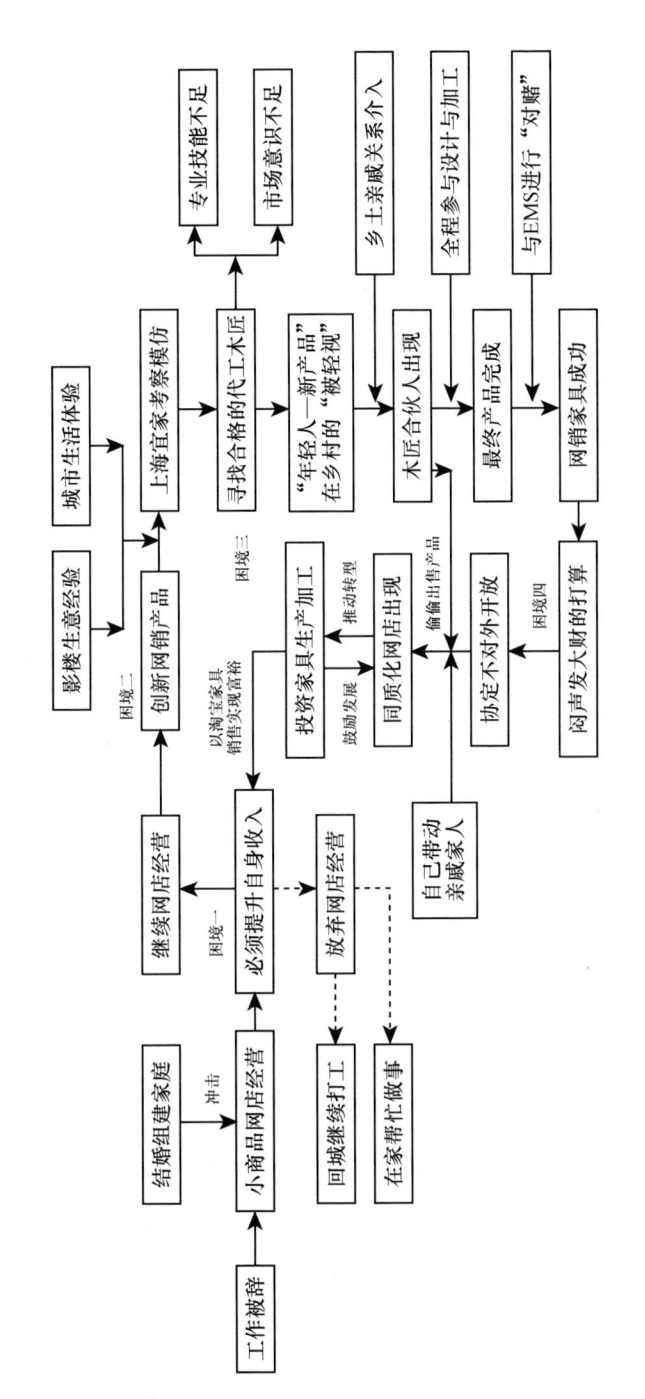

图4-4 东风村网商家具产业的最初路径与行动逻辑

使得"乡亲"的生意模仿变得不可抗拒,"我自己也说过不教别人的话,实际上怎么也做不到,心里想的是一回事,实际上做的又是一回事了,亲戚过来你即便不想教也不可能,大家的关系毕竟那么近"。其二,更为重要的原因就是,在当时那个阶段,SH 作为第一批启动家具生产规模化的网商从业者实际上已经从网店的轻资产运营转向了重资产运营,因此需要更多的下游拿货商来进行分销。而这也成为 SH 对开淘宝店转变思维的一个重要理由,"后来觉得还是店开多一点好,所以我就鼓动 WY 跟我一起干,帮他注册了一个淘宝店,教他怎么操作"。

如果我们将淘宝村的发展看作是一种社会创新(social innovation)的过程[1],那么公民个体自发形成的创新与社会组织推动的创新作为实现社会创新的两条路径都非常重要[2]。从这个意义出发,东风村第一批网商在最开始的个体化尝试非常重要,也成为分析东风村网商行为传播的重要切入点。

二 关键一跃:"自己人"的示范效应

在 SH、DFCL 等人之后,WY 等人是村里第二批次从事网络家具销售的村民。虽然不是第一人,但 WY 同样具有非常重要的意义,可以这样说,正是从他开始,东风村网商开始从村外的"城里人"转向村里的"自己人",也正是从这个时候开始,东风村人不仅开始真正相信从事淘宝网店生意可以"赚钱",而且也开始相信这个"生意"自己也能做。

在一开始的时候,虽然 SH 的生意越做越好,但是相对于好奇和羡慕,村民更多的感觉是捉摸不透,因为网络销售对于东风村的村民来说是一个遥不可及且不能"被经验过"的东西。比如说 SH 对外宣传自己是在网络上卖家具,但是村民从来没有人看到有顾客登门购买,只看到大卡车进进出出,这种做生意的方式实际上已经超出了村民的既有认知经

---

[1] Hamalainen T. J. & Heiskala R. (eds.), *Social Innovations, Institutional Change and Economic Performance*, Cheltenham: Edward Elgar, 2007. 孙启贵、徐飞:《社会创新的内涵、意义与过程》,《国外社会科学》2008 年第 3 期。

[2] Phill J. A., Deiglmeier K. & Miller D. T., "Rediscovering Social Innovation", *Stanford Social Innovation Review*, Vol. 6, No. 4, 2008, pp. 34–43. 王名、朱晓红:《社会组织发展与社会创新》,《经济社会体制比较》2009 年第 4 期。

验,所以一开始村民是议论纷纷。但 SH 在这个过程中确实赚了钱,很多村民也就因此相信了网络销售家具这件事情是一个很有盈利前景的方向,但村民们又觉得似乎只有 SH 这样的高才生能做,自己可能无法胜任。

这是因为以 SH 为代表的第一批网商并不是村民眼中的"自己人",在东风村村民看来,SH 所代表的务工回来的年轻人更多被归类为是一种"局外人"。这种划分非常重要,西方社会心理学等研究领域习惯使用"集体主义"来描述东亚人特别是中国人行为取向的分析概念与框架,认为"我们"比"我"构成了一个更重要的解读概念①。在此基础之上,何友晖等人首先提出了"方法论关系主义"的概念②,开始尝试用"关系"来分析中国人的社会群体性结构与社会心理。而沿着这个思路,有学者就将这种"自己人"总结为以下特征,即自主性——以自我为中心判断包容或排斥;通透性——包容关系他人;伸缩性——因包容关系他人的多少而变化范围;道德性——在社会道德的引导下,从小我升华为大我。③ 因此,"自己人"的概念实际上表达了中国人是将他人包容进自己的自我(家)边界之内而形成一个信任边界的,这当中既有区别内外的功能,也有自己人与外人进行相互转化的功能,其关键就在于形成一种心理身份,而基于这种心理身份,自己人的行动、信息可以被来自同一边界内部的村民所信任和采取④。很明显,SH 等人的相关信息和行动并不能被村民所信任和采纳。

> 网络其实我们村早就有,但开网店的确实没有,因为村里没有人带动,你个人再精明、再聪明,这个事情你没有接触过,就是不知道应该怎么搞,所以总是需要有人一个先去尝试,然后把网上开店的这个窗户纸给捅破……我们这边网商做起来之后,迅速成为大

---

① 杨宜音:《自我及其边界:文化价值取向角度的研究进展》,《国外社会科学》1998年第6期。

② Ho D. Y. F., "Relational Orientation and Methodological Relationalism", *Bulletin of the Hong Kong Psychological Society*, nos. 26–27, 1991, pp. 81–95.

③ 杨宜音:《关系化还是类别化:中国人"我们"概念形成的社会心理机制探讨》,《中国社会科学》2008年第4期。

④ 杨宜音:《"自己人":信任建构过程的个案研究》,《社会学研究》1999年第2期。

家过来学习的对象，基本上每天都会有人过来咱这破烂村学习取经，去年就来了将近300多个团组。——（LC，东风村网商，2016）

但WY等人与SH不同，如果说SH是大城市归来的"高才生"，那么WY就是土生土长的村里人。作为SH的同龄人，WY与村里很多人一样，没读多少书就去从事塑料回收再加工的买卖，从任何角度来说，WY都是一个很典型的东风村村民。但正是这个很典型的东风村村民，迈开了向淘宝网商进军的第二步。

我就住在他对面啊，每天看着他也不怎么出门，就有车来到处送货、运货，确实奇怪。因为也是一起长大的朋友，所以就直接去问了他（SH），他就告诉我是在做网店生意。一天好的时候可以赚到1000多块，我当时就心动了。心动的原因？就是这个差距太大了，我自己做塑料回收加工，又累又脏，整天在外面跑，每天也就赚个几十块钱，这差距太大了。（你自己会比别人的这种差距感更强烈吗？）肯定会啊，我们是一起长大的朋友啊，现在人家一天能赚1000多元，我就能赚几十块，这说出来多丢人。——（WY，东风村网商，2016）

WY参与网商生意的原动力很简单，就是强烈的"相对剥夺感"。由于两人同岁，又住在对门，因此这种"相对剥夺感"相对于一般的村民会更加明显。WY自己是从事塑料回收加工的，每天起早贪黑，但一天只能赚三五十块钱。可是在WY看来，对门的SH每天也不用出门，只要坐在家里上上网就能够一天赚个千八百块钱，这种强烈的对比刺激着WY想要去一探究竟。而WY的网商生意在起步阶段完全是依靠SH的全力支持和帮助。从网店注册、资料设计、批量生产、拍照上网、客服沟通、物流运输等几乎所有环节，实际上都是SH通过电话一点点告诉WY的。

刚开始的时候完全不会，实际上也不知道能不能成，就是先试试吧。后来有了第一个生意来的时候，连怎么跟人网上聊天都不会，基本都是（一边）在跟SH通电话，（一边）让他告诉我哪一步该怎

么做，后来又找他帮忙去订货、发单、反馈等，才算把这一单生意做成了。——（WY，东风村网商，2016）

WY当时的参与意愿虽然很强烈，但是对于自身的相关能力却并不确定，因此只能抱着"走一步算一步"的试探性策略。而在这个过程之中，SH的大力帮助无疑起到了非常关键的作用，正是他近乎全程跟踪式的指导，使得WY迅速熟悉了网店运营流程。而之所以SH如此帮扶WY，其核心原因还是在于乡村邻里之间强大的"关系连接"以及由此形成的"社会压力"。

> 其实我没想那么多，因为当时自己也是才开始干这个。他（WY）过来问我，开始的时候我实际上就是说了个大概。后来他自己开始干的时候，很多细节问题来问我，我们都是一起长大的朋友，这种关系我不可能去骗他，所以也不存在我怎么去教他，就是他问到了，我就说。——（SH，东风村网商，2016）

除此之外，当时已经办起了家具生产加工厂，SH也同时有想让更多人加入，以便可以把这个产业做大的想法。这深层次是因为网络电子商务与其他产业不同，如果东风村的网商家具产业一直未能吸引足够多的经营主体加入，那么就无法形成规模效应。这种情况下，不管是生产、物流还是其他可能的成本都无法均摊，也就很难控制成本，最终会影响自己的产品竞争力。

> （当时会不会想到以后多一个竞争对手？）没有没有，那时候我才刚刚开始卖家具，做的也很少，其实还是希望能有一些人加入，把这块做大，这样不管是相互交流还是去跟邮政物流谈都要方便得多。——（SH，东风村网商，2016）

这个时候恰恰是淘宝网商生意的起步阶段，由于当时淘宝网络平台上从事家具销售的店铺很少，所以竞争不多，因此WY可以一边学习、一边进步，逐渐掌握了网络销售的流程和机制。而在这之后，WY又赶上了淘宝村对店铺首次推广的营销推荐,WY之前做生意形成的思维习惯发挥了重要作用,他报名参加了淘宝村的"首页直通车"营销推广活动,并通过这个官方渠道的宣传形成了新的"流量爆点",这也成为WY真正熟悉网络电商的第二个关键点。

> 当时主要是看别人家做了推广,销量什么的立刻上去不少。我就想自己也尝试一下,钱是投入了一点,但既然都决定做了,肯定是要想办法做好,有这种机会还是要尝试把握一下。——(WY,东风村网商,2016)

通过这次推广,WY网店的信誉度和客流量迅速蹿升。而这一次通过学习采取的偶然性尝试取得成功的经历也成了WY的"经验池",他以后再也没有缺席过相关推广。正是从WY的成功开始,网商家具产业这一看似新奇的"互联网经济"开始在东风村逐渐"去神秘化",东风村村民真正意识到了网络电商的好处并且确认这个生意是自己可以做的。

这背后的逻辑也非常清晰,既然WY这种跟自己没什么差别的人都可以做成功,那么即便自己从零基础起步,也一定可以做成功。"自己人"行动所具有的强大示范力从乡村文化的角度出发可以被理解为是因为共享一种共同的价值观念而形成的共同体内部的信任,这种信任的基础是一种自己人的文化共享与认同。① 换言之,村民对于网商家具产业具有一种基础性的"自信",正是这种自信驱动他们开始通过亲戚、邻里、朋友、同学等多种关系网络对SH、WY等人从事的相关产业进行了解。随着了解的深入,村民很快又发现,这种淘宝网店生意一方面不需要全身心投入,因此不会耽误既有的农业生产以及自己的其他生意;另一方面,网店经营的投入成本并不高,只需注册网店等几个简单步骤即可,而且相对于之前从事的其他生意,这种网店经营甚至连"拿货"的成本都省去了,直接网上谈好订单,然后找人去定做就可以。这无疑使得村

---

① 胡安宁、周怡:《再议儒家文化对一般信任的负效应———项基于2007年中国居民调查数据的考察》,《社会学研究》2013年第2期。雷丁:《华人的资本主义精神》,格致出版社2009年版。

民对于网商家具产业具有了一种介入性的"可能"。正是在这种"自信"与"可能"的交织作用下，东风村村民通过家庭之间、邻里之间、同学之间、朋友之间的相互传播，很快一传十、十传百。就这样，东风村的淘宝生意正式开始起步，也完成了从个体行为向集体行动的转变。

从理论层面来分析，从SH为代表的城里人到WY为代表的自己人再到东风村的普通村民，这背后的网商经济展开逻辑实际上可以被简单归纳为"置疑—迷惑—好奇—了解—学习—模仿"的递进链条，而其中最为关键的环节是"学习—模仿"，因为在这之前村民对于网商经济更多是一种单向度的质疑和好奇，从一开始的不以为然，到后来的迷惑不解，再到后续的羡慕好奇。这背后是村民在经济利润所得驱动下对网商家具产业越来越强烈的参与意愿和想法。

> 最开始的时候，村里哪有人瞧得上他们啊，你说几个毛头小伙子，从城里回来也不干活，整天就待在家里，对着个电脑，能搞出什么名堂呢？后来不相信不行啊，人家一天天都有包好的货放在外面，邮政每天都要来拿东西，而且从摩托车到三轮农用车再到卡车，这肯定是人家生意越做越好了呗。——（SJC，东风村网商配件经营者，2016）

从学习开始，东风村村民已经开始从外部单一维度的好奇转向真正的参与，这种"参与"是从"学习—模仿"开始并以此作为重要立足点。这种参与意味着东风村的网商经济开始从个体的偶然尝试走向群体的集体行动，因此具有非常重要的意义。东风村网商经济发展尤其是在初期的一个重要动力就是"乡村熟人社会"的巨大作用。前面提到的WY是SH的徒弟，但更为重要的是他们既是对门邻居，同时也是从小玩到大的好朋友。后来，当WY自己的网商家具产业逐渐做大之后，他又找到了自己的弟弟来帮忙。因此，以这种熟人社会亲密关系为基础，东风村的网商经济的复制传播非常迅速。再加上2008年经济危机的影响，东风村自己的传统产业出现了问题，许多东风村外出务工人员的工作企业基本上都是一些南方中小型的加工出口型企业，因此也受到了冲击。就这样，网商产业成为越来越多年轻人回乡创业的第一选择，而许多原本在东风村的普通村民也开始自己尝试开淘宝店或是将儿女从城里叫回来学开淘宝店。

> 一开始的时候当然还是要自己的亲戚朋友啊,因为很多事情忙不过来,别人也信不过。人家学了之后也会想着自己去干,因此就这样我带动自己的四五个亲戚,他们每人再带动四五个人,一个个传下去。——(XK,东风村网商,2016)

三 集体介入:乡村的"wiki"式[①]传播

淘宝产业的扩散,尤其是在乡村这个特定的社会关系网络体系之中,必须满足两个条件,其一是参与者发展效果显著,其二是参与成本较低。这两个基本条件可以用"看得见、摸得着"来形容。所谓"看得见",就是这个产业必须能在较短时间以一种比较明显的方式感觉到参与其中所能得到的好处,很多传统产业其实并不具备这样一点,比如传统的建材、制造、贸易等产业类型,除非经营者自身通过建房、买车、摆排场等方式显示,村里的村民实际上并不能清楚直接感觉到从事某种产业经营所能带来的生活变化。但淘宝店不一样,物流快递川流不息就直接构成了最明显的证据,更何况电子商务交易要购买电脑、电话、网络、打印设备、图像处理设备等一系列高科技产品,都是直接的"证据"。所谓"摸得着",就是这个产业不能有太高的技术难度和资金要求,可以让农民在不付出太多风险、改变太多生产生活习惯的前提下参与其中。而淘宝店生意恰恰符合了这条要求,淘宝网本身就是一个主要面向中小企业和个体网店经营者的电子商务交易平台,门槛低、难度低、风险低、安全性高等特征使得人们在参与其中的过程之中门槛较低,初始投入资金和技

---

① 维基百科是一个知识百科网站,所有人都可以对这上面出现的相应的条目进行编辑、修改和更新,因此被称为是一种网络时代的 wiki 模式,即一种多人协作的信息编辑与分享机制。wiki 站点可以由多人(甚至任何访问者)维护,每个人都可以发表自己的意见,或者对共同的主题进行扩展或者探讨,是典型的互联网"知识共享"路径。笔者在这里意在说明东风村的网商信息传播机制与此非常类似,但由于是在一个高信任的乡村社会内部,因此相关参与人员的意愿、能力和分享动力和信息可信度都会更加强烈,展现出新的特点与特征,成为一种乡村"wiki"式的传播机制。

术学习难度比较低，这实际上符合了农民的风险偏好，比如资金存量小、零散时间充足、文化程度偏低等。事实上，"看得见"就是外溢性，"摸得着"就是可达性，这两种特征的结合也迎合了新产业创业行为在乡村社会传播的相应要求。①

对于东风村的网商经营传播来说，"看得见"与"摸得着"之间还存在着一个必须要解决的问题，就是如何从"看得见"到"摸得着"，还必须能"看得懂"，即村民在参与网商经营之前或是过程之中，要能够清楚明白地了解整个淘宝店生意是如何运营、推广和服务的，对于东风村兴起的淘宝店，更多的村民是一种"看不懂"的状态。要跨越这个障碍，东风村走了两步路：其一，是通过从"城里人"向"自己人"的淘宝店生意主体转型，确立了东风村村民参与网商经营的自信；其二，则是依托特定的传播渠道和信息传播方式，实现了从"看不懂"到"看得懂"甚至"干得了"的转变。第二点就是东风村网商爆发式增长的"学习—模仿"核心传播机制。

东风村淘宝网店生意之所以可以迅速崛起，关键就在于通过不同阶段的网商经营者相互之间互相跟进、学习甚至是模仿，从而以最大效率、最高程度和最快速度将东风村一些优质淘宝网店店主的经营做法、产品设计、管理规范乃至于网店营销等全套创新经验传播到东风村几乎所有的淘宝网店经营者手中，这极大提升了东风村作为一个网商家具淘宝村的整体发展水平和网商成熟度，也迅速做大了市场，形成了产业集聚与规模效应。这种传播机制在东风村早期成长阶段尤为明显，因为这个阶段东风村网商最重要的目标是从无到有与从有到大的并行推进，迅速做大规模与抢占市场成为当时东风村网商的一个集体共识。从社会学视角思考，这个时候东风淘宝村变革的核心特征是从原本单一个体偶然的创业尝试上升到一种集体层面被广泛接受和认可的社会发展模式。

东风村这种"学习—模仿"传播机制的特点在于其传播的已经不再仅仅是具有较低价值的简单淘宝店"零碎信息"，而是一种具有极高价值的淘宝网店经营"全套模板"。"零碎信息"具体来说就是对于淘宝网商

---

① 金迪、蒋剑勇：《基于社会嵌入理论的农民创业机理研究》，《管理世界》2014年第12期。

家具产业以及网店经营的一般性大众信息以及"点对点"式的"是非选项"自身内部经营信息的提供。换言之,就是当有人前来询问关于淘宝网店开设的种种情况时,如果东风村的村民仅仅提供"零碎信息",那么这种信息多半集中在对于淘宝网店的一般性、公开性甚至在网络上随手都可查询的信息深度上,比如淘宝网的作用、淘宝店的开店流程、淘宝平台交易的一些常规注意事项等。

如果想要进一步了解东风淘宝店主的自身经营经验,那么就会呈现出一种"点对点"式的"是非选项"信息提供路径,即只有信息索取者明确提出了对特定问题细节的疑问,信息提供者才会给出一个非常简单甚至有时候只有一个"对"或者"不对"的信息回答。比如说,想要询问淘宝网店的具体产品推广和"爆款"打造策略,只有信息索取者自身了解或是从其他信息来源渠道知道有关于淘宝网"直通车"或是"聚划算"的相关信息并向信息提供者发问的时候,信息提供者才会提及关于这两种打造淘宝"爆款产品"的相关信息,并且即便是提供了信息,也是非常简单的,类似于"这个方法不错,很有效,建议尝试一下"或者是"这个推广渠道一般般,不建议采用,可以换个方式"等有效信息量非常少的回答模式。这种信息的模糊性与一般性恰恰说明创业者之间在自身网络交往强度层面的不足,而根据已有研究,这种个体之间的关系密切度与创业机会分享有着直接的正向关系。[1]

当时就想着自己要去买机器,可问题是我们不知道上哪去买还有买什么啊?人家东风村的人可以直接问一下就行,我们不行啊。当时打听了一圈,就知道大概10万元可以买一套做家具的设备。别的什么也不知道。我就留了一个心眼儿,去拉家具的时候看了人家的机器设备型号,然后记下了上面机器牌子上的生产厂家电话,按照个电话找到了苏州,然后在苏州又咨询了一下,最后买了一个比他们要更好一点的,当然也更贵,14万元!不过我觉得值,就从家里借钱买了回去。然后在家里面清出来一个200多平方米的地方用来

---

[1] 张玉利、杨俊、任兵:《社会资本、先前经验与创业机会———一个交互效应模型及其启示》,《管理世界》2008年第7期。

生产。——（QY，东风村网商，2018）

这种一般的"零碎信息"传播路径有两个特点：其一，具有典型的"被动性"，不会主动提供有效的相关信息，只有信息索取者主动前来询问并非常具体地点出特定询问细节的时候，信息提供者才会给予相关回答；其二，具有典型的"无效性"，这种信息往往是零碎的、片段的甚至是含糊、混乱的，因此对信息索取者来说是基本上等同于无效，并不能从这个信息当中形成一个完整的特定新事物——比如淘宝网店经营的框架和自身印象。而具有这种特征的"零碎信息"也不能很好地激发后续淘宝网店经营者的参与意愿，当然也无助于改善他们的经营效率和参与成功率。比如东风村的CHB，作为一个外乡人来到东风村，虽然自己是专科毕业且学习过电子商务，但由于获取的都只是"零碎信息"，因此初期的淘宝村经营很不成功。

> 刚开始就是从别人家里去拿货，然后放到自己的网店上去销售，一开始大家都是这样的。但我这边卖的其实不好，一个月才几件。我也想去要请教别人，但发现人家不可能全部教给我。（是因为外地人吗？）有这个可能，因为相对于他们都是兄弟、亲戚之类的关系，我毕竟只是因为我媳妇这边有点关系，不是那么亲近。但归根结底还是要自己努力，我就去研究、去问，不能等人家教，但你要去问到细节的话，人家也会告诉你的，我还去看淘宝大学的教学视频，这个也是我比他们强的地方，毕竟我上学的时候学的就是这个。——（CHB，东风村网商，2017）

而另一个在东风村从事淘宝配套服务的SZZW也是如此，作为一个苏州大学的本科毕业生，从外地来到东风村进行淘宝创业。但在这个过程之中，SZZW在"零碎信息"与"完整模板"两种不同信息类型指导下的经营成果完全不同。

> 我自己看到东风村的淘宝生意不错，于是也想着自己做，然后就跟一个朋友在徐州贾汪那边开了一个淘宝网店，但是后来不太会

做，70多万元的钱都积压在了货上，卖不出去，也不知道应该怎么卖，就完全失败了啊，找人去请教人家也不太可能那么细致地帮助你，我自己去查相关资料，也很难把握住关键，那段时间真的很痛苦……后来我想到，我当时在之前那个家具厂子做营销时，第一批家具客户里面有一个东风村客户叫作LXL，通过他我也认识了这个客户的弟弟——LM，我跟LM关系很不错，而且他是东风村的淘宝大户。然后我就去找LM帮忙了。我本来以为应该很简单的，其实也不简单。后来LM跟我说了一下应该怎么去销售，尤其是跟我说清了关键词修改和宝贝描述里面的一些注意事项。然后在2012年的双十一，我记得特别清楚，那一天我就卖出去了219万元。后来我就把钱还清了。——（SZZW，东风村网商配套产业经营者，2017）

与此相对应的就是"全套模板"。笔者在东风村进行走访调研时发现，经由东风村乡村社会网络传递的恰恰就是这种"全套模板"的信息类型，相对于"零碎信息"来说，"全套模板"无疑具有非常强的指导意义和传递价值，也因此在短时间内迅速推动了东风村淘宝网商产业的"井喷式"扩张。

这种"全套模板"是对淘宝网商家具以及淘宝网店经营的独有个人经验总结以及完整的、可供借鉴的操作框架。在东风村，由于存在着乡村熟人社会、差序格局以及由此形成的"强关系"基础，因此当有村民前来了解淘宝网店开店的相关情况时，作为信息提供者兼亲戚、发小、邻居或是朋友身份的淘宝网商通常会将自身对淘宝网店的一些切身操作的实践经验、教训和流程和盘托出，这就包含了一种信息接收的"角色定位"问题。由于大家都是农民，因此相对于公开可查询的淘宝网店经营相关信息，作为"自己人"的东风网商信息提供者所提供的淘宝店介绍、流程和相关注意细节无疑更加具有参考性。我们更倾向于将这种高强度、完整化的信息分享看作是基于乡村社会关系网络传达的一种非常明晰的"创业机会识别"[①]，而这恰恰成为后续创业行为能否跟进的关键

[①] 林嵩、姜彦福、张帏：《创业机会识别：概念、过程、影响因素和分析架构》，《科学学与科学技术管理》2005年第6期。

前导策略。

比如在走访中笔者就了解到，即便是在外人看来完全一样的信息的介绍，但是由于用语习惯和文化语境的差异，许多村民实际上并不具备从淘宝官方介绍来理解有效信息的能力，转而必须借助东风村"自己人"的"翻译"来实现信息接收。在接收、了解并熟悉淘宝网网店运营之前，东风村的大部分村民不仅对互联网完全不熟悉，不懂得如何利用互联网来搜索有效信息，甚至很多村民家里连可以连接网络的电脑和相关设备都没有。而即便是那些条件比较好的，已经有这些电脑等硬件设备条件的村民，有许多也根本无法依靠自学网上已有的公开信息来真正了解如何进行淘宝网店的经营。

> 我当时也想要学着开网店，然后就去找亲戚问一下怎么个搞法。找之前我女儿就跟我说可以在那个网上（就是淘宝网）看怎么开店。我就用女儿的电脑上去看了一下，我看了一半就看不下去了，就是看不太懂，他很多说法我还是不明白。（能举个例子吗？）例子啊，我记得里面有一个是要上传什么产品图片，那个图片是有格式要求的，什么多少多少像素，我哪知道什么是像素啊？怎么调啊？都不会啊，后来去找了亲戚，人家给我演示了一下，我才知道是什么意思。——（WCP，东风村网商，2016）

这种不理解并不仅仅是一种对互联网知识了解的"差距"，更为重要的是这体现了一种城乡之间巨大的"数字鸿沟"，这种鸿沟的形成是因为城市与乡村早已进入了不同的发展阶段，不仅是经济、技术乃至于文化发展层面，甚至于在话语体系和思维方式层面也是如此。有研究就指出，在地区差别、城乡差别、脑体差别之后，数字鸿沟已成为一个巨大的发展不平等，这种鸿沟背后是对技术及其最新演变路径的理解，以此形成各类权力等级且强化到已经出现的差异政治，会导致城乡之间的间隔不断扩大。[①] 实际上如果不是淘宝网店在东风村的迅速崛起，互联网技术

[①] 曹晋、梅文字：《城乡起跑线上的落差：转型中国的数字鸿沟分析》，《当代传播》2017年第2期。

对于东风村村民可能仅仅是一个自己孩子使用的东西，自己偶尔会用一下，仅此而已。因此，在这种情况下，要推动网店经营从个体行为走向"集体行动"，在传统乡村除了依靠社会网络的人际传播几乎不存在其他可能，而这种传播有效与否最重要的标准就是传递信息的质量如何。

东风村所传递的这种"全套模板"信息除了能够把那些对村民而言陌生、不好理解的互联网语境下的公开信息和书面用语转换成为能够被村民所接受且理解、学习的"本地化知识"之外，还具有一个重要的功能就是这种信息大幅度融入了"自我经验"，因此更加具有可操作性与可复制性。相对于"零碎信息"，东风村村民在对"自己人"传播网店信息的时候往往会加入自己在网店探索经营层面的一些切实想法、体会和真实感受以及经验教训，这种"过来人"的经验不仅可以让村民更加真实地了解网店运营的相关情况，并且也在某种程度上激发了他们"亲身参与"的冲动和意愿。因为他们不仅能够提前看到自己从事网店经营所能遇到的问题和可能的解决策略，而且也可以认识到，这种看上去非常创新的所谓"互联网经济"其实与其他生意一样，没有什么本质区别，而村里其他人的成功和他们的"现身说法"更是成为一种佐证。这实际上说明信息、信息技术已经成为一种新的社会阶层变量，不同的信息诉说方式代表了不同的社会阶层，在诉说的过程中与社会阶层之间产生着密切的关系，并且开始重塑特定社会阶层化进行再生产的过程及机制。①

> 就是去他们家里（学习怎么开网店），我一开始的时候一连去了五天，他（被访者的二哥）当时跟我说了很多，怎么开店、怎么申请、怎么去上传图片、怎么跟人沟通等，当时听懂了，回去一想就又不太清楚了。所以第二天就又去，他也不可能一直有时间来跟我说，我就在旁边看着，看着他怎么去跟人聊天，怎么去发货、收钱，等等。后来他就跟我说，你要是一直不明白，要不就过来先跟着我干吧。我一想也是，就过来一起干了3个多月，这个时候是差不多学会了，因为看得多了，自己又上手了嘛。所以就说了一声，然后

---

① 李升：《"数字鸿沟"：当代社会阶层分析的新视角》，《社会》2006年第6期。

就回家自己开网店去了。——(LC,东风村网商,2016)

东风村的这种"全套模板"信息有三个明显的特征:其一是具有典型的"完整性",基本上信息提供者所传递的这种网商经营信息都是环环相扣的完整框架,因此可以为信息接收者提供一个完整的、较为准确的对网店经营的相关认知图景,从而可以迅速了解这个产业的相关特性和所需条件;其二,具有典型的"累积性",这些信息在某种程度上是可以在不同传播主体之间进行"协同加工"处理的,由于相关主体之间有着很强的血缘、亲缘甚至是地缘关联性,因此具有高信任度,在某种程度上形成了一种"虚拟兴趣社区",许多经营信息在传播的过程中不断被修正和完善,从而可以起到更大作用,形成了一种乡村的"维基百科众包模式";其三,也是重要的一点,这种信息具有典型的"推动性",这种"全套模板"信息其内在的基调已经不再是一种不预设立场甚至是想要阻止你进入特定产业的"信息传递姿态",而是信息提供者试图以自己的亲身经历和经验为立足点,吸引信息接收者加入网商产业的一种"产业吸纳姿态"。也正是因为这种双方关系的转变,决定了东风村的网商经济传播的有效性。

非常有趣的是,在大多数新产业的信息传播上,新进入者一般都倾向于保留甚至阻止"有效信息"向后来者的传播,以便可以形成一种准入门槛,保持住自己在所处行业的利润率和竞争力。但在东风村的网商经济传播过程中,却发生了一个反转,即新进入的网店店主面对后来者的时候,采取的反倒是一种积极主动的传播甚至是引导策略,希望可以让更多的村民进入到这个行业当中来,甚至许多东风店主会主动邀请自己的亲戚、朋友加入网店经营生意。这种反差也成为解释东风村网商家具产业从个体走向集体行动过程的一个关键切入点。

我刚开始是跟着我叔学习做网店,后来我就想自己开家具厂,而且要做实木家具,自己生产自己卖。是为什么呢?其实就是一件事情刺激了我,我跟LM是非常好的兄弟,他们家淘宝生意做得蛮大,然后我也算是给人家打工,也学了不少东西,对这个行当的了解也增加了不少。然后他母亲(DCH)有一次就跟我说,你的价值难道就是个干包装的吗?我突然觉得这话确实是掏心窝子的,是劝我的,别人也不会这么说。而且他妈妈大字不识几个,不也把淘宝村做得很好吗?所以我也就有了信心!——(CHB,东风村网商,2017)

因此,东风村所传递的这种"全套模板"早已超越了单纯信息的内容,而是将行动示范、教学帮扶甚至是类似于师徒"传帮带"的做法融为一体,形成一种非市场性的关系结构向市场性的关系结构演变的过渡类型,在某种程度上与一些国企内部的工人培养方式类似①。在这种"多管齐下"的策略驱动下,东风村的网商经济扩张早已从单纯的"信息传播路径"走向了一种"产业教学路径",也正是基于此,东风村的网商经济才会迅速扩张并成为真正的网商家具产业集聚区,东风村也由此形成了卓有成效的产业支撑体系,这也构成了东风村网商经济创新发展的重要条件。应该说这种传播机制的背后上是东风村具备了乡土社会所形成的"强关系社交网络"与"差序格局"等特征。这种"学习—模范"的传播机制带动了东风村网商经济早初期的迅速增长,但也正是这种传播方式,导致了东风村的网商经济在迅速崛起之后,形成了以模仿复制和同质化竞争为核心特征的困境,东风村的网商经济开始呈现出"野蛮增长"的整体态势。

2012年的时候,我曾经投诉过外村的八家网店抄袭我自己网店的宝贝,我都没敢投诉我本村的那些抄袭我的店,但即便这样,淘宝确实下架了,这些人联合起来,把我店里的货品都给拍光了,一方面让我这边没有货卖,另一方面还威胁要给我差评。我不能退让啊,我就申诉,给客服打电话,然后大家再沟通。——(XS,东风村网商,2017)

---

① 王星:《师徒关系合同化与劳动政治——东北某国有制造企业的个案研究》,《社会》2009年第4期。

第三节 "能人带动"的范式：
从偶然到必然的过渡

一 被动应对：介入全球化与东风村的探索

从前文分析可以得出，东风村作为中国最早的一批淘宝村出现并一直创新发展至今，其背后的相关因素，包括地理位置、产业传统、地方文化、区域条件以及必要的外部产业经济社会创新成果等，都构成了非常重要的先决条件。但当我们回看东风村在最萌芽状态的网商产业发展阶段时却发现，特定时段偶然性的机遇变迁（包括经济、文化、技术等）也是非常重要的导引线。东风淘宝村的出现是内外结合综合作用下，经由偶然因素引发的一种尝试，而这种尝试又恰恰符合了东风村自身长时段历史发展过程中形成的特征性要素，从而成了能够激发东风村内在性、持续性发展动力的发展模式，并由此谱写了属于东风村的网商故事。

东风村网商故事的开始却并没有想象中的那样美好，而更多的是在经济下行态势下的一种无奈之选，是一种典型的外部冲击下的"被动应对"。造成东风村这样一个村落陷入困境恰恰是全球性的市场波动。时间回到2008年，当时由美国次贷危机引发的国际金融危机席卷全球，世界主要经济体都遭到了巨大的损害，各类型经济指标全面下滑，一场全球性的经济危机爆发。对中国而言，时任政府出台了大规模的经济刺激投资计划（"四万亿"），主要用于提升基础设施建设等大型项目建设领域，一定程度上抵御了这次全球性经济危机的影响。但对外出口型的相关产业依然受到了相当大的冲击，尤其是基础层面的能源与材料行业出口，这其中就包括东风村一直以来的核心支柱产业——塑料回收加工产业。由于东风村所参与的塑料回收加工产业，其主要市场导向都是面向出口，因此欧美等发达国家的经济下行极大地影响了下游的订单需求，在这种情况下，这条产业链上相关环节的厂商或是进行转型、或是开拓内需、或是大幅度减少生产量，而作为整个产业网链最底层的东风村面临的只有一条路——关停。

说出来可能你们不太相信，但我们村跟这个全球化的关系还是很近的，之前的塑料回收加工其实主要的产品都卖给了出口外贸企业。后来2008年金融危机，外贸需求大幅度滑坡，整个行业就一下都垮了，我们这个生意也就做不下去了。——（WM，东风村党委书记，2016）

当时东风村的发展困境是一个典型的全球化介入的阶段性问题，即恰恰是因为已经开始与全球经济体系产生了紧密联系但自身产业介入层次较低，才导致了对全球化经济冲击的抵御风险不高。① 以江苏为例，如果以简单的苏南、苏北来进行划分，那么以苏锡常为代表的苏南区域，很多乡村不仅已经实现了对经济乃至文化全球化的介入，而且其发展历史较长，初步形成了较为成熟的企业主体、运作机制和配套产业链等相关因素，并且自身产业发展方向也在生产规模、资金技术、产品唯一性等相关领域形成了自己的"护城河"与竞争优势，从而对于全球性的经济形势波动具有了较强的抵御能力。② 在发展相对滞后的苏北区域（以淮安、盐城、连云港等为代表），大部分乡村产业依然停留在农业产业化、区域性的工业生产以及文化旅游开发等层面，并不具备与全球化市场、资源进行对接的能力和必要，因此全球化的经济危机对这些乡村的冲击并不大。

东风村正好处在这两个阶段中间。一方面，由于自身在传统农业生产条件和基础上的弱势，东风村只能依靠塑料加工产业的发展实现区域增长，而这一产业与全球性的市场供需紧密相关，可以说是一个典型的全球性产业分工代表；另一方面，由于自身在发展时间、资金积累和技术突破等相关环节的局限，再加上塑料加工本来就处在自身全球性产业分工体系的最末端，因此东风村并没有获得在全球性市场竞争的真正"话语权"。一旦面临外部市场的剧烈变化，东风村往往无法做出有效的"对冲措施"，会形成较大损失。

---

① 朱竑、郭春兰：《本土化与全球化在村落演化中的响应——深圳老福音村的死与生》，《地理学报》2009年第8期。

② 比如苏州吴江区的盛泽镇，其以丝绸为代表的布料产业不仅历史悠久，而且规模巨大、技术先进，在全球的布料供应市场领域都具有较强的话语权，因此对于经济危机具有较强的抵抗能力。

东风村在当时向新兴"网商产业"的转型探索并不是一种根据市场变化趋势所做出的主动性决策，而更多地表现为既有产业发展危机冲击之下的"被动性突围"。东风淘宝村的初始发展甚至在某种程度上都无法称之为一种"创新"，之所以会选择切入网商产业，从根本上是因为既有的产业结构已经崩溃，少数个人主体"偶然性"地选择了"淘宝开店"这个"救命稻草"，恰好网商产业与东风村的发展形成了某种契合，因此被村民迅速接受，并发展起来。事实上，如果当时有其他村民在另外的行当进行尝试并获得成功，那么也许东风村就不会成为"淘宝第一村"，而很有可能成为其他的产业专业村。

从全国范围内的淘宝村整体发展情况来看，在最开始的发展阶段，相关村落几乎都呈现出与东风村类似的"被动回应"态势，很少有淘宝村是在自身发展情况良好的情况下主动选择网络电子商务的发展模式和路径，多半是在走投无路或者是原有发展模式难以为继的情况之下通过偶然因素的刺激，"被动"转型成为淘宝村。这种"被动介入"所体现出来的恰恰是以东风村为代表的这些村落在具备了与传统乡村发展不同的特征要素，正是这些特征要素使得东风村陷入发展困境，而同样是因为这些特征要素，东风村具备了与互联网经济这一新产业形式"内在对接"的可能性。

二 驱动机制："乡村能人"与基层政府的互动

在东风村的淘宝发展历程当中，"乡村能人"的引领带动具有非常重要作用，这种乡村能人的引领带动不仅在淘宝村开始的最初阶段具有重要作用，在后期淘宝村不断谋求产品创新、产业创新乃至发展模式创新的全过程当中，乡村精英群体保持存在并不断涌现新人，都是助力淘宝村实现每一阶段突破发展的核心力量。因此，淘宝村的发展成功与否，很大程度上取决于能否始终具有"乡村能人"来进行引领。在淘宝村出现的萌芽阶段，第一批淘宝创业者总是在偶然机会下抓住时代机遇而形成的，这种规律不仅出现在徐州东风村，也出现了全国其他的淘宝村，比如在广州军埔村，就形成了以HHJ、XSD、HSJ等12位青年为代表的核心创业者，后来被称为"电商十二罗汉"；在浙江省义乌市青岩刘村，则是以LWG为代表的"乡绅型"领导者在很大程度上促进、帮扶并全程指导了整个青岩刘村的淘宝网商产业转型。与这些村庄类似，东风村也有自己的"乡村能人"群体，即以 SH 为首的"沙集三剑客"。可以说，在东风村淘宝网商的发展过程，尤其是开始阶段的萌芽发展过程之中，"沙集三剑客"发挥了非常重要的作用，正是因为他们个体性行为的率先尝试和成功，才奠定了后续大批村民进行相关产业学习、复制和扩张的基础。

如果我们把整个东风的网店生意经归纳为一个"示范—带动—扩散"的过程，那么乡村精英在这其中的作用和地位非常值得我们展开深入的研究。实际上大部分乡村新产业的兴起，都是一个或多个具有企业家精神的核心农户（也可以称作是乡村能人、基层精英、乡村企业家等）充分利用当地有利资源，实现乡村特定产业的创新突破和后续发展，并逐步带动乡村其他农户效仿、加入而形成，这一发展过程呈现出典型的"S"型曲线创新传播规律。①

首先，东风村的"乡村能人"继承了特定区域的地点文化特质和地方精神，可以成为特定乡村地方文化精神的典范与代表。东风村自身所具有的地理位置、产业传统和发展历程等就决定了其具有和普通农业乡村截然不同的地方文化精神。而这种地方文化精神对淘宝村发展的正面推进意义就体现在这一批"乡村能人"所具有的种种文化习惯以及行为特征。

不论是传统农业乡村区域出现的淘宝村，还是已有成熟商品经济氛围乡村区域出现的淘宝村，其共同性要素就在于都会有一个或是多个人具备这样的现代化市场精神，这些人可能是村里的干部，可能是村里的经济能人，也可能是打工或是学成归来的年轻人等，但无论来源如何、属性如何，他们都在实践层面上成为所属乡村优秀地方文化精神的承载者和践行者，也构成了驱动淘宝村从传统产业生产向电子商务经济转型的核心动力。东风村网商创始人——"沙集三剑客"等人之所以能够尝试淘宝网店产业并在条件并不成熟的情况下取得成功，就是因为这一批人对市场和需求创新非常敏感，作为一个农民实际上已经初步具备一个

---

① 高更和、石磊：《专业村形成历程及影响因素研究——以豫西南 3 个专业村为例》，《经济地理》2011 年第 7 期。

企业家的相关特质要求（敢于创新、擅长组织协调、执行力强等）。有学者就总结了乡村农民企业家的相关特征，认为非科班出身，有自身独特爱好品位，传统文化与现代性相融合，集权力、经济和社会精英于一身为中国农民企业家精英的普遍特征。①

其次，东风村的"乡村能人"具有很强的引领带动能力，能够成为产业创新从个体行为选择走向集体行为选择的一个重要枢纽点。东风村SH、DFCL等人最开始进入淘宝网商生意的原因并不是有意识想要探索一条实现东风村产业转型的路径，而仅仅是基于改善生活等个人因素。包括东风村在内的许多淘宝村，第一批从事淘宝网商生意的个人，都是基于自身生活的考量开始了自己的探索。即便是一些在乡村本来就具有很强影响力和带动力的"能人"或是村委领导想要利用淘宝村实现自己乡村的产业转型和发展路径创新，其实际落脚点也只能是个体性行为。前面提到的义乌市青岩刘村核心带头人LWG，就在当地长期担任村委领导职位，具有很强的影响力。即便如此，面对着青岩刘村闲置房屋已经无法租出的发展困境，他专门召开党员和村民代表委员会，并邀请学界相关专家一起动员，希望可以推动村落整体转型，但在开始阶段，所谓的青岩刘村"电子商务领导办公室"，也只有他一个人真正在岗。

因此，淘宝网商产业在东风村这个淘宝村的扩展，关键在于依靠"乡村能人"自身的"示范带动"效应。笔者在多个淘宝村的实地考察表明，许多"乡村能人"在一开始的时候尝试开网店并没有得到村落大多数人的认可，甚至许多村民对这种创新持有一种怀疑、疑虑和不信任乃至"看笑话"的心态。在后期，当个体性的网商产业初显成效之后，村落性的学习、扩散行为也并不是一个自然发生的过程，而是与这些"乡村能人"通过各种"关系网络"进行辐射、传播、带动有着直接的关系。在这个传播过程之中，固然有"从上而下"的主动姿态，比如上文提到的青岩刘村之所以会从传统的物流仓储选择转向电子商务，很大程度上是因为LWG说服了村民这个发展方式可以提供更高的租金和发展前景，并提供、协调了大量的外部资源和政策。但也有"自下而上"的被动姿

---

① 周大鸣：《农民企业家的文化社会学分析》，《中南民族学院学报》（人文社会科学版）2002年第2期。

态，东风村的网商扩大化发展就是 SH 等第一批网商经营人碍于地缘关系、血缘关系等"关系网络"进行被动传播的典型后果。所以，东风村的淘宝网商发展之路起源于"乡村能人"的偶然个体行为，但"乡村能人"在后期通过各种网络渠道推动了东风村网商从个体行为向集体行为的扩散和传播。

最后，东风村的"乡村能人"具有从经济精英转型成为综合性地方精英的可能性，可以带动农村经济社区的发展和政治社区的整合，并构成了乡村基层治理创新的新可能。① 东风村从 2006 年的淘宝网商产业起步迄今为止已经走过了十几个年头，最初的"乡村能人"也出现了分化，他们大多继续留在电商产业，但许多已经转型从事了物流、仓储、培训乃至金融等相关产业，并且成立了电子商务协会等相关组织，从单纯的网商从业者转而成为深度参与东风村电商产业乃至整体区域发展的重要主体。而令人感到有趣的是，这些"乡村能人"的转型基本上都是"自为"的，而并非在政府或是外部力量引导下的转变。

这与之前中国乡村社会传统"村民自治"的模式有很大不同，相对于传统村委会还延续着行政管理的行为特征不同，东风村的"乡村能人"多是经商能手、务工回来的人员等。在淘宝村推动建设的过程当中，这些"乡村能人"并没有过多使用体制内的政治力量进行推广，而是依靠示范、引领和舆论、社交传播等力量进行柔性推广，试图推动农民自身内生性的发展意愿和发展动力。这就构成了这批淘宝村核心推动者与经营城市的一把手之间的本质性区别，有学者用"经济能人治村"来进行概括，并认为这实际上是一种经济能人主导的多元精英治理结构，不仅有利于乡村的经济市场化，还带来了基层民主自治的新可能。②

比如当时的沙集三剑客就非常善于在初期发展不受重视、政府缺位的基础之上，主动出击利用大众传媒来形成一种对东风淘宝店发展的"故事性"的包装与宣传，从而利用外界的舆论关注将原本是一个行政村

---

① 张登国、任慧颖:《当代中国乡村精英治理:局限与可能》,《理论学刊》2008 年第 7 期。仝志辉、贺雪峰:《村庄权力结构的三层分析——兼论选举后村级权力的合法性》,《中国社会科学》2002 年第 1 期。

② 卢福营:《经济能人治村:中国乡村政治的新模式》,《学术月刊》2011 年第 10 期。

级别的淘宝店生意上升到睢宁县委一把手亲自关注并着手推进的核心工程，大大提升了东风村的发展等级。

> 应该是2009年的6月份，我们（沙集三剑客）通过淘宝店小二的联系，整个东风村来了28个记者，有扬子晚报、重庆商报还有中央电视台的，来了之后就是住在宿迁京杭大酒店，第二天我们三个就一起租车，然后拉着记者去东风村走访。其实那时候我也想过要去找政府，当时我是跟镇里的书记汇报，他答应安排一个宣传科长过来接待，但那天根本没有人过来。所以我们几个就自己跟记者说，让他们随便看，只要如实报道就行。他们一开始也没觉得有什么，但是后来来到了SH那个网店，看到有很多农民围着电脑，尤其是有一些上了年纪的村民用手指（一指禅）在戳键盘，他们一下子就有了很大的兴趣。后来又去看了农民的家里，看到了这种生活环境的贫困和农民对淘宝网店生意的热情。后来广州日报和重庆商报就率先报道了，再后来新闻联播也播出了。然后当时睢宁县新闻中心的《今日睢宁》就转载了，当时的县委书记看到后很重视，政府从这个时候开始真正关心起东风村的淘宝产业发展。——（XK，东风村网商，2016）

同时我们也不应忽视东风村基层政府的作用，地方政府做到了东风村网商产业发展过程中的不越位与不缺席，实现了协调、调配政府资源以推进东风村网商发展的重要作用。比如在2010年的时候，东风村网商自身已经经历了三年多的高速发展，此时一些基础配套产业的跟进明显出现了"滞后"，这严重影响了东风村的淘宝事业发展。而这种制约主要来自两个层面：其一是一些公共服务资源，比如场地、资金、电力供应、网络等，这些问题由于得到了县委政府的高度重视，因此出台了一系列支持电子商务尤其是乡村电子商务发展的政策和优惠扶持措施，于是很快电力增容、光纤铺设等相关改造都到位。其二则是配套性产业，尤其是物流服务配套的引进，不同于网商产业的自发集聚，物流产业是典型的资源集聚性产业布局，单个农民网商很难有机会吸引到足够有实力的物流配送企业与之合作，在相当一段时间内，物流成本、物流规模和物流服务都是制约东风网商发展的重要影响因素。通常情况下，淘宝村发展中的政府都是从网商经济成规模之后开始介入，尤其是在科学引导、服务能力提升以及公共产品供给等领域发挥关键作用，推动淘宝村从简单产业集聚走向新的发展阶段。①

> 主要是物流，一开始的时候是成本高，一个产品物流的成本可能要占到10%那么多，但是那会利润也高。但后来慢慢地生产规模上去了，发现物流的配送速度不行，甚至要等，因为僧多粥少啊，所以人家物流企业就开始挑挑拣拣，物流分拣速度也慢。这个确实很影响，你有货发不出去，一方面是影响周转速度，另一方面是顾客会不满意，因为在2009年之后，网店的服务开始明显改善，很多店的快递都很快。——（LXL，东风村网商，2016）

例如，当时村委书记WM等村委干部打听到快递物流行业的巨头企业德邦要在宿迁选址进行基地建设，他们就联系到了德邦负责这件事情的分管副经理，并详细介绍了东风村的发展情况尤其是淘宝网商的已有规模和巨大潜力，并且邀请德邦物流的考察人员前来东风村现场走访，最终让德邦物流确信了东风村网商快递物流未来巨大的增长潜力，将原本靠近宿迁的基地外扩到了沙集镇，紧靠着东风村。

> 我当时确实还是挺用心的，就拉着他们到处走、到处看，给他们看我们东风村到处都是货物、到处都是厂子，所有人都在做网商，家家户户都有电脑和网线。他们也很吃惊，没有想到一个乡村能做出这么大的规模。到了晚上，当时整条街都是等待发货的打包货物。我后来想想，可能自己不仅仅是一个村委领导，也是一个比较成功的网商，因此我对东风村的网商发展有着更加切身的体会，因此他们很多的问题我回答得都非常有激情。事实上也确实如此，德邦物

---

① 曾亿武、邱东茂、沈逸婷、郭红东：《淘宝村形成过程研究：以东风村和军埔村为例》，《经济地理》2015年第12期。高更和、石磊：《专业村形成历程及影响因素研究——以豫西南3个专业村为例》，《经济地理》2011年第7期。

流在我们这里一定会有非常巨大的发货业务。——（WM，东风村党委书记，2017）

随着德邦物流的进驻，物流企业的集聚效应开始出现。德邦本身作为行业龙头，它的选择以及相应的配套建设无疑极大提升了东风村作为物流集散中心的吸引力。业界有传言，德邦到了哪里，物流就会跟到哪里。因此在这之后，顺丰、圆通、中通、韵达等一批物流公司开始以各种形式进入东风村，也正是从这个时候开始，许多东风村的网商和农民开始专门从事物流配送服务，因为许多物流公司需要在本地寻找代理人。就这样，一个健全的物流配送产业集群在东风村出现，而且已经初步形成了国际物流公司区域中心基地—国内知名物流公司区域分公司—东风村代理人服务点等完整体系，不仅服务了东风村网商的物流配送需要，而且带来了更多创业和就业机会。

三 模仿传播：网商创业的"乡村根植性"

东风村之所以能够依靠网商产业实现自身产业经济发展乃至城镇化发展的一种模式创新，推动网商产业从个人向群体性行为的转变至关重要。正是依靠着这种转变，淘宝网商产业才真正意义上在东风村"落地开花"，成为一种被村民普遍选择的经营模式。正是因为实现了这种人人开店、人人参与的"全民淘宝"新氛围，网商产业才能在东风村乃至沙集镇这个有限的地理区块范围内迅速形成空间和产业链意义上的集聚，从而构成了宏观规模层面的产业经济溢出，形成了真正意义上的产业集群。围绕着这个产业集群，东风村不仅形成了新的产业支柱，而且物流、教育、培训、餐饮、住宿、金融等一系列相关配套产业也一起蓬勃发展，带动了整个区域的产业结构多元化和升级化。产业结构的创新发展也带来就业结构、生活方式等一系列变化，从而真正将"淘宝村"从一个单纯的产业经济现象推向了一个复合的城镇化社会现象。因此可以说，东风村所展现出来的巨大研究价值和社会学意义很大程度上就体现在这种网商生意在全村范围内的辐射、扩展和带动发展。

如果要深入分析东风村网商产业的传播动力和内在机制，笔者认为可以从两个基本层面展开。其一是更加侧重产业经济层面的"学习—模仿"传导链条,其二是更加侧重社会文化层面的"熟人社会"传导方式。只有将这两种逻辑进行耦合分析,我们才能够对于东风淘宝村在宏观层面的变化有着更深的理解和认知。

首先,从"学习—模仿"这一传导机制来分析,网商产业对于东风村这一类型的乡村来说无疑是一个新兴的"生意",其所运用的技术、经营模式、盈利空间、渠道营销方式等对于村民来说都是超出既有经验的,而在乡村这样一种"经验导向"的文化空间里,创新的东西通过自主学习或是自主探索习得。在这种情况下,上文所提到的"乡村精英"就成了非常重要的最初发展动力,东风村的"乡村精英"成了整个"学习—模仿"链条的引领者和核心带动。即便是由政府主导推动的村庄集体变革也多半利用许多的策略性技巧(比如树立典范标杆户、差别补偿奖励机制)等来实施,由此可见在乡村推进集体性创新行为的困难程度和复杂性。[①] 也正因为如此,才需要以 SH、DFCL 等为代表的带头人物进行率先尝试和学习。

其次,东风村之所以可以借助这种"学习—模仿"传导链条迅速实现网商生意从点到面的扩张,与其所处的乡村社会结构和关系网络密不可分。而关于这点,不论是作为一种问题取向还是一种研究视角,费孝通先生的"熟人社会"等概念无疑是一种准确的描述。[②] 传统乡村社会与现代城市社会有着诸多不同的特质,双方在经济产业、社会结构、空间集聚等多领域都有着不同之处,关系网络的差距构成了解释东风村网商产业迅速扩张的重要立足点。在传统乡村区域,有限的地理空间和长久以来的繁衍生息使得乡村具备了"熟人社会"的特征,即便是在当下随着交通通信等科技的发展,血缘关系的有效性大幅度下降,但地缘关系的紧密性依然在很大程度上维持着东风村的"熟人社会"结构。在东风村网商产业推进的过程之中,参与的多半是长期生活在东风村的本地村民,因此其"熟人社会"关系特征具有较强影响力。在这种"熟人社会"

---

① 李文政:《当前中国乡村治理的困境与策略探究》,《中国农学通报》2009 年第 16 期。王培刚、余丹:《中国乡村治理:反思、困境与对策研究》,《理论与改革》2005 年第 1 期。
② 刘小峰、周长城:《"熟人社会论"的纠结与未来:经验检视与价值探寻》,《中国农村观察》2014 年第 3 期。

之中，会依托地缘关系、亲缘关系形成纵横交错的"非正式关系网络"，即由"亲戚""邻里""发小""朋友"等组成的高强度关系网络。正是在这种类型的关系网络中，相关网商经营经验、教训等信息可以以非常快的速度进行高质量传播。因此，笔者认为，东风村的网商生意之所以能够快速传播，恰恰与整个东风村的乡村社会网络构建方式有关，正是因为依托传统的乡村社会特质，东风村才能实现网店生意的迅速扩展。所以，在东风淘宝村的发展过程之中，传统因素的巨大作用，即农村熟人社会所产生的非正式网络联系发挥了重要的作用。

因此，东风村之所以能够从网商产业突破并在短时间内迅速形成发展规模，与传统乡村关系网络结合"乡村能人"引领下的"学习—模仿"传播路径紧密相关。这其中的关系作用成为我们解读东风村网商经济发展、扩散背后机制的关键着力点。这两者之间的互动、冲突和由此形成的回应构成了从社会学视角审视东风淘宝村发展这一乡村现代化转型过程的重要切入点。

第五章

从熟人社会到市场关系：
淘宝村的增长逻辑

第一节 "自己人"圈子的再生产：
淘宝生意的乡村实践

一 淘宝生意崛起："嵌入式"发展

格兰诺维特在1973年的《American journal of sociology》杂志上发表了题为"The Strength of Weak Ties"的文章，正式以美国的劳动力市场流动和供需匹配为研究提出了"弱关系假设"，即在市场经济之下，求职过程不能仅仅从人力资本理论出发来解释，因为后者的前提是存在一个具备充分信息的劳动力市场，但实际上并不存在一个市场是具备充分信息的。所以，信息不充分成为关键问题，而为了解决这个问题，格兰诺维特提出求职者和雇主之间的人际网络关系是可以增加双方信息交流的充分性，因此弱关系相对于强关系更加有利于人们在市场寻找到合适的工作机会。更为关键的是，在这篇文章中，格兰诺维特阐述了强弱关系的不同内涵及特征，他认为，强关系与弱关系的概念操作性差别可以从互动频率、感情强度、亲密程度、互惠关系等指标的不同来进行定义，而之所以弱关系对求职更加有效，是因为相对于强关系局限于群体内部的资源同质性，弱关系往往可以连接不同群体、不同属性和不同资源的人群，从而可以提供更加异质性的消息，而后者恰恰是市场经济求职中关键的动力资源。[①]

---

① Granovetter M., "The Strength of Weak Ties", *American Journal of Sociology*, Vol. 78, 1973.

格兰诺维特的这一研究成为嵌入性理论下强弱关系研究的经典范式，许多学者从自身国家的文化、市场、体制等因素出发，试图探寻强弱关系研究的本土化解释框架，在东方文化尤其是华人文化中，"弱关系假设"则受到了挑战，其中边燕杰等人的研究最为突出。边燕杰等学者就立足华人社会特有的文化特质与市场发育路径，利用强弱关系解释框架对个人求职这一过程展开研究，并得出了与格兰诺维特截然相反的答案——在华人社会，强关系比弱关系更为重要，华人社会注重关系的作用，尤其是以家庭、亲属、同学、单位、老乡等为代表的强关系。边燕杰将自身研究语境下的关系定位为"促进人们之间恩惠交换的一组个人间的联系"。①

淘宝网商家具生意在东风村的兴起与迅速传播就与东风村作为乡村地区所具有的"强关系"社会网络密不可分。淘宝村模式在东风村的崛起很大程度上就是因为淘宝店生意这一产业技术路径"嵌入"到了乡村社会的"强关系"社会网络当中，并在各个方面都受到这种特有乡土社会结构属性的影响，从而可以在很短的时间内迅速实现从个体行为到全村集体行为的一种"跨越"。

我们需要追问的是，为什么东风村的后来加入者都选择了沿着这样一个同样的产品（家具）来进行创业，尤其是在最初发展阶段，要知道网店销售的优势就在于作为一个中介渠道几乎可以为所有的产品提供销售平台。实际上笔者在东风村网商产业当中也发现了在家具之外的相关产品生产与销售，比如车棚子，比如木炭，甚至还有传统的衣服、鞋子等产品，但为什么家具一直是东风村网商的核心产品并不断升级？网络销售平台的巨大辐射性可以让一个非常细分的产品获得巨大的销售量，比如山东曹县淘宝村的演出服等。因此，这个回答一定不是经济、技术或是产业层面，而是社会层面的，与东风村社会关系网络紧密相关的。

对于淘宝村的创业方向选择可以基本分为两个类型：其一为"农产品类型"，即主要围绕本地化的农产品特色进行网络销售，比如江苏沭阳的花木产业等，因此这一类型淘宝村的创业理由和动机比较显而易见，

---

① 边燕杰：《社会网络与求职过程》，载涂肇庆、林益民主编《改革开放与中国社会——西方社会学文献述评》，牛津大学出版社1999年版。

即本地产品有优势、具有区域知名度、自身耳濡目染比较熟悉等,不具有太多的可能性。其二则为"非农产品类型",即这些淘宝村的销售产品与本地化优势并无直接关系,典型的就是东风村的家具产业。因此这一类型的淘宝村,其创业动机具有其特殊性,因为他们的创业实际上是"从无到有"的一种创造过程。本书倾向于将其称为"嵌入型创业",但问题的关键在于究竟是嵌入本地的产业基础还是嵌入本地的社会关系网络。前者更多是因为从产业经济层面考虑如何利用既有的区域产业优势、交通区位条件、原料物资优势、市场需求反应等,比如钻石模型理论就着重把"需求条件"作为评价产业集群竞争力的重要方面[1],这是因为市场需求从根本上决定着一个产业可塑规模的大小。而后者笔者则更倾向于认为创业的动机更多来自于如何可以最大限度地利用自身所处社会关系网络的资源。而从笔者的走访调研来看,东风村的情况毫无疑问更多倾向于后者,其本质是一种创业选择的"认知根植性"和"社会根植性"[2],这构成了在社会学意义上诠释东风村乡村电商发展的重要立足点。当然,一个创业动机的起源有很多因素,即便排除个人层面的动机研究,在以东风村为代表的淘宝村创业宏观动机层面,涉及维度就有物流、通信、基础设施等,很多学科视角都对此展开过相关的研究,但从社会学的研究视角出发,本书更加关注的是社会和文化层面的因素。

东风村作为一个乡村熟人社会,当地的乡土观念思想根深蒂固,这就导致一般情况下东风村的创业都会选择紧密依靠自身的社会关系网络来获取资源。因此,对于东风村而言,淘宝网商创业的动机分析离不开东风村人对自身乡土社会关系网络的依赖和利用。乡村创业动机中的因素通常与乡村社会结构密不可分,Folmer 等学者就利用结构方程模型(SEM)来探索农村创业动力机制,指出教育、婚姻、家庭结构、财政支

---

[1] Porter M., *The Competitiveness Advantage of Nations*, New York: Free Press, 1990.

[2] Kloosterman R., Van Der Leun & Rath J., "Mixed Embeddedness: (In) formal Economic Activities and Immigrant Businesses in the Netherlands", *International Journal of Urban and Regional Research*, Vol. 23, No. 2, 1999, pp. 252 – 266. Dayasindhu N., "Embeddedness, Knowledge Transfer, Industry Clusters and Global Competitiveness: A Case Study of the Indian Software Industry", *Technovation*, Vol. 22, No. 9, 2002, pp. 551 – 560.

持、职业地位等因素起到了重要作用,而教育、培训、晋升以及对乡村资本市场的进一步完善则成为可以有效促进乡村农民创业行为的政策制度设计。① 这种倾向会导致网商只信任关系圈中核心部分的熟人,而圈内信任的强化往往会导致对圈外信任水平的下降。因此学界普遍认为,在乡村产业走出萌芽走向成熟的阶段,如何实现从内缘核心网络向外延周边网络的延伸、过渡和对接成为关键。

> 当时回来也是因为这边的老人需要照顾,我们当时传着就说老家那边有一个老人,死在屋里三天多了都没有人知道。我那时候就突然想到我自己的老父亲也80多岁了,家里现在就只有两个小孩子做淘宝,整天也很忙,不会有精力来照顾老人,万一有个三长两短怎么办。那会真的是人在外心在家,于是我们也就回到了村里,开始跟着小孩子一起做淘宝……现在生活好多了,一方面是全家团聚了,不会像以前在兰州那样全年都不在一起。另一方面是我们生意也很好,回来之后做这个淘宝店也不是一个人在做,我们想学的时候也是很方便的,亲戚多也愿意帮忙。现在俺家只要来人就去饭店吃饭,前不久大儿子订婚就花了十几万,儿媳妇来一次就给1万元。现在还准备在宿迁花个100多万元给儿子儿媳妇买个新房,因为人家是大学生,过不惯咱们农村的生活。——(SQJ,东风村网商,2016)

不仅在创业动机层面,在东风村的淘宝店生意传播阶段,同样与乡土社会网络联系紧密,我们可以用"高性价比"来概括乡村社会网络对东风村网商家具产业拓展的巨大贡献。

首先,由于存在很强的关系网络,因此绝大部分村民都可以通过各种各样的关系接触到淘宝网店生意的相关情况,这就使得他们能够获取淘宝店经营的"第一手资料"与"内部消息",而且这个过程基本上是

---

① Folmer Henk, Subrata Dutta, Han Oud, "Determinants of Rural Industrial Entrepreneurship of Farmers in West Bengal: A Structural Equations Approach", *International Regional Science Review*, No. 4, 2010.

免费的，不存在经济学认为的"市场信息不对称"等问题。笔者经过走访发现，东风村第一批展开淘宝网店经营的，或多或少都跟 SH 有着某种程度的关联，因此可以直接了解到 SH 所从事的网店生意并对这种信息的真实度给予确认。也正是从这个意义出发，SH 网店经营的热闹对这些人来说就构成了一种"看得见的好奇"，也正是基于这种信息获取与传递的真实性，所以这些村民才有可能去进行了解、接触和后续的学习。这构成了后续东风村村民网店学习逻辑展开的一个基础。比如东风村的 WWJ，曾经是东风村的生产队长，后来从事塑料加工，在看到淘宝网店生意之后，就让自己的儿子去自己一个朋友那里学习，最终回来自己开店。

> 以前做生产队长，怎么说呢，这个事情不好干，不管不问你又觉得不忍心，你要是去管事又会得罪人，而且权力不大，事情不少，要花钱去请人都没有人愿意来，还要去找自己的亲戚朋友，总之就是麻烦。但也因此交了很多朋友，我们这个村不大，所以大家或多或少都有关系，再加上生产队这种工作关系，那交情就更深了，所以我当时看到很多年轻人在做淘宝，红红火火，当然很羡慕，也想去学。可我认识的人里面做淘宝的基本上没有。我就着急啊，人家都是往外拉东西，自己什么做不了……我觉得自己学不会啊，后来我就让我儿子从广东回来不要打工了，然后让他去跟我一个朋友那边学淘宝，我觉得他比我年轻，应该学得比较快。我是非常信任他的，因为以前一起做生产队长，彼此很熟悉，而且他做的也确实不错。——（WWJ，东风村网商，2016）

其次，"强关系"的乡土社会网络给予了网商家具产业"后入者"非常灵活且有效的尝试路径，是一种"试试看的模仿与学习"。由于网店经营并不是一个需要全身心投入的"排他性"经营方向，许多东风村村民在一开始的时候对淘宝网店经营多数是抱着一个试试看的态度，并不影响他们自身其他产业的经营，因此这种尝试对于村民来说就变得非常容易被接受。而且许多后来的网商经营者实际上都是通过在其他已有网店来打工学习以了解网店经营知识，并形成对既有网店成功经营路径的模仿和学习。东风村许多网店的家具展示图片、家具设计风格甚至是找来制作家具的木匠、网店开设与产品销售的流程等，都与之前东风村成功网商已有的做法高度重合，这其中大部分都是"打工徒弟"从"店主师傅"那里照搬学习过来的，甚至很多都是之前网店经营者"手把手"教给后来网店经营者的。这种高密度的模仿学习又构成了另外一个降低东风村网店经营门槛的原因，由于本来就与之前的网店经营者拥有很强的关联关系，因此这种看起来不太正常的高密度学习模仿也就变得易于理解。

最后，"强关系"的乡土社会关系网络使得东风村村民在巨大的淘宝网店利润面前可以迅速以"家庭"这一核心单位为载体进行扩大生产与延长产业链的投资，这有力地促进了东风村网商产业的发展。东风村的网店经营者几乎都会跟我们强调一个自己的想法，那就是开淘宝网店的利润反馈有多么的丰厚、淘宝网店的增长速度有多么快速、相对于自己以往的产业淘宝网店的经营是多么的有前景。即便是面对着自己试试看的尝试态度、简单同质化的家具产品以及非常低效的生产方式，淘宝网的消费者依然表现出极大的购买热情和购买能力，这种反差对这些初步进入淘宝网店的店主来说也无疑是一种巨大的"想不到"，因此这在某种程度上构成了东风村网店经营者在初期尝试之后一个非常巨大、超出预期的"利润补偿"。正是在这种超出预期的"利润补偿"驱动之下，之前那种"试试看"的尝试人群转为全身心投入的淘宝网店店主，并且迅速以自己为核心，依托乡土社会关系网络将父母、兄弟、亲戚等纳入进来，形成一个不断扩大的淘宝店生意组织架构。

这些"正式加入"的东风村新晋网店店主则成了下一轮传播扩散的源头力量和被学习对象，因为更多人通过他们看到了淘宝店背后巨大的增长潜力与可能性。对于农民来说，东风村网店生意传播过程中的社会化信任绝大部分源于由亲属关系、地域关系组成的本地化社会网络，而这种本地化的社会信任网络对专业村的形成过程尤其是发展初期可谓非常关键，因为模仿创新是构成东风村网商家具产业发展的最主要形式。而这也与已有研究吻合，即在乡村新产业形成的初期，模仿创新主要依赖于本地化的社会网络，即沿着血缘、亲缘、地缘关系由核心农户向外扩散。①

> 后来我儿子学会之后就回来带着我做，慢慢做得也不错，但是后来他就发现当时我们村这边做家具生产的厂家很少，所以有的时候我们这种小店就要排队拿货，这就耽误了发货时间，而且会影响网店的信誉，他就说我们也要做自己的家具厂。当时全家都反对，因为之前做淘宝已经借了旧账，然后又要借新账，这个淘宝真的有这么大的市场和赚钱机会吗？……我是支持的，所以就帮着他一起做工作，其实我们走过很多地方，全国这么大，市场真的很多，许多你想不到的东西都会有人愿意买，你不买或者你不理解不代表别人不会买，淘宝就是能让我们最快接触到全国的市场和各类型的要求。——（WWJ，东风村网商，2016）

这其中最为明显的变化就是，由于供不应求，因此许多原本只打算做网店销售"轻资产"运营的店主开始以"家庭"为单位实现扩张，空间上从屋内的网店销售服务到整个自己房子甚至是原有生产空间（比如养猪或是做塑料回收加工）的改造，参与人员从以年轻人为主到全家老少一起加入，产业类型从单一的网店销售扩展到线上销售与线下家具生产一体化。在东风村，产业价值链各环节之间的依赖关系已经开始形成企业集聚，从而进一步推动形成关联企业集聚②，而且由于互联网技术突破了空间局限，淘宝村实际上是从单一价值链环节进行突破而形成的新产业集群，创业者之间的关系网络成了重要的资源配置渠道。

> 开家具店主要是觉得从别人那里拿货太不方便。因为我们做网店其实很累的，我当时就是把那个阿里旺旺开到声音最大，这样有人找我我就可以迅速起来回复。基本上都是一大早8点就起床，全

---

① 李小建、罗庆、樊新生：《农区专业村的形成与演化机理研究》，《中国软科学》2009年第2期。

② Gordon I. R., Mccann P., "Industrial Clusters: Complexes, Agglomeration and/or Social Networks?", *Urban Studies*, Vol. 37, No. 3, 2014, pp. 513–532.

家人一起忙，一直到晚上12点之后才休息。但是大量的时间其实都浪费在等货、拿货、运货的路上了，这种时间利用效率太低了！刚开始的时候我们也是一个小型的家具厂，跟其他人一样也是前店后厂，一开始请了一个工人。后来越来越大，慢慢扩建，雇了8个工人。——（WJ，东风村网商，2016）

　　他们（两个孩子）一直都是从别人那里拿货，一个成本在一二百元吧，一天可以卖掉四五十个，能赚个二三千，应该来说还是很不错。但也会出现拿货拿不到的情况，所以我和老公一合计，就决定开一个家具厂，因为网店的东西我们不懂，但家具生产这种东西我们还是比较熟悉，再加上之前在兰州有了一些积蓄，所以就拿了几十万元出来开始做。——（SQJ，东风村网商，2016）

之所以网商家具的生产扩张与产业链拓展会如此迅速地在东风村蔓延开来，重要的原因就是这些扩展的成本是极低的。空间拓展几乎是免费的，因为是家里以及宅基地周边现成的空间；人员雇佣、技术是免费的，因为都是自己的父母、兄弟或者是想要来学习淘宝技术的亲戚朋友；唯一需要投入的成本就是设备，这对于东风村原本大量从事塑料回收加工的村民来说也并不是完全没有办法。而这一切，很大程度上都要归功于乡村社会关系网络对这一过程的强有力支撑。东风村这种乡村社会关系网络与网商经济主体结构之间的相互叠合、互动可以参见图5—1。

　　开始的时候也是找SH，但后来因为经常拿不到货，所以干脆就自己生产家具，一次性把所有身家12万元都投了进去，自家盖了家具厂。他来负责生产和外勤，弟弟负责销售，这个时候实际上家里的废旧塑料回收还没有停止。但后来在2009年的时候，随着自己网店销售数量和产品种类的不断扩大，原本200多平方米的工厂已经不够用了，于是终于决定逐步放弃塑料回收加工并在2010年彻底停止，这一下子就把生产空间拓展到了900多平方米。——（DL，东风村网商，2016）

"淘宝村"兴起与乡村现代化转型

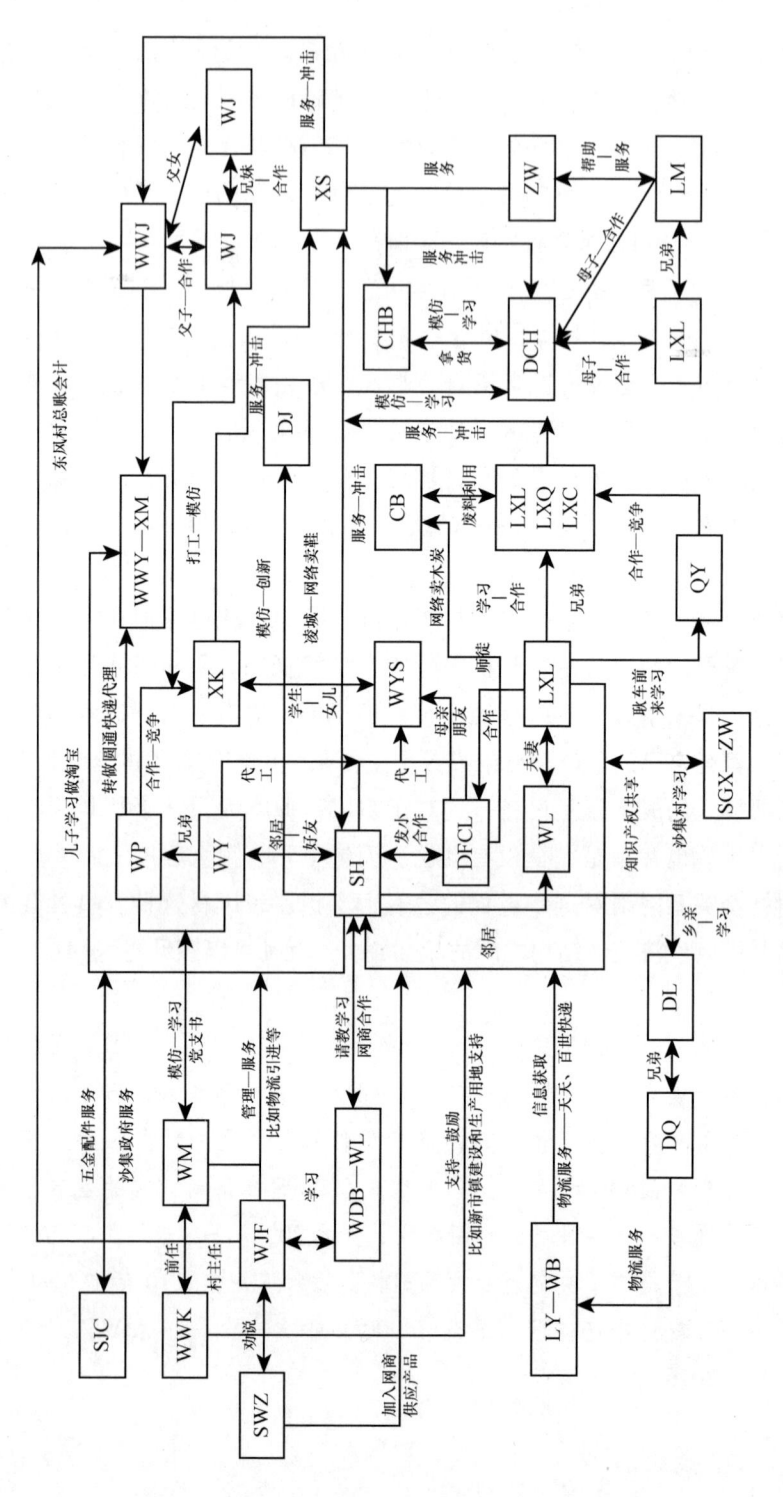

图5-1 东风村乡土社会中的网商主体合作关系结构

> 后来发现还是满足不了自己网店的销售，但是家里面也没有地方了。所以就跟邻居商量，把他们家的地方借用过来，这样把我们的场地扩大了一下，增加了两台新的设备。——（QY，东风村网商，2018）

除了创业动机与传播过程，乡村社会关系网络的存在同样大幅度改善了东风村的经营效率与经营技巧。传统村落熟人社会的"非正式网络"结构对于经营技能、经营水准的辐射和提升具有决定性作用，在有限空间内，村民通过口耳相传或是街边闲聊等方式，就可以快速获取先进经验与失败教训，从而在单个体自身经营水准技能都不高的情况下，通过有效的集体实验和高效纠错，在短时间内提升整个村落的电子商务水准。

> 还是要靠朋友，我进入淘宝是靠朋友，后来发展起来也是靠朋友，尤其是后期跟四叔（LXL）的关系很好，他是大学生啊，有文化有见识，经常帮我。当年那场专利风波也是我找他帮忙解决的，后来又经常请教他关于设计啊、店面啊之类的问题，真的帮助很大。——（QY，东风村网商，2018）

东风村的网商不仅依靠村庄内部的亲缘、地缘关系形成了一个个紧密的"社群"，并且以此为基础进行不断的进化，从一开始的闲聊、谈论网店开店技巧到后面的资金周转、产业合作，甚至到最新阶段，这一社群已经发展到以自己为主体引进外面的专业技术团队进行付费指导学习。这种模仿创新与扩散学习提升行为不仅发生在特定村庄内部，也会与周边村落形成带动效应[①]。相关农户基本上也是通过熟人、朋友、同学、亲戚等关系获取相关信息，而那些率先进行专业化模仿和创新生产的就会脱颖而出成为该村的核心农户，并带动本村落的其他农户跟进学习，东风村的网商经济就是这样不断从特定群体中产生新的创新意见和措施，不断推进相应经营技巧的改善的。

---

① 李强彬：《乡村"能人"变迁视角下的村社治理》，《经济体制改革》2006年第5期。

我是湖南人，原本在宿迁开家具厂，自己本来就是做木匠的，他们以前经常在我这拿货。后来认识了东风村的王主任，他就建议我直接搬过来开厂子，我就先租了别人的房子，后来又直接租了别人的场地，800多平方米，为了这个放弃了宿迁1500平方米的厂房……确实机会大得多，第一年来东风村我就赚了七八十万元，这里确实市场大、机会多，所有人几乎都在做这个（网商家具）。老家人听说了也跑来找我，陆续有十来个老乡过来找我淘宝，基本上都是一开始先跟着我干，然后就自己开始出去单独做。我都挺高兴，没办法，老乡见老乡，两眼泪汪汪，感情还是很深的，也经常在一起互相交流，我说的比较多，因为我自己就是木匠，所以有很多工艺上的提升想法。——（SWZ，东风村网商，2016）

这其实在很多淘宝村的产业创新发展过程之中都有体现，比如浙江的青岩刘村在每个周六就有"喝茶吹牛会"，实际上是利用核心带动人以及政府的力量，把原来农村随机、自发和低效的交流机制进行了整合，主要就是畅谈一周以来的经营情况，哪些产品卖得好，做网店有哪些疑惑或是诀窍等。通过这种有组织的共享交流，不仅提升了整个村落进行电子商务发展的氛围和信息，而且确实也相互激发、提升了村落进行淘宝经营水准，青岩刘村将其称之为是"技术共享"。而东风村的网商也在各自相互的邻里、亲戚走访和交往过程之中，不断提升自己的网店经营技巧，从而形成了乡村社会的"日常交往互动"与"网店经营互动"的叠合，极大提高了东风村网店经营的整体效率和创新速度。

我记得应该是2009年开始去我叔叔家学习淘宝，大概两个月之后我就买了一台自己的电脑，然后开始自己的淘宝店。刚开始其实只是知道个流程，然后就把产品传上去，等着别人过来买。结果整整一个多月，一个客人都没有，我就很着急。我就去找他们求教，他们告诉我应该把店铺设计一下，把产品描述还有照片搞得精致一点，还有就是标题上要有一些技巧，等等。（以前自己学淘宝的时候没注意吗？）自己做和给别人打工还是不一样，打工的时候不会想那么多，觉得自己已经完全掌握了，但真正自己做的时候才发现还是有很多问题……后来有了第一单，我跟一个买家从早上开始聊到中午，然后他中午有事下午回来，我下午又跟他聊到了晚上接近12点，断断续续地不断交流，最终他买了我一个花架子，一个实木的花架子，这一单生意让我挣到了80块，但我更激动的是这是我淘宝店开始的第一个单子，也就是说，我靠我自己卖出了第一个产品！——（WJ，东风村网商，2016）

不论是资源共享还是技术共享，东风村所发生的这些其实都不是经济理性主导之下的利益分享机制，更多依靠的是有限空间、熟人社会等特定基础之上的"非正式网络"结构框架。在这样一个框架之下，由于彼此熟知、交往频繁，具备进行高信任合作的可能性，而且又处在共同摸索的新阶段，村民内部其实未形成明显的利益分化或是阻隔，因此非正式网络的稳定、高效和深度交流成为驱动淘宝村发展的核心动力。其他乡村产业创新在其发展过程中也高度依赖于分工经济、规模经济、模仿创新和社会网络关系等机制的互动和作用。[1]

除此之外，基于中国的城乡二元结构，中国农村实质上也存在着二元金融结构，即外生构建的正规金融和内生成长的非正规金融[2]，极大影响了乡村发展过程中的资金供给。相关研究就指出，商业银行、农村信用社、储蓄银行等传统金融机构在乡村区域的空间覆盖均存在缺陷和不足。[3] 在东风村情况也是如此，在淘宝网商产业起步阶段，大部分的资金来源都是自己筹措与亲友借贷，随着发展的不断扩大以及相应产业规模的提升，农户个人能力与类似金融机构等资源供给方的缺乏将会制约专业村的进一步发展，有研究就表明农民创业的资金来源多数为家庭积累

---

[1] 李小建、罗庆、樊新生：《农区专业村的形成与演化机理研究》，《中国软科学》2009年第2期。

[2] 史小坤：《基于二元金融结构的中国农村正规金融和非正规金融联合模式研究》，《农村金融研究》2010年第8期。

[3] 祝英丽、李小建：《欠发达地区农村金融机构的空间可达性分析——以河南省巩义市为例》，《地域研究与开发》2010年第3期。

的自有资金①，只有少部分人通过亲属间借贷或是属于符合政府特定扶持标准的对象，从而得到了银行贷款，因此其相应的经营规模也很小。在这种情况下，乡土社会关系网络带来的不仅仅是经营技巧的改善，还有许多其他的优势，比如由于存在高信任的人情关系，所以赊账几乎是东风村整个网商产业链上下游交易的一个"潜规则"，这有效降低了产业链上下游的资金成本压力。

> 大家都是乡里乡亲的，所以有的客户暂时出现了一些资金困难，那就东西先拿去用，钱过几天再算。都是老客户又是老朋友，大家的面子还是值钱的，不可能骗你的。——（SJC，东风村网商配件经营者，2016）。

乡土社会中的政府管理在法律法规执行层面更加灵活，给予了东风村网商许多创新的空间，最典型的就是东风村村委和沙集镇政府基本上对于东风村网商对自家宅基地进行的生产化空间改造保持缄默，只是从消防安全等基本维度进行了管理和防护。而且2008年时任东风村村委书记WWK在看到了SH网商产业的前途后，认为这是一个很不错的平台，还从村里面批了七亩地给SH，成为SH重要的生产加工基地。此外还有税收、物流、人员管理等各方面，政府都给予东风村以非常宽松的发展环境。

创业动机、传播过程与经营提升构成了从乡村社会关系网络角度对东风村网商经济发展展开分析的重要视角，但乡村社会与东风村淘宝店生意还有一个值得注意的点，在于形成了某种经营组织方式的创新，即以东风村"年轻人"为核心的"家庭合伙人"式生产主体，而这构成了一个天然的平台—孵化器关系，成为驱动东风村网商从家庭作坊走向"产业合伙人"的重要平台。不仅是淘宝网商，其他相关产业也呈现出这种典型的家庭经营特征，从最简单的夫妻店，到父母—儿子店，到兄弟店，甚至还有父母—夫妻—兄弟甚至下一代子侄一起参与的家族店。这

---

① 曹卫秋、冯健、杜玄策、程金玲：《西部地区青年农民创业问题调查——以陕西省铜川市华塬村为例》，《青年研究》2000年第11期。

种组织架构与目前中国乡村创业的主要组织形式（多半呈现出以自我组织为核心进行创业①）类似。这种选择是因为家庭经营能够满足对规模扩展的相关需求，而且在农民创业资金短缺、教育管理水平低、信息闭塞等问题的影响下，家庭经营结合亲戚、乡村社区的资源整合无疑是一个低风险的稳妥选择。

> 我们（自己和丈夫）两个各管一摊，我主要是负责内部管理，他主要负责外部事务，然后还雇了20多个工人。现在有两个基本业务，快递接小件，李集那边有我的一个店，一个月最多能发个四五千件吧，物流就走大件，以前也买过不同长度的车，现在有一辆6.8米的车就够用了，先运到中转站，然后再往全国发，这一部分主要是针对东风村这块的。一年的话七七八八下来，能净落几十万吧。其实还是挺忙的，上午8点就出门收账，然后下午2点准时到公司这边，开始忙业务，晚上7点基本上发货结束。——（LY，东风村物流经营者，2016）

东风村网店经营的核心是东风村返乡创业的大学生与农民工。他们在城里面一方面通过打工、学习与创业拓展了视野和见闻，并提升了自己的专业技能、技术经验，同时也积累了一定的创业资本。正是这些东风村"城里人"回乡并发现了网商家具产业巨大的潜力，才带来了东风村网商经济的迅速崛起，也正是他们自身所具备的技能、素质和眼界与互联网经济形成了有效对接，才使得东风村的后续创业者有机会进入这个新兴的产业行当。而在东风村网商经济发展过程中尤其是起步阶段，家庭经营成为其最重要的特征之一。因为血缘关系与家庭关系天生的牢固性，这种工作组织方式可以动员家庭成员以最大效率投入工作、共同劳动，同时还可以风险共担、利益共享，极大降低创业初期的成本（这种成本不仅仅是设备、人力雇佣等可见的经济成本，还包括管理、信任、

---

① 吴昌华、邓仁根、戴天放等：《基于微观视角的农民创业模式选择》，《农村经济》2008年第6期。赵西华、周曙东：《农民创业现状、影响因素及对策分析》，《江海学刊》2006年第1期。

信息传递等不可见的其他成本);另一方面,以家庭为单位的生产组织方式在应对网络电子商务快速的市场变化情况面前具有非常灵活的优势,所谓"船小好掉头",一家人往往可以在自家年轻人的主导下迅速做出判断,并迅速执行改变,对产品或是营销策略进行修改。这种以家庭为单位的生产组织方式并不单纯等同于"家庭作坊",我们更愿意将其称为是一种东风村的"家庭合伙人"经营组织方式。

> 我主要负责企业的全面生产经营还有就是新产品的研发方向,我岳父负责后勤管理,我媳妇负责销售,小孩舅负责发货采购。这种模式在我们这边很常见的,现在有100多个员工,朱庙村的我岳父家里扩建了3000多平方米的实木家具生产加工厂房,沙集产业园这边也有一个3000多平方米的厂房。——(CHB,东风村网商,2017)

这种合伙人的参与方式意味着家庭成员对网商家具经营几乎是全身心的投入,尤其是具有直接血缘关系的直系亲属更是如此。根据笔者的走访统计,在东风村网商经济起步阶段,网店运营的启动资金绝大多数来自家庭存款。而且分工非常明确,即年轻人通常负责网店经营与线上管理维护,而父母或是其他亲戚则主要负责帮忙包装、拆卸、运输以及其他零工。本书之所以会将这种东风村起步阶段的组织方式称为"家庭合伙人",是因为这种模式形成了新特征。传统家庭经营的组织形式结合小资本经营的局限性使得农民创业不仅抵抗风险能力低,而且极易出现扎堆儿的同质化竞争困境。[①] 事实上,几乎所有存活下来的东风村网商都以"家庭结构"为基础实现了从农户向公司的转型,起步阶段的家庭参与成员很多都已经成为新一阶段公司专业化经营的管理人员。而且这种转换通常与之前的分工极为相似,比如原本负责线上业务的年轻人会在雇用年轻人之后成为这一部分的负责人,而年龄较大的家庭成员则会主要负责线下的生产、物流、打包等制造业环节的日常管理。

---

① 刘光明、宋宏远:《外出劳动力回乡创业:特征、动因及其影响——对安徽、四川两省四县71位回乡创业者的案例分析》,《中国农村经济》2002年第3期。

第五章 从熟人社会到市场关系：淘宝村的增长逻辑

> 我现在有两个厂子，一个在耿车，一个在东风。我把原来在新疆的叔叔请回来给我管理这两个生产基地，我母亲在耿车的这个厂子负责日常后勤，比如午饭什么的。我每个月还给她3000块钱，还有生产过程中我们会有一些锯末和废旧边角料什么的，也都给我母亲来处理，一个月也可以卖个1万多元。我父亲在东风村这边的厂子负责生活后勤服务，两个场地我一共有100多个工人。销售我是又专门雇人来负责，我媳妇也帮忙管理。我弟弟是东风村这边整个实木家具销售管理的总负责，我来管理整个两个基地的相关规划、生产、销售等大问题。——（QY，东风村网商，2018）

东风村"家庭合伙人"还有一个重要的特点就是"单飞"的比例高。尤其是在年轻人层面，许多原本在一起经营的亲戚朋友，往往在熟悉了业务流程和相关技术环节之后都会选择"单飞"，即自己出来也以网商家具产业为方向进行创业。换言之，这些起步阶段在一起因为亲属关系合伙经营的东风村村民其实都有很强的"企业家精神"，并不甘于一直给别人打工。也正因为如此，东风村的网商经营主体在规模上扩张得非常快。

比如比较典型的就是东风村LXL的兄弟店，也带动了自己兄弟和亲戚的加入，LXL的兄弟都过来找LXL学习如何开网店，并且根据自己的实际情况各取所长。哥哥成为LXL的板材供应商，按照LXL的要求进行生产。也正是哥哥提出是否可以尝试板式家具，而在自家哥哥的建议下，LXL尝试了板式家具，并大获成功引领了东风村的第二次家具产品创新。随着LXL生意的扩大，他哥哥也从简单的手工加工过渡到了机械加工甚至是全自动加工。而弟弟则从自己以往的干货生意中抽身，开始为LXL的网店供应原材料，主要是做家具贴面。这也成为东风村第一家自己做家具贴面的本地厂商，随着生意越做越大，弟弟自家的小孩舅也加入了他的家具贴面产业，成为东风村第二家做家具贴面的厂家。

乡村关系网络成为社会学视角下审视东风村淘宝产业发展的重要维度。相对于西方社会的"个人本位"和"弱关系"，中国社会尤其是传统乡村社会的"关系本位"与"强关系"特征明显，这种特征不仅在漫长的历史发展过程中成为中国传统文化理念的重要组成部分，更是进一步提升为中国社会结构的重要附着物，成为某种"类制度化"的发展样态。

在这个基础之上形成的"熟人信任""小圈子""自己人"等相关概念则说明,由"关系本位"形成的社会化信任在一定程度上促进了乡村合作经济行为的发展①,也助力了东风网店生意的爆发。

二 乡村网商悖论:"人情味"局限

不管是创业动机、传播过程、技术提升或是最重要的家庭式生产单位主体,乡村社会之所以能够对东风村的网商经济发展起到如此巨大的推动作用,乡村社会关系网络中的"强关系"、社会资本等结构性因素起到了有效的支撑作用。但同时这种乡土社会给东风村网商所带来的绝不仅仅是好处与益处,尤其是随着网商经济的全面扩张与升级,乡土社会的结构性因素因为所处阶段不同,其作用开始发生嬗变,逐步从"发展推动力"变成了"发展阻碍力"。当我们对比现阶段以及未来淘宝村发展过程中遇到的困难时,就可以清楚地认知到,造成这些困难的,恰恰是之前推动淘宝村迅速发展的非正式网络架构、"强关系"乡村社会关系等因素。

因此,东风村网商的进一步创新发展就面临需要转变与乡土社会的关系,从原本的"深度嵌入"转型为"结构脱离",继而完成一个真正意义上的乡村经济现代化转变。将网商产业从一个与东风村之前既有塑料回收加工等一样可能"昙花一现"的简单乡土产业到成为具有持久创新力和核心市场竞争能力的完整现代产业。具体来说,东风村乡土性所造成的东风村网商经济发展困境,首先就表现在产品同质化下形成的低效竞争与由此引发的社会冲突,而这背后是市场经济关系与乡村伦理关系之间的矛盾。最先一批的东风村网商为了维持住网商家具这门利润颇丰的生意,意图与当时网商家具产业的下游——木匠等合作伙伴形成"排他性"的合作关系,即产品只能专供给一个特定小圈子的东风村网商,以此来形成对产品的垄断,从而避免出现同质化竞争。但下游的合作伙伴(比如木匠等)为了寻求更大的利益空间,很快便放弃了自己与 SH 和 DFCL 的契约关系,转而以更高的价格将产品出售给其他人,"卖给我们

---

① 赵泉民、李怡:《关系网络与中国乡村社会的合作经济——基于社会资本视角》,《农业经济问题》2007 年第 8 期。

是 1.55 元一米,卖给别人就是 1.8 元一米"。但在双方这种"排他性"合作失败的背后是乡村社会关系网络起到了重要的作用。不管是最初的网商、下游合作加工木匠还是其他前来购买产品的第二批东风村网商,他们之间不仅仅是一种简单的市场合作关系,更是有着乡土社会关系网络当中的各种前置性关系,比如亲戚、朋友、发小、街坊等,这种乡土关系与市场关系的交叉使得想要利用单一的市场契约手段形成封闭的产业联盟变得不可能。

> SH 他们一开始在网上卖木格家具的,我们这边叫木条子。实际上当时与他们找不到人来加工家具,后来找到的第一个木匠姓王,他女儿是就是我的学生,所以他们这个流程甚至是他们的产品我很快就知道了。所以你说在东风村这个地方,你想自己偷偷做点什么事情根本是不可能,大家互相之间的联系太紧密了,谁跟谁不认识呢?——(XK,东风村网商,2016)

这应该属于东风村网商发展过程中第一次面临乡土社会对市场规则的冲击。在这次挫折之前,东风村第一批网商店主几乎没有与乡土社会关系体系发生过过多的交集,从经营方向、产品考察、设计修改、寻找合作、匹配物流、网上销售、生产加工等各个环节,他们几乎都是按照市场化、产业化的原则来进行操作和运行。因此,当自己的生产合作伙伴违背市场契约原则将产品出售给他人的时候,初始网商群体陷入了极大的困境。

> 我们当时很生气也很失望,因为你要知道这第一批木格子家具不是简单地从宜家拿过来进行仿制就行了的,是我们两人一格一格研究推敲出来的,可以说是进行了再次创新的产品,凝聚了我们的心血,而且在后来的生产过程中也不是他王木匠自己搞出来的,我们也出了非常多的力……我记得我们两个当时在摄影店那边通宵琢磨这个事情应该怎么搞,一边在图纸上画,一遍琢磨款式,整整搞一夜,喝了四斤白酒,那过程太艰难了,因为这个产品跟我们想要的样子差得有点远。所以当我们最后成功的时候,特别激动,DFCL

把桌子都给劈了。——（SH，东风村网商，2016）

可是在东风村当时的环境下，市场、契约、知识产权等相关概念非常薄弱，可以说是不存在。东风村第一批网商辛苦原创形成的家具产品在村民们看来与自己随手做一个或是外面买的并没有什么不同，甚至对于承接这些产品生产的木匠来说，这个产品能不能卖也不取决于这个产品本身是否要按照别人与自己的约定进行保密，而取决于一种相对比较，即"我为什么不能卖？他们不也把自己的网店生意介绍给别人了吗？"这背后实际上是东风村作为一个乡土社会有着典型的熟人社会特征，不同圈层的人拥有不同的亲密度，也因此形成了一个基于比较视角下的行动逻辑。在这其中，市场性契约的重要性显然要低于维持"自己人"圈层紧密度的重要性。

到 2008 年，东风村的网商家具产业已经从最初的只有几家经营渐渐开始拓展，越来越多的人开始试图进入这个高利润的新兴产业领域。在这种情况下，东风村第一批网商（SH、DFCL、XK 和 WY 兄弟等）在一起开了一个"淘宝店保密会议"，在会上大家交流了相关想法和对未来产业发展的判断，并一致认为这个行业进来的人越多，目前所积累形成的高利润可能就会随之不复存在，因此五个人达成一致并签署了相关协议。同时也做出承诺，除了目前的这几个人，以后的淘宝店生意"不再教别人开店、不再透露经营信息、不再发展下线"。这是东风村网商用某种合作利益关系形成一种"市场化群体"，这种转换是在试图利用市场合作关系形成的封闭利益群体对抗、冲击甚至取代原本东风村在乡村社会关系支撑下形成的"差序格局"群体。

一开始我们也担心做的人多了，会抢我们的市场，产品失去特色，于是我们决定坚决不外传，几个人还签字画押，订立了攻守同盟……但后来架不住乡里乡亲，不能不传啊！——（XK，东风村网商，2016）

这可以说是一个应对思路，在后期东风村网商发展过程中，也确实发挥了作用，但在初期，这种做法明显是没有太多用处。尤其是当亲戚、

第五章 从熟人社会到市场关系：淘宝村的增长逻辑

熟人找上门来，传统乡村错综复杂的亲缘关系和社会网络构成了一个强大的舆论场域，这五个人几乎都不可能、也不会去因此得罪自己的"乡村亲密群体"，单一的封闭网商群体根本不可能。因此，在乡土熟人社会之中，只能演化成为以一个个以第一批网商淘宝店主为核心的"淘宝店差序格局"。

费孝通在《乡土中国》一书中就非常生动地解释了"差序格局"的含义："我们的格局不是一捆一捆扎清楚的柴，而是好像把一块石头丢在水面上所发生的一圈圈推出去的波纹。每一个人都是他社会影响所推出去的圈子的中心。被圈子的波纹所推动的就发生联系。每个人在某一时间某一地点所动用的圈子是不一定相同的。"① 后续有学者在研究之中则进一步指出，"差序格局"既包含着纵向的刚性的等级化的"序"，也包含有横向的弹性的以自我为中心的"差"，包含了某种权利与义务的失衡。② 而这也成为东风村网店生意发展传播架构的一个有效思考路径。

> 怎么可能成功嘛，当时没过多长时间，自己的一个姨舅就过来问我淘宝店的事情，我本来是不想告诉他的，结果他也感觉到了就回去在那边说我这个人怎么这样，忘本什么的。我妈就把我骂了一顿，说以前人家也帮过我们，怎么能这么做。所以后来我就只能把他儿子放到我店里来，一边学一边给我打工干活。——（WY，东风村网商，2016）

就这样，东风村的网商经济开始从一个封闭的小圈子通过乡村熟人社会的"差序格局"走向各个家庭，并在某种程度上对所有想要参与的东风村村民完全开放，东风村一下子进入了淘宝店的爆发增长阶段，迅速形成全民淘宝的局面。从2006年到2008年，短短两年的时间，东风村的淘宝网店数量就突破了100家。在这种高速增长的背后，依托乡村社会关系网络传播形成的东风村淘宝店出现了同质化竞争、抄袭模仿成风等一系列问题，仿制成了驱动东风村网店在这一阶段迅速崛起的重要原因，

---

① 费孝通：《乡土中国》，上海世纪出版集团2007年版，第28页。
② 阎云翔：《差序格局与中国文化的等级观》，《社会学研究》2006年第4期。

不仅仅是产品仿制，甚至是照片仿制、参数仿制、说明仿制、包装仿制，所有人都在沿着最初东风村网商的路径进行无节制的仿制，由此催生了越来越大的规模与网店数量。

> 那个时候你要是在店里面挂出一个什么新产品，都不要第二天，当天晚上就会有好几家店出现跟你一模一样的产品，连图片和说明都不换，而且价格就比你便宜那么一点点。你说你生不生气？一看这些店铺的注册地址和店主，都是我们东风村自己的人，我连怎么办都不知道！——（LXL，东风村网商，2016）

> 那个阶段也有问题，就是大家相互竞争，杀价杀得厉害，原本很赚钱的产品，这么搞下去后来就不赚钱了。原来一个电视柜，一个可以挣到70多块钱，后来就只能挣20元多一点。最好时候我一年可以卖到六七千个，现在可能好多天才能卖出去一个。还有比如说有一些隐性成本，比如酒柜因为重所以以前都是不包邮的，但是人家为了跟你竞争都包邮，你也不能不包邮，这成本不就上去了吗？——（SWZ，东风村网商，2016）

而随着市场需求的逐步被满足与供需关系的反转，这种仿制路线所形成的恶性循环开始出现，仿制导致东风村网店从产品、图片、网店设计到质量的全面同质化竞争，这种竞争的结果就只能是通过价格形成差异化，所以"价格战"成为东风村网商的必然选择，而这种"价格战"极大影响了产品利润空间和后续的资金投入积累。另外，除了淘宝店经营层面的利润下降之外，这种"全民仿制"的淘宝店发展路径还带来了对乡村社会关系甚至是乡村社会秩序的冲击。许多淘宝店店主在网店经营、产品竞争等正常市场性领域形成了许多矛盾（比如产品被人抄袭等），但由于东风村并没有形成健全的产业行业法则或是市场经济意识，因此很容易就从一般的市场矛盾演化为复杂的社会矛盾，甚至出现吵架、斗嘴甚至是动手等问题。

> 也没有外界说的那么好，我一开始并没有参与到东风村的淘宝当中，因为自己是一个老师，是有本职工作的，但也教过一些别人，

> 主要是亲戚，比如自家小爷。那时候教人淘宝是要冒风险的，其实氛围不是很好，我记得有一次 SH 请我们家吃饭，就说不能互相教着开网店，后来还在酒桌上拍桌子砸凳子差点打起来。其实我这一直觉得这个事情你管不了，而且人越多网店的生意才会越好。还有一次也是在酒桌上，因为埋怨我们把他们的产品传播出去，SH 他们甚至要上来揍我和王木匠，王木匠一看势头不对，说要出去付钱就直接跑了。我？我才不怕呢，我就告诉他们，以前小时候我打架能把你们直接打回家门口！——（XK，东风村网商，2016）

此时，乡土社会的局限性开始凸显出来，原本助力乡村社会关系网络迅速崛起、蔓延、兴盛的东风村淘宝店产业陷入了一种困境，这种困境是因为在发展过程之中，乡土社会关系压倒了市场竞争关系，并导致了许多原本市场性行为的"嬗变"与后续后果。①

在这种情况下，东风村的网商发展出现了新的变化，面对仿制形成的同质化竞争困境，许多起步较早、有实力、有市场竞争意识的东风村网商开始尝试从市场性经营的角度进行创新突围，而不再寄希望于突破乡村社会关系网络的束缚。这其中关键就是"淘宝店的一体化经营"，许多东风村网店从一开始的"自有线上淘宝虚拟网店"+"外部家具生产合作厂家"的"轻资产"经营模式转型成为"线上销售与线下生产一体化"的"重资产"模式。作为第一批网商，SH、DFCL 等人率先在东风村开办了自己的家具厂，开始把自己所销售的家具产品的"设计—生产—销售"产业链全部掌握在自己的手中，东风村与此相匹配且延续相当长一段时间的"前店后厂"样态，也是从那时候起确定的。

> 我当时合计了一下，开个家具厂其实成本也不高，但这样的话我就可以自己的产品自己卖，一个是不用担心货源，还有一个是很多产品的设计我就可以留住，或者至少说从产品质量上不一样，因为之前产品都是从别人那里拿来的，所以别人要是想模仿的话，那

---

① 赵晓峰、付少平：《社会结构分化、关系网络闭合与农村政策扭曲——当前国家与农民关系面临的新挑战》，《学习与实践》2015 年第 1 期。

真是一模一样的。——（WWJ，东风村网商，2016）

就像淘宝网店的最初出现一样，这种模式一出现，也迅速被其他网商所学习、推广，成为东风村网商经营的主流形态。当然这背后也伴随着东风村网商经营心态的转变，即从以往"关起门来做生意"到逐步接受"开门迎客做生意"，东风村的很多电商在这个阶段开始不再抵制甚至是主动进行淘宝网店的传播。而这背后主要有两个原因：其一就像 XK 在采访中所提及的那样，淘宝店的发展让更多网店店主意识到了互联网经济以及淘宝网所代表的电子商务平台本身所具有的巨大潜在市场，这个市场与他们之前所认识到的乡镇市场甚至是类似于徐州那样的城市市场，"网购家具这个市场太大了，我们以前谁也没有见识过这么大的市场需求和发展空间，所以后来大家渐渐都明白了，其实谁有本事都可以做大，这个市场容得下所有人，而且现在主要是规模还没有成气候，只有把量一起做大了才行"。其二随着大部分主要东风淘宝店店主转型成为"线上销售与线下生产一体化"的发展模式，原本单纯只存在竞争和对抗关系的"原创淘宝店"和"抄袭淘宝店"之间出现新的关系变化，即后者的"产品抄袭"一定程度上转换成为前者的"生产订单"，通过成为家具生产加工厂的"购买客户"，双方形成了一定程度的合作。

当时也是想通了，还有一个原因就是我们办厂子之后，很多产品的质量就不一样了，他们抄也抄不了了，只能从我们这里拿货，这样的话大家的矛盾就没有那么深了，因为这里面还有了一层合作的意思在。——（ZW，东风村网商，2017）

由于产业经营范围的扩大，尤其是线下生产类型对用工多样性的提升，东风村的普通村民、老人、妇女等几乎所有人都可以参与到淘宝店的"家庭生意"当中。正如之前所分析的那样，乡村社会的特性降低了淘宝店从线上到线下的成本，提供了扩张的便利性。

刚开始的时候都是从别人那里拿货的，要去排队，因为走淘宝的人太多了，所以要很早去生产家具的农户那边排队，等到天黑也不一定会有。所以我那时候都是很早,早上5点多就去东风村那边排队等货,要装满一三轮车50多件才回来。一个是觉得受到了制约,再一个就是觉得这个市场也很大,供不应求。所以当时就想着自己可以做,因为看过,确实工艺不复杂。于是我就叫上我弟弟QK一起回来做,这样的话就不用雇人了……你要是说自己的产品更好卖,那肯定是这样啊,其实我们那会还有一个想法就是不想再跟别人卖同样的东西了。——(QY,东风村网商,2018)

但即便如此,随着进一步发展,这种"线上销售与线下生产一体化"淘宝店路径依然受到了来自乡村社会关系网络的冲击。2010年左右,DFCL专门来到河南商丘花了3万元向当地的老艺人学习铁艺,以便可以实现家具生产从木条到板式到实木最终向钢木结构的转型,他也因此成为东风村第一个推行钢木结构产品的淘宝店主。但新产品开发带来的成本与不确定压力比较之前要大很多,因此DFCL找到了自己的一个亲戚过来帮忙,并当作自己最信赖的生意伙伴。就这样,DFCL在钢木结构家具的新品类上一骑绝尘,很快做大。但也正在这时,这个亲戚带走了他的技术、管理、业务和部分顾客,自己独立山头重新开店,随之而来的是与板材、实木一样的同质化浪潮,又有几十家钢木家具厂商涌现出来。而他自己却因为产业扩充过快,最终资金链断掉,在2013年进入了低谷期。

我当时其实挺沮丧的,不是生气,是很失望。以前大家都是抄你的产品,我本以为搞了工厂、升级了技术,可能门槛就高一点了。但没办法,因为你当时起步做的时候肯定是要找自己的亲戚或是信得过的人来,我那个时候已经很小心了,但是还是出现了这种情况。——(DFCL,东风村网商,2016)

因此,东风村的淘宝店生意与家庭制的结合有一个非常明显的特点,即所有的核心环节与管理环节全部局限在最亲密的亲缘关系圈层内,主要是父母、兄弟、夫妻、儿女,其他关系稍远一点的亲戚、朋友只能参与非核心环节的生产服务工作或者是一开始就从分工明确的合作形式开始。这实际上形成了一种以亲缘为纽带的"类家庭",类似于中国乡村私人企业的管理模式,这种主体既不是一般意义上的"家族",也不是农业经济研究中经常适用的"家庭",而类似于一种"网络家庭"①,根据亲属关系分配重要程度不同的产业管理职能。

> 感受啊?这么多年感受其实还是不少的,我现在该有 20 多个外雇工人,每天最好也有接近 3 万多元的销售额。最关键的就是所有重要的环节和管理以及每一道核心工艺技术,要自己的家里人来掌控。如果你外聘的是有一定技术的大工,会制约你自己的生产,因为有可能做了一段时间他就不做了,然后还会把你的技术偷走。所以我们这边做这个都是全家一起上的,生产、客服都要自己人管,每天只休息四五个小时,很累!——(QY,东风村网商,2018)

> 我现在很忙啊,自己不仅要管生产组织,还要做机械维修、电工什么的都一起干。早上买菜,中午做饭,晚上还要拾掇杂货。没办法,现在请一个木工一个月就要 1 万多元,油漆工要 15000 元以上,就这样你还不一定能找到人,还要让别人干完你的活之后再给别人干,所以能自己干就自己干啊,不然实在是成本有点高了。——(DYW,东风村网商,2017)

东风村这种"线上销售与线下生产一体化"的生产样态在很大程度上刺激了自身网商经济的规模化扩张与产品不断创新。因为相对网店的几乎零成本,开厂对于东风村村民来说属于一项重大投资,也倒逼他们不断改善自己的经营水平和产品能力,以提升利润空间从而实现产业盈利。但这依然没有形成对东风村"抄袭模仿"之风的有效对抗和消减。

> 一开始也是寻找到其他网店的家具图片进行直接搬用,但后来遭到了其他网店投诉。于是决定自己进行专门的产品设计和拍摄,通过供货商设计好了产品组合,然后又找到了 SH、DFCL,利用 DF-CL 的婚纱摄影技术进行图片拍摄和优化,最终形成了自己网店独有

---

① 朱秋霞:《网络家庭与乡村私人企业的发展》,《社会学研究》1998 年第 1 期。王利芬:《有限现代化:企业家的亲属关系变迁》,《暨南学报》(哲学社会科学版)2015 年第 6 期。

的知识产权,并共享给了其他两人。但仅仅一个星期之后,淘宝网上就出现了很多一模一样的产品,有的连电话号码都没有更改。后来就发现是人家其他厂子买了我们的产品回去研究然后拆掉重新做,搞得一模一样。——(LXL,东风村网商,2016)

即便是后来,东风村成立了沙集镇电子商务协会,更多淘宝网商店主就自发组织了一个团队,以协会的名义来举报那些冒用自己网店图片的网店。持续了一个多月,举报了上千家,但后来引起了一些人的不满,形成了新的乡村纠纷与社会冲突,最终不了了之。这时候的东风村网商已经开始利用市场规则(比如产品专利与网商购物平台规则等)来进行对模仿抄袭等行为的制约,但这些手段在东风村强大的乡土社会结构面前收效甚微。事实上,就连电子商务协会等市场化行业自主管理的手段都失去了效力,协调协商的作用基本上为零。

> 协会作用其实不大,先别说外面的网店,就说协会自己的网商,虽然有些网店是我们协会的,大家也互相认识,但他在一开始的时候就是为了冲销量,因为他刚刚开始啊,所以只要能够赚好评、冲销量,价格再低他都卖,这个我们管不了。——(WWJ,东风村网商,2016)

由此我们可以看出,乡土性对东风村网商经济进一步发展的制约在于发展过程中出现的模仿抄袭,而在于这件事情的"前因"与"后果"都与东风村的乡村结构性属性紧密相关。在乡村产业发展过程中,尤其是初期发展不规范的阶段,模仿抄袭是较为常见的正常市场发展状态。但对于东风村淘宝店来说,由于乡土社会关系的介入,东风村网店的抄袭同质化现象在原因和结果两个层面都出现了变化。因此东风村网商家具生意不仅同质化程度极高,出现了从设计、产品到网站、说明、图片等几乎全套的发展模板,更因为在前期的生产环节分流,使得连产品质量都几乎一样,这实际上是把东风村的网商家具变成了一个个高度同质化的"产品分销商",而这无疑会成为制约甚至毁灭东风村淘宝店生意的核心原因。

东风村网商家具产业的抄袭、模仿行为依托乡村的社会关系网络结构，在一个有限的乡村空间内拥有了某种"正当性"，许多东风村的村民都认为淘宝店之间出现模仿、抄袭是正常的事情。更为重要的是，即便当时东风村已经有村民和相关学者开始普及知识产权等相关概念，使得这件事情变得"不合法"之后，这种"正当性"依然存在。因为在很多人看来，这些抄袭与模仿行为固然是"不合法"，但不管是家人、亲戚、朋友或是老乡，大家都是"自己人"，因此这些事情也不可以单纯按照合不合法来进行判断。在这背后是乡村地区血缘等内生性文化关系的作用，实际上这种重要性在某种程度上来说甚至是"全球性"的。国际比较研究就指出，在农民创业行为实践中，文化因素对农民创业行为选择以及群体性劳动联合能力锻造影响深远，而在这其中血缘等内生性文化因素的影响甚至在局部地区具有决定性作用。[1]

一般的市场不规范行为通常情况下都会随着行业制度与法律法规体系的发展和完善而逐渐消失，但东风村网商的这种抄袭模仿却与之完全不同。对于淘宝店的抄袭模仿行为，不仅在法律上对于知识产权保护等相关权益的保护十分详细，而且淘宝网作为一个电子商务平台，其自身对于相关产品的产权保护也非常到位，不仅明确提出对产品外观、名称以及说明、网页设计、图片等相关领域的保护细则和要求，更有着非常严格的惩罚措施，一旦被认定产品抄袭或是侵犯他人已经注册的知识产权，那么巨额罚款甚至关店都是可能出现的后果。但笔者发现，在东风村，这些措施全部集体"失效"，被侵权的店主迫于乡村社会的关系结构，很多时候都选择不去举报，即便在后期选择利用法律以及平台规则进行完全"合规"的举报和申诉，却又面临着来自东风村其他网商店主的不理解、污蔑、流言蜚语甚至是在现实生活层面的冲突、对抗，以及来自周围各种关系层面的舆论压力，最终选择放弃。

所以东风村出现了一个乡土社会与淘宝店生意的悖论，一方面乡土社会的种种特性迅速推动了东风村淘宝网商生意的崛起，另一方面随着时间的推进，乡土社会及其背后的抄袭模仿等行为逻辑严重制约了东风

---

[1] Barel R. Felsenstein D., "Entrepreneurship and Rural Industrialization: Comparing Urban and Rural Patterns of Locational Choice in Israel", *World Development*, No. 2, 1990.

村网商生意的发展。此时的东风村网商发现，不管是从乡村社会关系出发还是利用正规的法律与制度规定，似乎都无法突破这个困境。而2012年发生的一个典型事件——专利风波，成为解析东风村这种网商发展困局的重要切入点。

第二节 东风村"专利风波"事件：网商群体的矛盾冲突

一 专利风波的缘由：知识产权的"缺位"

在东风村的发展过程之中，抄袭、模仿不仅成为驱动东风村淘宝产业发展的一个重要核心动力，而且也成为一个非常普遍的东风村社会现象。那时候的东风村，任何人只要前一天晚上搞出一个新的产品、一个新的营销、一个新的设计，第二天一早起来就会发现整个东风村在做同样的事情。慢慢地，这种情况引发了"东风优质网店店主"的不满，因为他们发现所有的创新、所有的努力都会很快被别人抄袭。但由于东风村网店店主与东风村"强关系"熟人社会的高度重合，具有两重身份的东风村网店店主没有办法寻找到一个合适的方法在不打破"和谐"的情况下来突破这个困境。就在这个时候，一个由外乡人发起的"专利风波"极大地冲击了东风村既有的发展模式，并最终成为驱动东风村网商发展走向创新的一个"破局点"。

2011年底到2012年初，一个叫作XS的年轻人，前前后后一共用了7个月的时间，将东风村几乎所有网店在售家具的外观专利全部申请，并要求任何网店只要销售的产品中有他的专利，就必须支付一笔数额不菲的专利使用费。否则，他就会向淘宝网申诉，等待这些网店的就只有关门大吉这一条路。这也构成了东风淘宝村自2006年发展以来最大的一场危机，因为这场危机足以摧毁整个东风村的网商产业经济生态和绝大部分网店。

XS是东风村本地人，但XS只有12岁之前生活在东风村，在这之后XS跟着父母来到了县城居住、生活、工作和学习，而且跟东风村的联系也越来越少。换句话说，XS实际上属于从东风村"走出去"并且没有回来的"城里人"，与东风村的联系也仅仅剩下一个名义上的"家乡"、单薄的"亲戚"和小时候残存的童年回忆。其次，XS 在这之后长期在宿迁泗阳县的一个酒厂工作，与东风村经历过的所有产业发展，包括养猪、塑料回收加工以及网商家具产业都没有直接往来，因此实际上他也与东风村的经济发展流程和结构特征没有太多关联。XS 介入东风村网商发展的时候已经是 2010 年，那个时候的东风村早已经名声在外，有大量的外来创业者涌入东风村进行网上经营。所以从这个意义出发，我们也可以看出，XS 实际上与东风村并不存在紧密的来往与关联。XS 虽然介入的时间晚，但他对淘宝店经营的理解却极大推动了东风村的发展。

> 如果说 SH 是东风村淘宝第一人，那我可以说是东风村第一个把大家带进淘宝商城的人。2010 年 11 月份的时候，我注册了东风村第一家赢天下电子商务有限公司，从此把东风村的淘宝生意做到了淘宝商城。——（XS，东风村网商，2017）

也正是从那个时候开始，起点比较高的 XS 开始思考如何实现从淘宝网生意到淘宝商城生意的。"当时就发现了不一样，淘宝店小，商城不仅客流量大，而且要求正规，再加上用专利约束进淘宝商城的人，这样我就可以跟小店进行 PK 了，很有挑战性，而且商城的利润一般是小店的一到二倍。"而就在 XS 网店经营的过程之中，一场来自外地人的专利诉讼冲击了东风村。

> 2011 年的时候，应该是 9 月份，当时我们整个东风淘宝店一个销量最好的电视柜被人投诉说是侵权，然后淘宝客服就让我们把这个产品下架了，当时那个电视柜卖的非常好，整个东风村一天能卖到 40 多万个，我的赢天下网店一天可以卖到 1 万多个。当时我就觉得挺心疼的，然后就去问了一下，知道是人家苏州人把这个产品抢先注册了专利，然后再投诉我们侵权。——（XS，东风村网商，2017）

XS 所说的这次事件确实是淘宝村发展过程中的一次冲击，很多淘宝网店店主都被这个事件影响。这与东风村网商经济自身的发展模式有很大关系，东风村淘宝店经营的源头就是对宜家和韩式家具产品的复制。而在起步阶段，东风村网商经营从个体走向群体的过程又高度依赖于"学习—模仿"的传播方式，因此东风村的网店店主一直都缺乏对"知识产权""专利""产品原创设计"等相关领域和维度的尊重和重视。这种发展模式在初期降低了东风村网商经营门槛，迅速提升了网店经营的推广速度和发展规模。但东风村网商经营的迅速扩大与淘宝网"无边无界"的平台特性相结合，使得东风村缺乏产品原创设计、缺乏专利保护等不规范的发展缺陷和问题充分暴露出来，并迅速得到来自其他市场规范主体的"冲击"和"纠正"。而 XS 所描述的这一次爆款产品下架，就是这种"冲击"一个比较典型的反应和后果。事实上，东风村对这种冲击和分化是有不同的应对方式的。

大部分东风网商对此都没有太多反应，更多是将自己产品被下架的原因归纳为外部性、市场性和偶然性的因素，缺乏足够的自我反思和市场应对能力，这也在相当程度上反映了乡村经济发展中"市场性因素"的缺乏与不足。进一步分析，乡村的高社会资本会在某种程度上降低网络风险的中心度，从而提升网络凝聚度，加快这种不规范市场意识的传播与传染。①

> 当时没想到，只是觉得客服这么做不公平，因为网上很多店都是这样干的啊，为什么就找我一家来管呢？——（ZW，东风村网商，2016）
>
> 可能还是不够谨慎，有些产品卖得太火，会有人眼红，而且也更加容易被人拿出来做一个典型，当时想的是还是要谨慎一点，尽量不要全部随大流。——（LC，东风村网商，2016）
>
> 其实无所谓啊，下架就下架，又不是没赚到钱，以后反正有爆品可以继续上啊，怎么样不是赚钱？——（SLY，东风村网商，2016）

不管是觉得网络平台不公平、觉得自己产品经营不谨慎还是对此持

---

① 吴宝、李正卫、池仁勇：《社会资本、融资结网与企业间风险传染——浙江案例研究》，《社会学研究》2011 年第 3 期。

一种"不在乎"的态度，总之绝大部分东风村村民都没有意识到自己以往发展起来的那种"学习—模仿"模式有什么问题，也自然就谈不上对这种模式进行调整与此相对比，那些具有一定预见性和市场意识的东风村网店店主会进行产品创新设计和产品质量提升。

> 就是那一次产品下架，损失很大，我自己以前也是做工厂的，就马上意识到这个生意跟之前的不一样，之前说实话因为你的产品销售和展示范围有限，所以有的时候即便是不太规范或是抄别人的都无所谓。但这个网上大家都能看到，很危险。所以我就开始尝试自己进行产品设计，并且加大设备投入提高产品质量，这样的话自己安全一些，而且也可以让别的网商不太容易能够模仿我的产品，就算外观模仿到了，你的质量始终还是比我差的。——（LXL，东风村网商，2017）

一般采取这种方式的多半是之前有过一些产业经验的网商店主，他们对市场的变化和要求有一定的警觉性和反应能力。虽然这些店主通常情况下受正规教育时间不长，但长期的市场竞争使得他们具备较好的判断能力和决策能力，这也是中国农民企业家的重要特征之一。他们所采取的解决策略往往就是从产品本身着手，试图通过设计创新和产品质量提升，实现对既有"学习—模仿"路径的一个突破。

但这一对问题的认识和与之配套的解决思路实际上依然是"个体—产品"层面的，他们虽然意识到目前出现的这种"被下架""被投诉"是因为东风村发展模式的缺陷，但依然将突破这种困境的思路局限在"个体—产品"层面，即希望通过自身对产品的创新，走出这种困境。这背后还有一个重要的目的，就是要摆脱"同质性"，形成"相对优势"。东风村的许多网店经营者一方面是没有意识到或是没有能力来从"集体行动"的层面进行思考和尝试；另一方面，出于相互竞争的考虑，许多经营者也没有这个意愿让更多的村民了解到应该进行产品创新与产品改进，因为他们都饱受同质性竞争和被别人模仿所带来的困境。

与他们不一样的是，XS不仅看到了这种不断出现的危机冲击下，东风村的网商经济"破局"的关键在于形成与市场规范要求相配套的"知识产权与专利保护"规范性,更加意识到这种对产品专利的强调必须从"网商集体行动层面"开始,只有这样才能真正形成足够庞大的"专利库",从而降低被专利投诉的可能性概率。

> 我意识到淘宝村可能要面临产品危机了,因为我以前在酒厂嘛,就是对品牌这块比较敏感。当时我就找了几个东风村做得比较好的老板,和他们商量下要不要把东风村经营的这些个产品都申请专利,这样才能把东风村的淘宝产品保护起来,免得被其他人投诉,但是没有一个人响应我的建议。——(XS,东风村网商,2017)

究其原因,除了本书前面已经提出的因素,还有一个重要的可能性解释就是,几乎淘宝村所有的网商都没有意识到"专利授权"是一个多么巨大的潜在市场,只要控制了产品专利,那么任何想要使用或是销售这个产品的淘宝店都必须缴纳一笔使用费。当然,在采访中也有淘宝店主指出,即便是当时自己想到了,但这一笔"买卖"依然是得不偿失的,因为在东风村这样一个乡村社会网络体系当中,这种通过"做中介"来收取类似"过路费"的做法注定会受到所有人的抵制,相互之间的紧密联系让这种收费根本不具可行性。换句话说,乡村电商市场注定无法依靠"企业内部授权收费"来形成一个可行的盈利模式,这不仅与"关系本位"的乡村社会关系有关,同时也是因为农民存在着有限理性的思维和投机行为。[①]

> 没想过,不过即便想了也没用,根本行不通。你去买了产品专利,然后人家卖这个东西要先给你钱,不然你就去搞人家,这凭什么啊?再说大家都是乡里乡亲的,你怎么可能拉下脸皮去跟人要钱,人家不给钱你还要去关掉人家的生意,这以后还怎么相处?这根本不可能,所以即便有钱把这个专利买下来,怎么处理也是个大麻烦,还不如干脆就这样不管!——(CHB,东风村网商,2017)

[①] 赵晓峰、袁松:《泵站困境、农民合作与制度建构——一个博弈论的分析视角》,《甘肃社会科学》2007年第2期。

结合之前东风村的发展逻辑（通过"抄袭"他人已有的产品、经营模式甚至是网页图片）以及之后专利风波的走向，这种解释无疑具有很强的说服力。但在 XS 看来，之所以没有人响应，恰恰是因为"他们没有意识到专利对东风村未来可持续发展的重要性"以及这种重要性缺陷背后的危机和商机，"我是一个商人，花了这么多精力来注册专利不可能是做慈善，这里面有很大的商机，可以给我带来利益"。

XS 之所以看上专利，这跟他之前的淘宝生意有关。那时候 XS 专门代理网商对淘宝商城的注册业务。一般来说，一个网店入驻商城需要 3—6 个月，XS 提出"十五天入驻淘宝商城不是梦"的口号，注册了 80 多个公司，每一个的成本在 3 万元左右，转让给东风村的淘宝店主收费要 4 万元，就这样赚到了第一桶金。这也培养了他对于网商中介生意的兴趣与关注度。

于是 XS 决定自己开始进行产品专利的注册和搜集，即便自己的公司实际上没有这个实力进行全部的产品注册，但由于非常看好这些事情的前景，因此 XS 不仅全身心投入而且还售卖了自己在县城的房子，委托上海一个专门的中介公司进行专利申请。由于资金缺乏，整个专利申请注册过程长达 7 个月，每一个月 XS 都会将自己网店的盈利用来送交专利鉴定费。7 个月之后，东风村网商的几乎全部产品（900 多件）都被注册，当然其中由于存在一些重复和不合格，因此一共有 200 多件被批准，前后一共花费接近 30 万元。

二 事件发展的分析：从博弈到"和稀泥"

2012 年 2 月，许多东风村网商陆续接到了淘宝客服的告知，因为有人投诉自己店内产品侵犯了别人已经注册的外观设计，因此被下架，这些产品都是东风村非常重要的爆款产品。不同于以往的投诉，这一波产品的专利投诉不仅没有因为单一产品的下架而停止，反而愈演愈烈，一再发生。这时候，东风村网商开始意识到事情的严重性。由于 XS 之前与人商量过专利申请的事情，因此"XS 就是那个不断投诉我们产品的人"这一消息通过东风村网店店主的社会关系网络迅速传播，成为一个村落共识。东风村的"专利风波"正式开始，本部分将按照阶段来展开分析。

第一阶段反应：不理解带来的对抗与激烈冲突。

这一阶段主要的表现就是双方在思想观念层面的不理解、互相污名化与行为措施层面的不合作、对抗性。当时 XS 的要求是每个网店必须向他支付专利费用，不然他就继续投诉直到产品下架。而这个费用的标准是 3 万元一年。相对于东风村一些经营规模较大的网店多达几百万元的营业额，这并不是一个多么夸张的数字。但一方面整个东风村的网店发展规模、盈利能力和发展目标差异极大，虽然 3 万元一年的专利费对许多已经"店大业大"且力图走上正规网商家具产业化运作的淘宝店主来说并不算什么，但对于那些只是简单地进行"网店中介销售"，年收入可能也就 10 万元不到的小店主来说，这笔费用无疑成为可以直接让他们丧失网店这个改善自身生活情况有效路径的一个"灭顶之灾"。作为一个乡村社会共同体，东风村网商在"强关系"的影响下，不可能出现网商不同群体的"分化行为"，因为一旦有网商店主接受了这种专利费用的要求，那么其他那些淘宝小店主就会将他们看作是与 XS"站在一起"的破坏者。另一方面，很多网店经营者看到的不是自己付出的专利费应当与否，而是 XS 通过这种"破坏性行为"获得的利润是否合理与"符合规矩"，这种思考恰恰是基于特定村庄秩序获得的"内生性"①。

> 我们当时肯定是不能同意的，他给出的价码是一户专利费就要赚 3 万元，那整个淘宝网上这种家具的网店有 2000 多家，他这一笔能搞多少钱?！就在我们东风村，这个事情影响的网商差不多就有 100 多家！——（SH，东风村网商，2016）

在东风村网商看来，XS 这种行为就是通过损害东风村及淘宝网上家具店的利益甚至是生存来换取自身的经济利益，因此是非常"不道德的"，而这种"不道德"抹杀了 XS 这种行为的"正当性"。也正因为如此，在网商们看来，不管 XS 怎么去解释自己行为的合法性与合理性，其本质上就是一个道德上错误的事情，继而很快就有东风村的激进网商将 XS 本人概括为是一个"品行有问题的人"，有网商曾经愤怒地表达，认

---

① 贺雪峰、仝志辉：《论村庄社会关联——兼论村庄秩序的社会基础》，《中国社会科学》2002 年第 3 期。

为 XS 就是一个"搅局者",一个"麻烦制造者"。在这种舆论的影响下,对 XS 个人行为及其个人品行的质疑很快演化为对其个人的攻击,这种原本属于市场竞争范畴的纠纷很快被引导形成了以"道德质疑"为核心的"泛化否定"①,这叠加了乡土社会的"道德本位"与网络社会的"道德泛化"②。

> 我当时压力特别大,走在街上都不敢回头,那时候公司的玻璃也被人打碎了,所以我有段时间基本上都不敢回公司,觉得自己的人身安全受到了威胁。——(XS,东风村网商,2017)

村民对 XS 的反对也从单纯的经济纠纷迅速扩张,不仅在网商 QQ 群展开对 XS 的攻击,譬如"我们要一起抵制诉讼""他这么做就是整个东风村的敌人"等言论不断出现。并且很多村民甚至开始向各级别纪委进行举报,认为 XS 背后有政府人员想要从中牟利,是一种破坏东风村网商繁荣安定的行为。虽然压力重重,但是由于 XS 始终有着逻辑上的充分自信和优势,因此还是认为自己是在维护东风村的网商发展,因为不保护专利这个结构性漏洞迟早会暴露,到时候如果是"外面的人"来进行知识产权的封锁和收费,价格和冲击力度要远远高于自己。但问题就在于,XS 自认为自己是东风村网商的"自己人",而东风村网商却认为他已经从一个"自己人"变成了"搅局"的局外人,这一转变恰恰是不能被接受的。

第二阶段,政府按"明线逻辑"调停的失败与乡土特殊性。

由于双方争执不下,单纯依靠市场手段已经无法解决 XS 与东风网商之间的专利纠纷,在这种情况下,以 SH 为代表的东风村网商与 XS 开始请求沙集镇乃至睢宁县政府的介入。一开始,政府的调整是按照"明线逻辑"——市场的逻辑来进行,即认为这是一个典型的商业行为,因此建议双方进行价格上的协商,后来这种协商还形成了一个具体方案,即

---

① 郑欣:《治理困境下的乡村文化建设研究:以农家书屋为例》,《中国地质大学学报》(社会科学版)2012 年第 2 期。

② 秦程节:《网络群体极化:风险、成因及其治理》,《电子政务》2017 年第 4 期。

东风村网商应该缴纳一部分费用给 XS，因为这个专利确实是他申请的，因此也应该收取一定的费用；另外，考虑到网商的经济承受能力，政府建议由政府出面将 XS 申请专利的花费补偿给他一部分，大概在 10 万元。可以看出来，政府这次调解的基础逻辑就是市场竞争与交易原则，既然东风村网商在之前的发展过程中存在不足，那么就应该为这种不足来"买单"，因此调解的重点不在于"是不是"，而是程度层面的"多或少"。

但这个调解最终失败了，很大一部分原因是这一方案没有得到东风村网商的认可，他们始终不认为要因为专利支付费用，哪怕这个费用已经在政府的补贴和协调之下大幅度下降。而东风村的村民之所以会做出这样的判断，是因为在市场的明线逻辑之外，这场专利风波还存在着一种"暗线逻辑"，即在东风村这样一个乡村社会里面，虽然网商经济是一个纯粹的市场经济，但网商主体却依然离不开这个"乡土社会"的大环境。因此，"自己人"做出这种"犯众怒"的事情，显然违反了这条以乡土社会为核心特征的"暗线逻辑"。当时的东风村会计同时也是网商代表的 WWJ 就曾经跟媒体透露，确实 XS 的专利申请是合法的，也能够有这个权力向淘宝申诉进行产品销售，但"这种做法也确实影响了大部分东风村网商的利益"，而且据了解当时的一个县委领导也曾经这样调解，认为大家都是乡里乡亲，不能把矛盾激化，要有一个"妥善"的解决措施。

所以，不同人因为持有不同的逻辑主张，也就会形成不同的观点。虽然也有许多人支持 XS 的市场逻辑，比如原来的村支书 WM 就认为 XS 申请专利是一个好事情，这样可以让东风网商更好地发展，总比外地人抢过去要好。沙集镇的政府人员也曾经跟笔者谈起过，"我觉得 XS 很勇敢，做了一件正确而且功德无量的事情"。但在这场风波之中，"暗线逻辑"渐渐占据了上风，之所以会如此，是因为 XS 所持有的这种市场化逻辑更多地只能停留在思维观点或者是期望层面，即很多人都认为 XS 购买了专利，并要求网店店主付钱是一个正常的市场交易行为，笔者所访谈的大部分人对专利风波也都认为 XS 的做法实际上有利于东风村网商的持续发展和创新。但这些却都只能停留在"我认为"的思想层面。

一旦要将这种理论层面的逻辑落实到实践当中，东风村网商会面临巨大冲击，尤其是许多小型网店会倒闭，这在产业经济层面可能是一个正常的市场淘汰机制，但对于东风村来说，大量小型网店的倒闭意味着有效就业的减少，就会削弱网商经济对于东风村的整体带动和多方位影响，而后者恰恰是东风淘宝村路径的特点所在。最为重要的是，小型网店虽然经营额度占比很小，但人数众多，一旦失控，可能会酿成群体性事件甚至是社会冲突，极大影响整个东风村甚至是沙集镇、睢宁县的社会秩序稳定。在这种情况下，这种"明线逻辑"的实施难度太大、成本太高。但反过来看，如果采用的是与之相对的"暗线逻辑"，那么在实践当中的损失微乎其微，明面上看只有一个 XS 会有损失。而且即便是与明线逻辑有冲突，也不是不能够解释或是反驳的。当时 SH 就找到了国家专利局的专家，对方指出，这种专利在申请之前就已经得到了大规模的产品化生产，因此可能不应该进行申请，所以 SH 等东风网商一度考虑要进行诉讼来撤销 XS 申请下来的产品专利，甚至要对簿公堂。

所以，东风村的这次专利风波实际上陷入了一种"理论与实践的割裂与分离"状态，而决定走向的不是"道理正确与否"，而是一种"成本考量"，因此 XS 的做法意味着一种对东风村现有网商经营体系极大的冲击和变动，这种变动的成本要远远高于"忽视"这种专利危机所需要的成本，因为后者意味着暂时的"不动"，只是将变动的可能性和成本"后置"。

第三阶段："暗线逻辑"主导下的"和稀泥"与后果。

对于自己在专利风波中所受到的冲击和非议，XS 感到非常不理解，因为他始终坚信自己这件事情背后的逻辑——明线的市场化逻辑是没有任何问题的，这也与 XS 一直以来对东风村淘宝网商的看法一脉相承。

> 我自己也做淘宝店，但我其实做得更多的是网商培训，我是要做平台的，当时为了让村民可以更快进入这个行业，我花了两年多的时间培训了 700 多个村民网上店主，而且都是免费的，每天还会给他们提供免费的中午饭，这个过程前前后后一共花了有几十万元。因为我觉得一个淘宝店是可以做大，但很难而且这种盈利方式太常规，我是要通过做平台来形成大的盈利模式，所以专利申请也是我整个经营思路的一个延续。——（XS，东风村网商，2017）

因此 XS 对东风村网商给予的激烈反应也非常不满，"我就不明白，为什么外面的人（指上一次的苏州人来投诉风波）申请专利我们没人管也没人闹，我这边一切按照流程申请了却遭到了这么大的阻力和不满，而且我当时也找过你们！"

但不管如何，XS 在旷日持久的对抗中也感受到了巨大的压力，因此一方面他没有依托现有的专利继续向淘宝网进行专利申诉举报，使得东风村的网商经营继续恢复了正常状态；另一方面则是成立了一个"东风商盟理事会"，这个理事会的成立实际上代表了 XS 在收取专利费用这件事情上的极大让步。"我当时的想法是，大家都来加入这个商盟会，然后每年只要缴纳几百块钱的会费，就可以免费共享所有申请下来的专利，这样的话东风村的网商就不会是一盘散沙，而能够更加团结。"但这些举措并没有有效推动专利风波的解决，东风村网商的诉求一直没有改变，那就是"完全免费开放专利"，而这背后的支撑正是我们之前描述过的"暗线逻辑"。这可以被视作是农民处理特定市场问题的方式，即采取非对抗性的抵制方式，同时竭力使他们面临的问题公共化，从而获得行动的合法性。①

> 肯定是要免费开放的，为什么啊？我们一直都是这样的啊，不能你来了说要变然后就可以跟我们收钱了，哪怕说是政府来说我们犯规了怎么样也可以，你（XS）凭什么啊？就算专利要申请或是保护，那也不能这么一下子就全部搞起来，我们的网店还要不要开了?!——（东风村网商，2017）

> 当时还是挺生气的，大家都是乡里乡亲的，你做这种事情，而且一上来就弄了这么多专利，实在是太过分了。以前都没有人这么做，现在你这么做，肯定是坏了规矩。而且话说回来，你 XS 就一定有多么干净吗？我看不一定。——（东风村网商，2017）

这种僵持和对峙一直持续了三个多月，到 2012 年的 5 月份，SH 那时候甚至都已经把江苏省知识产权局的专家请到东风村来，名义上是为了

---

① 折晓叶：《合作与非对抗性抵制——弱者的"韧武器"》，《社会学研究》2008 年第 3 期。

可以大家上课，全面提升东风村网商的专利保护意识，但实际上就是为了解决问题，或者再具体来说，就是按照乡村人情和政府治理的倾向试图"和稀泥"，让 XS 妥协。而 XS 也最终改变了想法，放弃了自己一直以来坚持的市场化逻辑，转而理解并接受了"暗线逻辑"。

"这件事情实在是牵扯了我太多的精力了，来自各个方面的压力都太大了，我不想因为这个事情就变得自己孤立起来，成为一个孤家寡人。我是一个商人，我无偿捐赠这些专利之后，有能力从别的方面把之前申请专利用的钱都赚回来。一开始确实想到了里面的商机，但是说真的，我真不是一门心思要用这个事情来赚钱，不然我大可以不管不顾，别人说什么是非跟我有什么关系。"按照 XS 的说法，他认为之所以这样做，是因为东风村网商存在着许多结构性问题："东风村网商的发展存在很多问题，产品质量是参差不齐，网商之间相互砸价，没有人进行新产品的研发，等等，这些都在制约东风村的发展。"更为重要的是，事情的发展也逐渐让 XS 认识到，自己一直坚持的市场化交易逻辑已经失败。

  事情闹到后来感觉已经有点失控了，我觉得是一种孤立无援的处境，后来政府也来找我谈，说让我捐出来，让大家共享，作为补偿会给我一些补助，结果那时候也没什么补助，就是整个不了了之。我觉得还是吃苦在出新上，还有经验不足，因为你向淘宝投诉是可以看到谁投诉的，而申请的那些专利权人的名字是我老婆，所以人家一看就知道是我干的。但是如果是一个陌生人的名字，可能是另外一种结果。——（XS，东风村网商，2017）

WWJ 则对 XS 的做法表示赞同：

  这件事情最好能这么解决，其实是我们村的幸运，因为 XS 是本村人投诉我们是可以看到的找得到的，但如果是外地人呢？你上哪去找？这些事情还是说明我们之前太缺乏知识产权保护意识。——（WWJ，东风村网商，2016）

这场专利风波最后的结局就是，XS 放弃了所有 200 多个产品专利的收费要求，转而将这些专利全部免费向东风村网商开放。他原本组建的"东风商盟理事会"在一开始有 70 多个网商店主加入，但在开放专利之后这个协会也迅速宣告结束，接受 XS 所有产品专利管理、使用相关事项的，恰恰是之前 XS 看不上的沙集镇电子商务协会（也就是东风村网商的一个半官方行业协会）。

三 乡村维稳的背后："两种逻辑"的交锋

东风村网商在发展过程中所累积的问题因为 XS 的专利申请和投诉而暴露，但却没有因此而得到彻底的"医治"和解决。以网商繁荣稳定、乡邻乡亲和睦为核心价值导向的"暗线逻辑"最终战胜了以市场公平效率、平等交易博弈为核心价值导向的"明线逻辑"，这种选择最终取决于两个方向所需要付出的"成本和代价"。在这场风波中，东风村网商的专利缺陷被"一笔勾销"，之前出现的结构性问题因为 XS 个体层面的"牺牲"得到了弥补。其本质是一次市场化规范意识从个体到集体的过渡和拓展。

即便是在专利风波的时候，许多网商和政府工作人员都认为 XS 的做法具有很强的启发性和指导性，甚至在某种程度上可以称之为东风网商发展的"破局人"。在专利风波结束之后，对 XS 的"事后评说"更是不断朝着好的方向发展，许多东风村网商的思想观念也发生了变化，即便是那些最激烈反对 XS 的网商都认为他的做法其实有很大的意义，也正是因为是 XS 这个"自己人"注册了专利，这件事情才可以以这种方式收尾。而当笔者问及为什么当时那场风波中，明知道 XS 是对的却依然如此激烈反对的时候，基本上所有的网商都对这个问题避而不谈，只有一个网商用了"没有办法"这个词来概括。而 XS 对此也不愿意多谈，只是表达了不理解，认为如果是外乡人注册专利，可能结果会很不一样。

> 其实那件事情结束之后，我们后来在一起聊的时候也谈起来，觉得他的做法其实很超前，这种产品注册专利的方法事实上是保护了我们东风村的网商。因为如果是外地人这么做的话，我们也不知道这个事情能不能这么顺利地过去。如果当时真的要收取专利费，那很多东风村的网商可能就直接会被关店。——（LXL，东风村网

商，2016）

不仅是思想观念的改变，与专利风波一起而来的还有东风村网商对专利更加"公开"的注册与保护。很多网商实际上也一直产品被人抄袭，但因为以前没有人想到或是认为进行专利注册有用，因此这一环节一直被人忽视。但专利风波之后，很多网商都开始把自己比较重要的产品拿出来进行注册，并且也开始进行更多的产品创新投资和研发。

> 我是做儿童床和电脑桌的，之前也是一直被人抄袭，我们也不知道怎么做，试了很多办法都没有效果。这件事情之后，确实感觉到这个东西（专利注册）应该有用，就先注册了几个试试，就在网页上放上自己产品注册，要是侵权一定会追究的说明。果然抄袭的人就少了很多，因为大家都怕了嘛，XS 那个事情毕竟是搞了好长时间才结束。——（DL，东风村网商，2016）

在这之后，东风村的网商家具产业开始进行转型升级，一方面是越来越多的网商开始意识到产品专利以及这背后对产品设计、创新和原创的追求；另一方面则是东风村的产品重点开始从简单易于被模仿的板式家具向更加高端、产品质量要求更高的实木家具转变。政府也从这个时候开始加强对东风村的网商产业引导，不仅开始频繁邀请各领域专家前来讲课，更是由县政府出面在当地投资建设了占地 2100 多亩的沙集电子商务产业园。原本一直处于闲置状态的网商协会也开始真正得到东风村网商的重视，成为大家互相交流、学习的一个重要平台。

> 当时东风村之所以板式家具向实木家具转型，与那次专利风波是分不开的。一方面是越来越多的网商意识到产品专利保护的重要性，但另一方面在东风村当时的市场环境下，只靠专利保护的作用其实还是很小。因此一些有远见也有实力的网商开始向实木家具转变，因为实木家具的产品不仅从设计外观上可以做出更多创新、更加容易申请专利，而且即便是被仿制，但是这个产品的门槛很高，做得好与坏消费者能够很清楚地分辨。——（CL，阿里研究院专家，

2016）

这次风波的开始、进行和结束，其过程反映了东风村作为一个乡土社会在面临市场冲击时的选择逻辑。从一般意义上来讲，任何企业、任何行业都要遵守的是"市场明线逻辑"，即按照市场、法律、制度、管理规范、平台要求等已有公开文件和说明等标准来判断对错，继而双方在平等对话的基础之上进行"交易"和"博弈"，最终确定一个双方都满意的"成交价格"。在专利风波的语境之中，实际上就对应表现为第一阶段的相应流程和措施。但东风村的专利风波就特殊在双方的交易主体关系，即这种交易是发生在东风村这样一个具有极强地缘、血缘和亲缘关系的乡土社会之中，交易的双方又都是具有"强关系"连接的熟人。在这种情况下，"市场明线逻辑"的实施和推进不可避免地受到"乡土暗线逻辑"的影响，这其中最关键的就是交易双方关系的转变，即从平等关系转向了某种意义上的不平等关系。

首先，这场风波是"个体对集体"，是 XS 一个人与东风村网商一群人的博弈，从受影响的数量规模上来说，这场风波双方就不在一个平等的级别上。其次，这场风波是"增加的边缘增量"对"损失的基础存量"，在很多人看来，XS 所谋求的是他既有利益之外更多的利润，是一种增量增加。而且相对于他个人的网商经营来说，这种收益虽然可观但却不具有很强的紧迫性，属于"锦上添花"的收益。对于东风村网商来说，支付专利费所形成的损失却是要从既有利润部分进行扣除，是一种存量减少。而且更为重要的是，这种损失虽然对大网店不构成太大威胁，但对于占东风村多数的小网店来说却具有"致命性"，属于"釜底抽薪"的损失。最后也是最为关键的一条，这场风波是乡土社会里的"自己人"对"自己人"，就像很多网商以及 XS 本人猜测的那样，如果是苏州人、南京人、上海人甚至是徐州人发起的这场专利风波，那么这种基于"成本考量"为准则的"乡土暗线逻辑"就根本不能有施展的空间与可能性。正是因为专利风波的所有参与人都是东风村乡土社会与东风村网商体系的"自己人"，因此上述两个比较原则才能够成立。

实际上也正是基于这个原则，政府在协调的过程中才会从一开始按照"市场明线逻辑"协调转向了按照"乡土暗线逻辑"协调，而这种转变实际上就承认了交易双方的不平等。这背后,地方政府的治理策略与倾向同样重要,正是形成了某种"责任—利益连带"为主要特征的制度性联结关系[①],政府的调解倾向才会从"规则"转向"目标",成了"协调性"政权[②]。

总结来看,专利风波的引发是因为 XS 按照"市场逻辑"发现了东风村网商在产品专利层面的巨大漏洞,并且通过正常的市场交易获得了解决这个漏洞的"产品",而后希望东风村网商也可以按照"市场逻辑"来购买自己这里的"产品"。在这种"市场逻辑"主导下,交易的双方是平等的,交易的价格是可以进行协商的。但 XS 没有想到的是,由于这场交易发生在东风村,所以一种基于"乡土人情"原则的"暗线逻辑"取代了他本以为正确的市场逻辑。因此,这场风波的解决不是基于"对错",而是基于"好坏"与"成本",之所以如此,恰恰是因为他是东风村乡土社会的"自己人"。因为是自己人,所以"道德判断"与"人情准则"发挥了远比"市场交易准则""法律规章制度"更为重要的作用,这中间需要形成一种新的平衡点。在本次研究的访谈和资料整理当中,几乎所有人都认同 XS 这件事情在"明线逻辑"层面的合理性是正当的,但几乎所有人也都会加一个"但是",这个转折后面的就是我们一直在强调的"暗线逻辑",这也成为这次专利风波最终的主导逻辑。

> 后面想想,其实包括我很多人都觉得他做得对,而且确实对东风村淘宝生意发展有帮助。但是,在当时那种情况下,他的做法确实伤害了太多人的利益和生计,甚至影响到了整个东风村的社会稳定。——(沙集镇副镇长,2017)

从结果上来看,东风村网商避免了因为专利收费而产生的大幅度关店风波,而且这次风波所产生的巨大冲击也让很多有远见的淘宝网店店

[①] 王汉生、王一鸽:《目标管理责任制:农村基层政权的实践逻辑》,《社会学研究》2009 年第 2 期。

[②] 付伟、焦长权:《"协调型"政权:项目制运作下的乡镇政府》,《社会学研究》2015 年第 2 期。

主意识到了产品创新、专利设计等对于自身发展的重要性,发展理念、产品样态、经营方式乃至政府扶持理念都进入了一个新的阶段。然而,也正是因为这次风波否定了"市场明线逻辑"以及其背后对知识产权、对产品创新、对他人市场化成果的尊重,因此东风村在这一方面一直存在着缺陷。直到现在,东风村对产品之间的相互抄袭依然没有一个有效的解决策略,许多有发展想法的网店只能将产品质量、生产规模和品牌打造等作为主要方法来形成产品保护。

> 东风村其实对知识产权的保护意识一直都不强。即便是专利风波过去之后,也会有很多新出现的淘宝店主来堵我的工厂,他们一般都是刚刚开始经营淘宝店的年轻人,因为在网上卖我的专利产品,被我的团队专门负责监督的人看到了,而且这些产品已经不是之前申请的,是我后来申请而且正在经营的,我当然要进行投诉来维护我自己的权益。结果因为没有办法卖我的专利产品,他们竟然找上门来要打架,一个小孩还真踢了我一脚。——(XS,东风村网商,2017)

> 怎么解决?我不可能去跟他们打架啊,村里、镇里甚至是县里的领导都过来调解,最后还不是劝我(妥协)。我也会有苦衷啊,以前我申请的专利产品,现在大家都在卖,我不管了,我也不投诉。可是这些是我个人经营的产品,是我新注册的,我不可能不管,这就相当于别人到我店里来偷东西,我不可能让他钻我的空子。我有一整套办法来保护自己的产品,那些孩子还宣称要来不断地骚扰我,让我的工厂生产不下去,甚至说要在淘宝店里去恶意拍产品然后给差评,他们根本办不到,也不知道自己的行为有多么的错误!——(XS,东风村网商,2017)

之所以东风村会持续出现这种问题,是因为2012年的那次专利风波的解决方式存在严重的隐患。这也说明了东风村这场专利风波当中的"暗线逻辑"还有一个非常重要的特征就是"中国基层政府治理的倾向性",即政府尤其是基层政府倾向于将稳定作为基层社会事务管理的核心准则,因此调解或者一定程度上的"和稀泥"也就成为一种行动倾向。

有学者将其概括为是一种"不出事逻辑",其核心表现就是消极和不作为。① 所以东风村的乡土社会结构特性与相应基层政府的"和稀泥"管控倾向一起组成了"暗线逻辑",这背后是基础性权力尚未确立、行政运作缺乏充沛资源的治理发展困境。

> 我不明白,专利风波到现在已经这么多年了,居然还会有人想要来成群结队地威胁我,甚至企图用武力来解决问题。我这次不可能再退让,我身后还有100多个员工的生存,如果产品都保不住,那么我就再也没有活路……问题还在于政府,这种专利知识的普及,就是需要政府和有关部门进行宣传和推动,淘宝人不懂这些,政府和有关部门也不懂吗?不能再去一味地调解,要让所有人都知道,任何人都没有权利阻止他人申请专利,没有任何人可以不得到别人的授权就用他人的专利产品。这些话只能是政府说,我要继续这么做,会有更多人认为我是一个捣蛋的、来添乱的人,是先要垄断东风村所有的真金白银。——(XS,东风村网商,2017)

乡村社会的特殊结构和关系网络促进了东风村网商的迅速崛起与高效传播,在极大降低参与门槛的前提下不仅让东风村成了一个淘宝村,更使得网商经济对东风村的社会变革起到了巨大的推动作用。但与此同时,这种强力的乡土社会与"强关系"网络又成为阻碍东风村网商经济继续突破创新的一个制约因素。"专利风波"无疑成为东风淘宝村发展过程之中这种乡土两面性的一个有力说明和"典型事件"。

第三节 走出"温情脉脉"的束缚:
关系本位的乡村更新

一 个体精英的培育:乡村经济的突围策略

实际上正如前述所言,东风村淘宝店生意的出现和迅速传播与乡村社会关系网络的作用密不可分,在发展前期,这种熟人社会下的乡村社

---

① 贺雪峰、刘岳:《基层治理中的"不出事逻辑"》,《学术研究》2010年第6期。

会关系网络降低了网商生意启动和推广的成本及难度,但在发展后期,过于熟稔的乡土社会网络会衍生出很多不规范甚至反市场的行为和事件,反而构成了对淘宝网商生意继续升级发展的一种桎梏。乡村社会所具有的天然强关系社会关系网络固然可以在很大程度上传播真实有效的经营信息,但却存在另外一个潜在隐患,即"强关系"主导的乡村社会网络由于缺少市场化弱关系的生存空间,导致后期网商企业主体发展到一定规模,却无法通过市场、法律、契约等建立起有效的制度化合作框架,也无法有效实现对不正规市场行为的遏制,从而影响了东风村网商的创新突破。

东风村的网商发展需要实现对"强关系"社会网络的改变。这恰恰就是中国大部分乡村经济所面临的一种共性问题。更进一步说,这种对乡土性的"脱离"实际上是乡村产业走向市场化、正规化的一个必然步骤。而从一般经验来看,通常情况下,这种转变的可能来自乡村经济带头人的思想转变和模范引导,即通过乡村企业创始人或是其他经济能人的个人企业家意识、精神与能力的增长,带动一个个企业逐步走出既有乡村社会关系网络的束缚,并且寻求以企业的转型来带动特定区域的转型。这在很大程度上是因为农民在经营能力上的差距很大,根据已有研究,不同农户的个人决策行为和能力以及农户采用的手段、机会、技能以及自身所持有的价值观和心态等会有很大不同,以此为基础形成了不同的农户发展主体行动能力。有学者立足于河南省5个类型农区580家农户的实证调查,总结了农户自身素能、主动获取信息与处理能力、农户决策能力等12个层面共93项指标,实现了对农户自主发展能力的差异化分析。[1] 依托特定农民企业家是一个乡村经济创新的重要路径。有学者就立足浙江省的农民创业企业家的相关实证研究指出[2],创业精神是农民创业主体的核心推动力,其形成机制在不同创业阶段有不同的作用关系,总体来说是从注重"生理和安全的经济需要"转为"出于受尊重和自我

---

[1] 乔家君、赵德华、李小建:《农户自主发展能力差异比较研究》,《农业系统科学与综合研究》2008年第3期。

[2] 吕惠明、章合杰:《农民企业家创业精神形成机制研究——以浙江省为例》,《农业经济问题》2014年第35期。

实现的社会需要",在市场等外部环境的转型过程中,农民企业家形成了以进取导向、风险导向、创新导向为核心的人格特质。

但同时,农民创业者的企业家精神等培育具有很强的偶然性,并且转变的成功与否还与乡村所处大环境、自身所从事相关产业类型等紧密相关,市场开放程度、经济发展层次、法制规范水平、政府引导方式、区域人才结构等多个因素也都起到了重要作用。从中国改革开放以来乡村企业的发展历史来看,只有苏南、浙北、广州、福建等沿海发达区域的少数乡村企业实现了对乡村社会网络的脱嵌,带领当地的乡村产业集群走向更高层次的发展水平(比如福建泉州的运动鞋产业,就从简单的家庭式代工小作坊发展到拥有安踏、贵人鸟等十几个大型上市集团的强势产业集群)。对于东风村网商来说,这种传统的乡村产业创新路径显然具有结构性缺陷与极大的不确定性,但由于淘宝店主相对于一般的乡村产业能人具有新的发展特征,因此成为带动东风村网商走出困局的重要依托。

二 淘宝店主的凸显:网商群体的引领突破

对于东风村来说,作为特殊"乡村能人"的"淘宝能人"借助互联网力量充分发挥引导创新力量,实现淘宝村的转型突围成为一种可能性的路径。这背后是因为在互联网经济中形成的"网商乡村能人"具有与既有乡村精英的结构性差异。

改革开放之后,以往工业化为主的乡村经济发展实际上也孕育了乡村经济精英,但由于乡村工业在发展过程之中多数依托的是资源优势、政策优势和价格优势等规模性、政策性因素,因此对于技术、管理、营销等创新因素的需求不高。这就导致实际上乡村工业所产生的乡村领导层大部分集中在以往的政府官员、大户人家甚至是社会性群体的带头人等。他们依然摆脱不了传统乡村领导群体的特征和倾向,实际上乡村领导群体的特征是如此鲜明,以至于已经成为乡村生产生活体系的一个重要内在特征,甚至可以在面临外部技术冲击的时候发生"变形"以吸收"冲力"并内化成为传统领导方式的一种,这也部分解释了为什么乡镇企业很难获得长远发展的原因,因为乡镇企业实际上是工业化冲击下乡村一种被动的回应与互动,并未从根本意义上改变乡村经济的内生结构和生态系统，也无法孕育出自主创新的技术基因和动力。因此，要实现互联网在乡村的创新发展，就必须直面这个问题，对于这个问题的解决关系到互联网与乡村是否可以切实融合并实现内生性的区域现代化发展导向。

淘宝村发展依托的是对电子商务及其背后互联网经济、技术乃至思想的深度理解和再认知，因此只有拥有或是能接受新技术、新思想、新视角和新文化的群体才具备成为"淘宝村"领军人才的可能。除此之外，东风村的发展实践已经证明乡村的本地村民已经具备了扭转乡村发展方式的可能性，而淘宝村的产业经济带头人不再是传统的绅士阶层，也不再是外部精英，而是真正的"村里淘宝能人"。通过走访调查，笔者认为东风村的这些"电商能人"已经具备了"乡村企业家精神"，其核心是创新、专业与市场化。这三个概念构成了对东风村既有文化的解读框架。首先是创新，创新就意味着勇于尝试新事物、勇于犯错、勇于承担成本；其次是专业，专业就意味着干一行爱一行，一旦决定做某件事情，就会不断钻研、不断探索，力求极致从而使自己的产品可以脱颖而出；最后是市场化，专业与创新也是市场化的重要组成部分，之所以将市场化单独拿出来是用以说明东风村人对成本、规模、效率等市场交易的核心规律有着非常清晰的认知，这也构成了创新与专业的基础，即任何创新与专业都必须满足成本—产出规律，都必须以效益最大化为目的。这三者构成一个完整的逻辑体系，成为推动东风村网商经济走出乡土关系网络束缚的关键。

东风村网商经济的开始与迅速崛起始终离不开以SH为代表的一系列东风村新经济精英的创新和引领，他们不仅自己探索了新的产业方向与发展模式，在完全没有外部配套支持的条件下"从零开始"构建了一个完整的家具生产、网络销售、物流配送产业链，而且还带动了整个东风村村民的集体参与，使得网商家具产业成为东风村、沙集镇乃至整个睢宁县的重要产业。更为重要的是，在这些"网商能人"的带动下，网商经济还推动了东风村的文化转型与社会结构转型，在真正意义上构成了东风村现代化进程的重要路径。因此，东风村这些年轻的网商经营主体无疑是互联网经济下形成的"乡村新能人"，更为重要的是这些"年轻人"自身的"乡村企业家精神"在互联网经济不断的经营、创新和突破中形成了新的要素和表现形式，正是这一群体的创新引领，使得互联网成为东风村淘宝村未来进一步创新发展的重要动力。

三 关系网络的外延：互联网对乡村的改变

除了依托特定网商群体实现"从点到面"的突破，网商家具产业作为一种互联网经济类型，其自身也成为推动乡村社会关系变革的重要动力和基础。具体来说，作为一种新的关系网络结构，网商家具产业的发展实现了乡村传统社会结构的外延，并以此推动了东风村的传统关系网络"形变"。互联网作为一种技术的出现和普及极大改变了传统社会长久以来形成的既有交往规范和形式，当下"基于网络的社会互动突破了传统的人际关系网络，网缘因此成为与血缘、亲缘、地缘和业缘同样重要的社会集群方式"[1]。各式各样的互联网交流工具夹杂着自媒体、网络媒体等渠道一方面降低了人们的身份认知障碍，使得"同兴趣、同利益、同归属"群体可以轻易而迅速地在网络集聚发生；另一方面也形成了以网络为依托的"去中心化"公共事务参与机制，很多社会热点问题可以迅速发酵，形成较大影响力。这种虚拟的网络交流虽然并不直接构成真实社会互动的日常环节，但"日常生活将其自身作为一个事实或现实展现出来，供人们进行诠释，并被人们在主观意义上认为是一个前后一致的世界"[2]。虚拟的网络技术和相配套的相关互动正在剧烈改变着我们的日常生活，带来了对大规模集体行动（collective action）[3]、社会动员中的"一般性认识"（general idea）[4] 等一系列相关现象的研究与讨论。

乡村产业发展与既有乡村社会关系网络之间的关系转变，本质上是一个成本问题，原来本地文化中嵌入的亲朋关系网络是一种典型的"高信任、低成本"资源池，这为乡村产业的崛起和迅速发展提供了巨

---

[1] 关凯：《互联网与文化转型：重构社会变革的形态》，《中山大学学报》（社会科学版）2013 年第 3 期，第 103 页。

[2] 彼得·伯格、托马斯·卢克曼：《现实的社会构建》，汪涌译，北京大学出版社 2009 年版，第 17 页。

[3] 曼瑟尔·奥尔森：《集体行动的逻辑》，陈郁、郭宇峰译，上海三联书店、上海人民出版社 1995 年版。

[4] 可以为社会不满情绪提供一种被广为接受的原因解释，成为一种新的社会共识，参见 Neil J. Smelser, *Theory of Collective Behavior*, New York: Free Press, 1962。

大的优越性，消除了市场经济中固有的不确定性和相互信任、契约遵守等相关问题。正是由于这种基于地缘、宗族等制度形成的启动环境使得创业者对于外延关系网络资源并不积极，导致产业的集群效率和效益无法提升。在成熟的市场经济条件下，陌生交易主体之间的信任应该得到来自第三方或是整个市场环境的保障，正是因为中国乡村社会的市场经济自身发育不完善、不健全、不充分，所以导致东风村的网商家具产业在意图实现升级转型发展的过程中面临极大的制度性不确定。因此，越是相对落后地区的淘宝村，其对于乡村社会关系网络依赖性就越强，在未来发展过程中实现"良性脱离"困难度就越高。虽然多数既有的相关研究将淘宝村等乡村产业面临外延关系和市场化拓展时所出现的犹豫、退缩乃至停滞归结为内因，即本地文化与地缘亲朋关系网络的深入嵌入和阻碍使得相关行动主体对外延关系资源呈现出一种排斥行为。但本书认为，这并不仅仅是一种自我的排斥心态，更多是一种比较精细化的理性考量。

依据笔者在东风村的走访调研，网商经济发展带来的改变很大程度上体现为互联网带来的外部关系对乡村既有关系网络形成的"侵入与接替"，即互联网环境有利于外延关系的嵌入①，从而可以为创业集群增加市场机会和引进资源，推动创业企业转型升级和创业集群的发展。因此，一方面，借助互联网经济本身可以引入"外部市场性关系"等特点，东风村的淘宝店生意必然要借助互联网经济及技术带来的新关系资源实现对既有乡村社会关系的"脱离"。另一方面，这个转变过程的主动权始终掌握在"东风网商能人"手中，而制约他们做出选择的关键原因就是"成本考量"，只有当乡村传统的社会关系网络对自身网商经营出现"弊大于利"的作用时，东风村网商才会有改变的动力。"专利风波"等事件的出现则说明，东风村的网商经济发展已经到了一个新的阶段，即必须依托互联网逐步实现对本地社会网络关系的脱离，以此进入未来正规化、规模化、专业化的发展新路径。

---

① 梁强、邹立凯、王博等：《关系嵌入与创业集群发展：基于揭阳市军埔淘宝村的案例研究》，《管理学报》2016年第8期。

第六章

从"共同体"到网络社会：
淘宝村的转型逻辑

第一节 交易平台的反哺：网商经济的关系结构嬗变

一 乡村关系转变：从碎片化到"再整合"

传统的乡土社会关系网络有效促进了网商经济的发展与传播，依托乡村的"强关系"结构，东风村的网商家具经营实现了从个体行为到全村参与的转变，并且为村民提供了非常便利、高效且成本极低的"模仿—学习"路径，使得参与网商经营创业的门槛大大降低。在发展过程之中，乡村这种既有的社会关系网络又在很大程度上促进了家庭组织架构下网商经营规模的扩大、经营技巧等一系列相关领域的发展。传统乡村的社会关系网络成为东风村网商经济发展、扩张、成熟的重要关键性因素。但在后期，这种乡土社会关系网络却开始成为东风村网商进一步创新突破的桎梏，尤其是由于存在着乡土关系的约束，东风村网商无法利用正常的市场规则与法律法规实现对日益严重的产品抄袭与同质化竞争等不良网商行为的"惩罚"与"驱逐"，从而使得东风村的网商经济发展在2012年左右陷入了困境。

也正是这个时候，互联网的作用越发凸显出来，成为变革乡村社会关系，引领东风村网商经济突破的重要角色。这其中的关键，就在于网商经济的发展，使得东风村原有以前置性"强关系"（比如血缘、地缘等）为基础的乡村社会关系网络与网商经济中以利益性"强关系"（比如

第六章 从"共同体"到网络社会:淘宝村的转型逻辑

合伙人、供应链伙伴或是生意师徒等)为基础的网络社会关系网络形成了叠合,并在很大程度上推动了前者向后者的转型与升级,从而实现了东风村作为一个乡村"共同体"社会的转型。

"共同体"这一概念在德国社会学家滕尼斯的著作《共同体与社会》中首次出现并被论述。滕尼斯认为,不同的共同体具有不同的类型、连接纽带与心态,而具体来说,亲属、邻里、友谊分别构成了血缘共同体、地缘共同体与精神共同体三种经典共同体心态的核心属性与纽带。滕尼斯认为在代表现代性的社会与代表传统型的共同体当中都存在着关系,这种关系意味着不同人、不同群体之间的相处模式与结合方式,关键在于这种关系应该被如何理解,即"关系本身即结合,或者被理解为现实的有机生命——这就是共同体的本质。或者被理解为思想的和机械的形态——这就是社会的概念"①。滕尼斯在"共同体—社会"这种分类之中对共同体有着非常强烈的情感倾向,农村恰恰是这种"共同体"分类当中的重要代表。因此,东风村既有的乡村社会关系网络也呈现出一种非常典型的"共同体"特征,按照滕尼斯的说法,共同体中关系的属性具有典型的私密、单纯和亲密性,是一种非常个人化的关系相处模式,即"一切亲密的、秘密的、单纯的共同生活(我们这样认为)被理解为在共同体里的生活。社会是公共性的,是世界"②。

> 我们村没有什么太强的这种宗族关系,因为从历史上来讲,经常会因为水灾发生决口或是一些其他什么灾害,因此应该说东风村是一个移民乡村。我们也受邀去过人家浙江、广东那边的淘宝村,他们确实是这种宗族感很强烈,经常会有一到两个大姓在,相互之间的关系比较紧密……但我们村相互之间的关系还是非常紧密的,一个是因为村子联系比较紧密,因为以前大家一起做生意来往比较多,还有就是许多后来过来的都是大家,一下子来会有好多兄弟姐妹,LXL他们家就是好多人,还有就是王姓这边也很多人,相互之

---

① 斐迪南·滕尼斯:《共同体与社会:纯粹社会学的基本概念》,林荣远译,北京大学出版社2010年版,第43页。
② 同上。

间亲戚、朋友等关系交叉在一起。——（WYK，东风村网商，2016）

随着淘宝网商经济的发展，东风村这种"乡村共同体"开始出现变化，这种变化主要表现在两个基本方面：其一是关系交往结构开始从"多对多"走向"单对多"。以往的东风村作为一个典型的熟人社会，基本上呈现出一种"所有人"认识"所有人"的关系联系结构，即东风村中的任何一个人基本上都可以通过亲戚、家属、发小、师生、邻居等各种关系路径实现对一个村落里面所有人的"直接沟通"。随着网商经济的崛起，东风村原本"多对多"的这种关系交往结构发生了变化，在整体性的乡村关系网络结构之外形成了以特定兴趣、利益与信息共享为核心特征的"次结构"，这种"次结构"通常情况下是以"小圈子"的样态出现。特定的"小圈子"会形成比较深入的日常生活交往与生意往来。"小圈子"外面的人则很难直接接触到内部，必须经过特定介绍人的"引入"之后才可以。东风村在"多对多"的既有乡村关系网络之外形成了必须借助"单对多"才可以发生联系的新的乡村社会关系网络。其二则是关系交往的内容开始从简单的"日常生活交往"走向复合型的"生意资源共享"。之前东风村的关系网络结构在交往的过程之中依然以日常琐碎的信息为主（也就是"闲聊"），但随着网商经济的发展，社会关系网络具备了更强的利用价值，重要的商业信息、经营资源、技巧提升、合作伙伴等开始成为乡村社会关系网络交往的核心内容，这实际上也与之前所提及的东风村"小圈子"有着非常紧密的关系。

我们之前也会有圈子的，最大的刚过40岁，最小的可能就20多岁，有事情就一起商量，有困难就一起商量怎么解决。也不太需要什么带头人，因为大家都是做这个的，相互之间想法和思维方式还是蛮像的。经常会展开一些主题性的讨论，后来甚至还会请来一些外部的专业人士过来进行指导，比如南林大或是淘宝这边的一些电商老师，后来这个就成为我们东风村电商一个常规聚会，大家都回来，甚至周边宿迁的一些网商也都会来。——（LXL，东风村网商，2017）

第六章 从"共同体"到网络社会：淘宝村的转型逻辑

东风村乡土社会关系网络发生的改变是一种从传统"共同体"向"现代化社会"的转型，这种转型正是由于网商经济的介入与引导才得以实现。滕尼斯曾经就指出过这种过程，即"可以理解为这样一种倾向：从原始的（简单的、家庭的）共产主义和从中产生的、建立在此基础上的（村庄的—城市的）个人主义，走向独立的（大城市的—普遍的）个人主义和由此确立的（国家的和国际的）社会主义"①。从这个视角出发，东风村社会关系网络所发生的变化就是原本单一化、同质化、简单化的社会交往结构走向多集群、异质性、高价值的社会交往结构，在这种结构之中，任何一个东风村的村民不再能够"直接"从自身关系网络结构之中获得有效的经营信息，而必须进入一个特定的"小圈层"，才能够实现对特定网店资源与经营信息的共享。

> 我们现在很多事情其实都不会跟亲戚讲，反而有时候大家几个关系比较好的兄弟们在一起，会经常交流……（为什么不跟亲戚讲？）因为很多资源不是你自己的啊，你比方说有一次我们一个朋友去上淘宝大学培训，然后通过一个讲师认识了宿迁那边的五金供应商，我们一起去看了确实是质量很好，而且价格比徐州这边的还要便宜，我们几个就一起跟人家签合约，然后拿团购价。这时候有亲戚过来问我要同样的价格，我当然不能告诉他了，因为这是我们一起出的力。——（LXL，东风村网商，2016）

我们可以将东风村社会关系网络在网络经济驱动下发生的这种转变看作是一种典型的向现代社会的过渡过程，而这种过程背后的是东风村的乡村社会关系网络从"碎片化"走向"再整合"的变迁。正如前述所言，在网商经济深入介入影响之前的东风村社会关系网络实际上呈现出一种典型的"碎片化"特征，虽然东风村的村民可以通过本土性的"强关系"维持住彼此之间的紧密联系，但这种社会交往却始终没有明确的目标导向和与之相配套的结构层级，"多对多"的关系连接与交往方式也

---

① 斐迪南·滕尼斯：《共同体与社会：纯粹社会学的基本概念》，林荣远译，北京大学出版社2010年版，第269页。

在某种程度上降低了乡村社会关系网络的价值。在东风村网商经济起步的阶段，由于网商经营所需要的都是一些非常简单的信息，可以借助这种乡村社会关系网络实现高效传播。一旦网商经济进入转型期，不论是经营信息还是所需要的资源（比如上下游的产业链合作），东风村原有的社会关系网络都无法有效进行承载和传达。与此同时，网商经济的发展实际上是将"做好网店生意"这样一个明确的发展目标赋予了东风村的乡土社会关系网络，正是围绕着这样一个目标导向，东风村的社会关系网络经历了从"碎片化"到"再分化"的过程，在网商经济发展这一共同目标下基础不同、要求不同、积累不同、兴趣不同的群体自然开始形成分化，成为一个个"小圈层"。也正是因为这些"小圈层"各自是按照同样的目标和标准进行发展与扩散，因此整个东风村的社会关系网络在"淘宝村升级"这样一个总体目标与要求的导向下，完成了"再分化"向多层次、多梯度"结构化"的转变，正是这种"结构化"在某种程度上终结了东风村原有关系网络的"碎片化"，完成了东风村社会关系网络的"再整合"。

> 现在大家的关系怎么说呢，跟以前一样，也不一样了。以前是很热闹，我们这个地方也小，大家经常聚在一起，不过那会确实没什么事情做，聚在一起也就是闲聊或是一起玩一下。现在确实不一样，因为很忙，所以没有时间聚在一起闲聊，所以慢慢地就会形成一帮志同道合的人，大家互相帮助……但其实大部分还是以前的人，只不过数量少了一些，还是自己的亲戚、朋友那些人吧，因此大家都做这个啊，而且后来互相帮助，发展得也不错……也有外面来的人，QY 不就是从宿迁那边过来的吗？但总体还是以自己人为主，毕竟我们这个村也不大。——（SH，东风村网商，2016）

之所以可以发生这种转变，很大程度上是因为网店生意形成的巨大利润回报使得原本单一、松散的乡村社会关系网络开始以"利益"为核心纽带发生连接，这无疑加大了这种乡村关系网络的"强度"。更为有趣的是，相对于边燕杰等学者提出的人情"强关系"理论范式，东风村在网商经济的发展过程之中形成了一种基于利益的"强关系"样态。在东风村这样一个有效的空间范围之内，传统的乡村社会"强关系"叠加了市场性的"利益交往"因素之后，这种"强关系"发生了转变，利益因素的介入与既有的血缘、地缘等因素互动，使得东风村呈现出带有市场性特征的"强关系"结构。

二 淘宝网"在场"：网商突生的技术支撑

东风村网店生意的崛起与中国互联网经济或者更具体来说与中国乡村电子商务产业从2006年以来的快速增长密不可分[①]，我们可以将这背后的原因概括为一种电子商务爆发的市场"空白期"。也正是因为东风村的淘宝网店产业发展在初期与这种电子商务产业的"空白期"在时间上的吻合，因此东风村网商店主才可以在当时既缺乏外部有力的资金、技术指导，同时内部自身产业发展基础与市场经营意识极为薄弱的情况下，借助"网销简易家具"这样一个巨大的市场需求空白点切入到互联网经济，并实现了自身的乡村发展转型。

东风村"淘宝生意经"的规模、速度和对产业发展、收入及就业结构等多个领域的带动固然值得我们进行思考，但更重要的是如何去理解在东风村发生的这种产业经济创新及其背后的动力。笔者认为东风村网商产业的成功与当地村民的偶然尝试与当时即将蓬勃兴起的互联网经济的"空白期"的"遭遇"有着重要的联系。这种空白期的内涵比较丰富，既包含了互联网经济本身的内在特点，同时也具有许多阶段性的特殊属性作用。作为一种互联网经济形态的电子商务产业本身具有许多特点，这些特点成为推动东风村村民可以介入其中并迅速实现网店规模扩张的重要因素，同时也成为推动东风村网商不断升级、走出乡村社会关系网络束缚的重要动力机制。具体逻辑可参见图6—1。

东风村淘宝网商产业的兴起与互联网经济或者更具体来说就是"网店创业"自身的特点密不可分。农民创业较为多样，尤其是随着知识经济时代的崛起，世界发展的产业创新从工业化走向信息化，不论是发达国家还是发展中国家的乡村地区正在出现越来越多的农民创业行为，而网店创业无疑是其中非常特殊的一种新类型。根据笔者在采访中汇总得

[①] 洪勇：《我国农村电商发展的制约因素与促进政策》，《商业经济研究》2016年第4期。

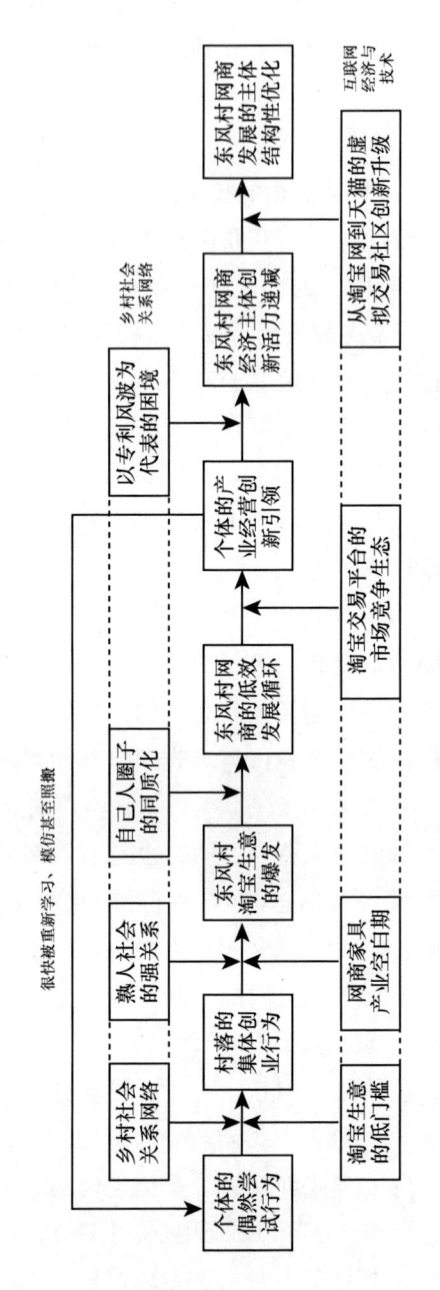

图6-1 乡村社会关系与互联网共同作用下的东风村网商发展路径

来的相关情况，发现东风村的这种网店创业特点可以被归纳为四个基本的方面。

其一，作为一种乡村产业的创业方向，淘宝网店相对于传统的东风村产业形态（比如养猪、塑料回收加工等）可以被看作一种新兴的、有一定技术门槛的产业形态，在乡村乃至是城镇都属于具有一定前沿性与创新性的"朝阳产业"，而这从两个方面形成了对东风村网商经济发展的影响。首先，开淘宝店在东风村这样一个乡村社会迅速被描述为是一个"有面子且上档次"的就业方向与从业行当，这一方面是因为互联网技术与产业发展本身具有的一定技术要求和呈现特征，另一方面相对于传统的养猪、回收塑料等第一产业、第二产业形态，电子商务属于典型的第三产业服务业，不需要风吹日晒，也不需要过多在外面劳作，更多是在电脑面前进行操作，在很大程度上符合了乡村社会对于城市白领"坐办公室"式工作方式的期许。因此，成为许多东风村村民，尤其是东风村年轻人回乡就业创业的首选方向。

> 大学毕业之后本来是要在家创业，但是其实东风村的创业可能很有限，只有几个方向，要么就做大家做的事情，在那时候的东风村其实就是废旧塑料回收加工，要么就做大家没有人做的事情。我当时本来是选择养鸡，但是我养的不是一般的鸡，而是七彩山鸡，是一种价值很高的散养鸡，应该属于生态农业的一种。但家人根本不支持，当时就说，花那么多钱送你上大学，回来怎么能养鸡呢？养鸡这种事情需要上大学才能养吗？然后我就只能又出去打工，后来村里面出现了淘宝店，这次是家里人自己觉得这个行当比之前的养鸡什么要强太多，因此就让我回来先是跟着别人做，后来也开始慢慢尝试自己做。——（DLP，东风村网商，2017）

除此之外，东风村的网商家具产业，尤其是作为最初源头核心和最重要环节的线上网店经营、设计、服务等环节实际上都对参与者的互联网知识、计算机技术和相应的学习能力提出了一定的要求，因此具有一定的"技术性与知识性门槛"。要跨过这道门槛，往往是年轻人具有更多的优势，不管是对互联网、计算机的熟悉还是后期学习跟进更新的能力和意愿，相对于东风村的上一辈，东风村的"年轻人"无疑都具有更加匹配的能力，因为在电子商务发展当中，基于市场导向感知与预判基础之上的实践能力和创新能力是非常重要的。① 这种匹配也让年轻人很容易就成为东风村网店生意的核心力量甚至绝大部分情况下的领军人才。

> 我之前做过很多生意，包括卖茶水，那时候一天可以赚个两毛钱，一瓶是五分钱，后来又卖焦炭。但我对开网店这个事情还真是不太了解……当时我在家门口做生意，看到路上一车车地拉东西，而且特别多，就往东风村的那个方向来回，我就很好奇然后一连看了好几天，就去问他们司机说拉的是什么，司机说是家具，是在淘宝上卖的。我一打听才知道是东风村那边的人把家具做出来然后在网上卖。我就觉得一定有钱赚，因为不然怎么会有这么多车来来回回，说明做的人很多，人家能干，我也能干，即便我不会，我也可以叫我儿子来学啊！——（SGX，东风村网商，2016）

实际上在淘宝店之前，东风村如中国许多的乡村一样，其主导的产业类型不管是农业种植、农副产品加工或是简单的工业（比如东风村的塑料回收加工）都不具备太多的技术含量和门槛，因此乡村产业往往秉承的是"经验主义"，在这种情况下，年龄越大、经验越丰富的从业者往往比年龄较小但知识储备、学习能力更强的年轻人拥有更多的话语权，这也是许多乡村年轻人在外学习、工作之后不愿意回到乡村的重要原因之一。但东风村淘宝店生意的出现，第一次使得乡村的产业开始从"经验主义"转向"知识主义"，年轻人开始占据主导权，这对于吸引年轻人回乡无疑具有非常大的吸引力。

> 开网店这个生意跟之前我们做过的都不太一样，以前我们不管是卖猪还是回收塑料，其实村里的年轻人通常看不上，而且说实话

---

① 卢淑静、周欢怀：《基于中美电子商务人才培养模式的思考》，《情报杂志》2010年第1期。马国光、赵建平、肖绢：《电子商务人才需求偏差分析》，《经济论坛》2005年第7期。

他们也帮不上什么忙。但现在不一样了，网店这生意现在不仅村里人在做，许多本村的大学生和一些外地打工的小伙子都回来了，一回来就开始用电脑、拉网线，都可以一年赚个几十万甚至上百万。而且我们这边不仅有来自社科院的专家，有来自阿里巴巴的专家，还有很多媒体记者和大学生来研究，这跟以前拐粉喂猪、回收破旧塑料加工，那可真是一个天上、一个地下，没有办法比较的！——（WWK，东风村原党委书记，2016）

其二，在 2008 年左右，在淘宝网上经营网店面对的是一个非常好的市场环境。大量的潜在需求尤其是一些之前被传统产业忽视的细分化需求开始出现，作为产品供给方的淘宝网店则数量较少，其供应的货品也非常有限，因此这个时候的淘宝网平台呈现的是一种典型的"供不应求"的卖方市场。这会形成重要的后续影响：具体来说，消费者对特定产品购买需求呈现"单一性"，即在当时的淘宝网，消费者对店家所出售产品的要求往往很单一，以东风村为例，消费者对简易家具的需求仅仅是款式时尚、价格便宜、便于拼装，而相关的其他因素，比如质量、环保甚至是原创性、网店运营专业性等并不是那么看重。[①] 因此，这种典型的"供不应求"形成的产品供需关系恰恰给予了东风村网商在一开始阶段以非常"宽松"的市场发展和产业培育环境。

> 我当时也是好奇就问他，在家里捣鼓什么，他说他在开淘宝网店，然后跟我说还蛮能赚钱。然后 SH 就跟我说，我要是感兴趣也可以开一个自己的淘宝店。当时没想到会怎么样，想要做淘宝店的时候就在别人家网店搜了一下我觉得还能卖得不错的家具产品，然后把图片打印出来。打印出来之后，总要有人能做啊，我就去找了一个帮他们做家具产品的老木匠，让他做。其实我觉得做的真是一般般，手法都是那种很原始的手法，而且当时面皮应该还是用万能胶来封的，一天就能做个几个非常慢，我也没办法啊，就硬着头皮把

[①] 洪涛、张传林、李春晓：《我国农产品电子商务模式发展研究（下）》，《商业时代》2014 年第 17 期。

产品放了上去……没想到一下子就吸引了许多买主,我当时一天可以接到二三十个单子,产品卖出去之后,大概可以拿到40%的利润,这可比我搞塑料回收加工或者是蛋糕房利润要好多了,而且也不会有风吹日晒什么的,当时我就决定别的都不做了,要集中精力开好淘宝店。——(WY,东风村网商,2016)

正是在这个基础之上,东风村依靠第一批网商群体的探索,形成了极为准确的市场选择与产品切入。当时整个家具网购市场刚刚兴起,简易家具的使用用户大量集中在一、二线城市的白领、学生等相关阶层。这一部分消费群体对于新兴产品的需求量很大而且易于接受新的产品与购物方式,但传统的家具市场供应环节不能有效满足这部分市场。彼时的家具网购消费并没有发展到"拼质量、拼品牌、拼规模"的阶段,而更多是停留在"产品新、价格低、服务好"的发展阶段,在这种情况下,东风村所选择的简易拼装家具实际上瞄准的就是大城市的白领阶层,这一部分群体由于租房住的关系,需要经常搬迁和进行家具购买、组装。因此,可拆装的宜家仿制家具和韩式简易家具就显示出其易搬迁的特性。而且可拆装家具更适合网销,打包和运输都相对容易。可以说,东风村的网商家具产业是准确地占据了这片"蓝海市场"①。

因此,东风村网商借助淘宝网这样一个全国性的电子交易平台,实际上实现了一种乡村"低成本生产"与城镇"高水准消费"之间的匹配,而这种匹配带来了极高的利润回报空间,不仅改善了东风村网商店主的生活水平,也促使东风村网商认识到其中巨大的商机并将利润形成经营资本实现再投入,不断改善自己的产品与经营水平。② 乡村产业之所以始终走不出低效益的困境,很大程度上就是因为无法突破乡村自身的消费市场,而电子商务的出现打破了这种困境,其中的本质在于消除了"中间渠道商",降低了城乡之间的交易成本。进一步来说,就是淘宝村作为一种"共享经济"类型大幅度降低了城乡之间的交易成本,使原来不可

---

① 主要是指新兴的、发展潜力巨大的市场。参见 W. 钱·金、勒妮·莫博涅《蓝海战略》,商务印书馆2016年版。

② 王宝义:《"新零售"的本质、成因及实践动向》,《中国流通经济》2017年第7期。

第六章　从"共同体"到网络社会：淘宝村的转型逻辑

交易的资源进入可交易的范围。① 尤其是在最开始的起步阶段，巨大的利润回报在很大程度上加大了东风村淘宝网店这个"创业故事"的传奇性与煽动性，也赋予后续网商以更大的跟进与改善动力。

> 挣钱现在不如 2012 年那会，那会真的是说句不好听的，做淘宝就跟在地上拾钱一样容易，现在不行了，一个是以前基本上网上卖东西不会还价，现在人家都会砍价，或者是让你包邮。还有就是卖的人也多了，所以就挣不了那么多了。——（SGX，东风村网商，2016）

> 我妈让我回来试试，我正好在东风村这边也有一些朋友做淘宝，真的还蛮赚钱的，所以我就边干边学，现在已经有六年多了。我现在主要家具都不自己生产，从别人那里拿，然后就是包装、销售。基本上都是全家人一起做，有的时候人手实在干不过来就雇几个人。其实真没遇到什么困难，一直都还蛮顺利的。最高的一年可以卖到 800 多万元，现在只能两三百万元。我们村基本上都是会卖的不会去做，会做的不去卖，可能这是因为跟旁边的东风村有联系吧，因为他们做得比较大，所以这块分工反正在我们村还蛮细……我现在花了 70 多万元，在宿迁给小孩买了一套学区房，以后就去那边上学，不能让下一代没有文化。——（ZW，东风村网商，2017）

其三，淘宝网作为一种 C2C 的电子商务交易平台，有效实现了"个人对个人"交易模式的"技术外包"，在线上沟通、网银支付、实名验证、购买评价、信誉累积、物流跟踪、店铺奖惩等各个环节，淘宝村利用各种技术手段在网络平台上实现"个人对个人"交易的可能性，实现了作为一种第三方交易平台的网络信息生态链稳定、高效与流畅。② 这其中更是有许多模式和技术创新，比如其中最重要的就是网上交易具有

---

① 卢现祥：《共享经济：交易成本最小化、制度变革与制度供给》，《社会科学战线》2016 年第 9 期。

② 李北伟、徐越、单既民、魏昌龙、张鑫琦、富金鑫：《网络信息生态链评价研究——以淘宝网与腾讯拍拍为例》，《情报理论与实践》2013 年第 9 期。

"钱货不能当场两清"的情况,而这会造成买卖双方对交易行为的不信任。在这种情况下,淘宝网学习美国的 eBay(易趣)打造"支付宝"。当买卖双方在淘宝网上达成交易之后,下单成功的买家会将款项先付给淘宝网的支付宝,当买家收到货物并确认没有问题之后,淘宝网则会将支付宝当中的款项转给卖家。① 通过这种技术手段,淘宝网实际上做了一个"安全监管账户",只有买卖双方都确认对方没有违规行为之后才会完成交易,这无疑极大提升了交易的可信性。

除此之外,淘宝网还有许多技术创新和模式突破,最终的效果就是简化和便利了淘宝网买家与卖家的注册、等级和交易过程,使得东风村的网商店主尤其是一些以前用过互联网的年轻人可以很轻易地就使用淘宝村进行家具展示、销售和后续服务,降低了门槛,加快了东风村网商经济的传播速度。

其四,互联网在终端强大的消费力带动了东风村线下家具生产产业及其他产业集群的发展,最终形成了完整的产业集群。作为一个淘宝村,东风村的网络销售构成了其产业发展的核心特色和核心动力,但互联网形成的巨大发展带动力不止于此,家具产业也实现了"从无到有"的迅速崛起与壮大,这一切全都是因为网络电子商务的巨大引领作用。

从一般角度出发,乡村产业创业的实质是社会产业发展的分工与集中的叠合,因此交通作为地理空间内部的连接手段显得尤为关键②,决定了乡村能否参与社会化生产大分工。从这个视角出发,东风村是没有形成家具产业集群的基础条件,因为这里一是没有家具加工产业的基础,二是缺乏木材、交通等家具生产的相关优势,三是东风村本身也没有能力吸引到足够的资金前来投资。但就是在这种所有因素都不支持的条件下,东风村却通过几个农民的努力,从进行简单的拼装家具开始了自己家具加工产业的发展。在这之后,随着越来越多网店的出现,东风村对家具产品的需求也越来越强烈,一度出现了十几家网店要从一个家具生产加工厂来抢产品的"供不应求"的场面。在市场规律的调节下,越来越多的家具加工厂开始出现,供给产品的大量增加也反过来促进了网店

---

① 董仁涛:《支付宝:从淘宝网看电子商务支付方式》,《商场现代化》2006 年第 2 期。
② 李小建:《经济地理学(第二版)》,高等教育出版社 2006 年版,第 48—55 页。

销售的火爆，于是越来越多的网店开始出现，就这样东风村的网商家具产业将线上的网店销售与线下的家具加工融合，形成了一种非常良性的互动循环。网商家具产业的发展又带动了木材等原材料产业、物流、零配件等一系列新产业领域的出现，东风村的产业链开始向上下游延展。不仅如此，在线下产业发展的带动下，整个东风村的商业生态与社会生态都开始大幅度优化，金融、餐饮、住宿、人才培训、广告甚至供电、信贷、网络等基础设施服务都得到了大幅度提升。这种商业生态环境的优化又反过来促进了东风村网商产业的进一步发展与创新，并最终促进了东风村的现代化发展。

如果是单纯的线上互联网经济，在自身产业发展特点的驱动下，往往很容易形成一到两个巨头企业，但不会存在很多同类型的产品提供者，东风村的特殊情况就在于，它实际上将传统制造业企业与互联网新经济进行了结合。如果东风村仅仅利用互联网来进行销售或是简单的渠道经营，那么这个村庄不会发生如此剧烈和根本性的变化，恰恰是因为东风村的模式将传统的制造业与创新的互联网相结合，才可以在这么短的时间内推动村落发生如此巨大的变化。

可以说，淘宝村的发展模式从根本上突破了传统家具生产产业可能会出现的"产销错位"以及由此形成的"高库存"困境。东风村网商在淘宝网上可以通过虚拟网络的线上沟通与产品设计发布，再与消费者协商在网络层面完成"交易"，消费者下单锁定产品并将款项划拨到淘宝村的支付宝账户里。东风村的网商可以在"锁定订单"的情况下，以一种非常稳妥的形式进行产品生产、包装与运输，尤其是家具这个产业行当，基本上都是消费者下单之后网店按照生产日期进行发货，从根本上解决了"产品存货"这个难题，从而降低了东风村网商在线下开展生产经营的成本。

因此，从以上四个方面我们就可以发现，在东风村淘宝网商发展的过程之中，淘宝网等电子交易平台以及互联网本身的经济技术特性从未缺席过东风村发展的每一个重要环节，并在产业起步、市场发展、交易达成、模式创新等四个主要领域发挥了重要作用，推动了网商家具产业在东风村的"落地生根"。

三 入驻天猫商城：平台升级带来的变革

互联网对东风村的影响不止于上文提到的经济技术层面。当东风村网商在网上进行淘宝店经营的同时，虚拟交易平台社区的相关规则和文化习惯也在潜移默化地改变着东风村乡土社会原有的结构性特征，作为一种"网络虚拟社会"的淘宝网电子商务交易市场及由此形成的"淘宝社群"在很大程度上改变了东风村网商的"线下社会生活"结构、文化和生活习惯，从而推动了东风村的社会变革尤其是村民的"现代化"转型，其中重要的一点是让东风村网商开始逐渐接受被内化来自网络交易平台的市场良性竞争模式和意识。有研究就指出，由于网上C2C交易中存在着严重的"囚徒困境"问题，因此"信誉"构成了一个平台的最高准则，交易网站以及其他第三方中介建立了信用评价等一系列机制来解决网上交易的治理，形成了一种"私人秩序"并逐渐让参与其中的人逐步接受被"内化"①，而东风村恰恰就实现了这种对网络社会的"内化"。

> 淘宝经营一个是产品好，一个是网上的信誉等级要高，这个就是要诚信和服务做好。所以我在一开始的时候家具厂制作一两个家具产品，虽然不多，但一定要分解清楚，就是把桌子分解成各个板块，然后制图、下料、封边、打孔，每一个环节都要做好，这样产品即便卖的种类少，但是只要买到了就会觉得好。然后就是要诚信，这个就是网店经营的部分，不仅要把宝贝描述得非常清楚和详细，而且价格要合理，尤其是售后服务一定要做好，尽量去跟顾客协商，有什么问题都要帮人家解决，哪怕自己吃点亏也无所谓。一定要把好评不断地做多，我是整个东风村做到皇冠级别最快的淘宝店了。——（WJ，东风村网商，2016）

> 网店经营最重要的就是声誉要好，我是网上出了名的，不仅家具质量高，而且服务好，我的网店信誉是4.7分，这在5分制的淘宝

---

① 吴德胜：《网上交易中的私人秩序——社区、声誉与第三方中介》，《经济学（季刊）》2007年第3期。周黎安、张维迎、顾全林、沈懿：《信誉的价值：以网上拍卖交易为例》，《经济研究》2006年第12期。

上已经很高了！——（SWZ，东风村网商，2016）

之所以如此，是因为以淘宝网为代表的网络交易虚拟社区本质上是一种现代市场经济组织和交往方式，由于当时进行网络购物的消费者绝大多数都是"城镇市民"甚至是来自大城市（上海、广州、南京、杭州等）的消费者，因此淘宝网的整个运营体系、规则要求和社区文化都要最大限度地满足作为"消费终端"的城镇市民的要求和生活习惯，而后者平时所面对的线下市场恰恰是大中小城市已经发展并逐渐成熟的"市场经济"，因此这些消费者在进行网络购物的选择时，必然会以成熟"市场经济"的要求来进行匹配，也由此"倒逼"参与其中的淘宝店主逐步形成了以创新升级、产品质量、交易诚信、品牌信誉、服务意识和契约精神等为核心的市场意识①，形成了一种网店经营"外部效应"的约束与助推。

> 我们其实最珍惜的就是买家的好评。网店做生意其实跟别的不太一样，因为大家都可以看得到，人家买家买之前会先去看你的产品、你的价格还有一个很重要是看你的好评率，然后看你的差评，你要是有一个差评就很麻烦。所以我们一定会想方设法地去解决买家的一些问题，虽然有时候会有一些委屈，但一切都是以买家为核心，要服务他们。——（WDB，东风村网商，2017）

> 确实不一样，以前我们很多做生意也是要讲诚信，但是不会像网店这么频繁、这么重要，还有就是很明显就可以看到、感受到，我觉得可能甚至是第一原则。淘宝上有很多细化的交易原则，卖家必须遵守，不诚信就会有很严重的惩罚。以前我有一个买家，有一次买了我店里的一个货品，我当时实际上没有货了，然后因为怕这个人家着急不买，我就跟他说明天可以看到物流信息，结果就因为这个事情，淘宝网用"违背承诺、延迟发货"扣了我三分，三分很重要的，你要是一年扣掉十二分，网店降级，你的信誉就会下滑。这些信誉都是好不容易慢慢积累起来的。所以在这个网络交易平台

---

① 卢向华：《网络个体创业的成长路径及其创业环境——以淘宝网络卖家为例》，《经济管理》2009年第4期。

上，有些东西你没有就是没有，没发货就是没发货，不能耍小聪明。——（CMW，东风村网商，2017）

同时，以淘宝网为代表的电子商务交易平台带动了东风村网商的"良性发展循环"，即一方面基于平台的网店营销始终受到相关规则的约束，而淘宝村的平台规则对抄袭、侵权等相关行为是有着非常严格的管控惩罚的；另一方面，作为电子商务交易平台，淘宝村实际上对消费者的需求变化不仅理解到位而且应对措施非常迅速。这就决定了东风村网商要在淘宝网这样一个"虚拟市场和网络社会"当中获得成功，就只能依靠产品质量提升、服务品质提升、品牌信誉提升等正规的市场路径，而那些单纯依靠模仿、抄袭与简单重复的网店在淘宝网当中很难获得长足发展，这实际上在一定程度上推动了东风村网商的"良币驱逐劣币"。

我们都是从家具模仿开始的，没有模仿一开始也做不下去，但是模仿一定要有创新，当我不如对方的时候，我不会去抱怨说记恨别人怎么样，只能怪你自己太弱，所以还是要加快速度提升，不然的话网上的消费者马上就能分别出产品差异。你不能小看我们这些草根电商，说实话，我现在还在起步，未来我有信心做出品牌，我马上就要上新的设备，要生产高端家具产品，将来要成为能够为一般家庭家具提供全套服务的品牌商。——（CHB，东风村网商，2017）

我做淘宝就是为了赚钱，不然我从湖南到宿迁，又从宿迁到耿车，又从耿车到东风村，是为了什么呢？那个时候大家互相压价，利润率低，我的应对方式就是提高单品的利润率，让原本卖五件挣来的利润现在一件就可以，我跟别人不一样，我有手艺，这是我的工艺和独门绝技，我用最好的板材做最好的橱柜，就能一件赚到400多元，这是别人没有办法模仿的，而且消费者会认我的产品。当然，产品设计和一些思路大家还是会互相交流的。——（SWZ，东风村网商，2016）

正是因为淘宝网等互联网经济平台的带动和引领，使得东风村能够有机会摆脱网商经济嵌入在乡土社会关系网络中形成的抄袭、同质化以

第六章 从"共同体"到网络社会：淘宝村的转型逻辑

及低价竞争等困境。这背后是对互联网经济的"深度嵌入"使得许多东风村网商开始逐渐从原本乡村熟人社会的关系结构网络当中"脱离"，这实际上也是"网络虚拟社会"对"线下乡土社会"的一种改造与调整。其中，东风村网商家具店主经营平台从以"淘宝网"为主转移到以"天猫商城"①为主就构成了一个非常重要和标志性的转折事件。天猫是阿里巴巴集团另一个综合性购物网站，其前身是淘宝网于2008年4月推出全新的B2C平台，即淘宝商城。而作为整个阿里巴巴集团转型的重点，改版后的淘宝商城（天猫）2012年1月11日正式上线，作为一个全新打造的B2C（Business-to-Consumer，商业零售）电子交易平台，相对于淘宝，天猫更加强调大卖家、大品牌和正规化，为商家和消费者之间提供一站式解决方案，对产品质量、售后服务提出了更高的要求②，具体差别可参见表6—1。

表6—1　　　　　天猫商城与淘宝的不同领域要求对比

	天猫	淘宝
平台规则	更多官方规则，发票、发货时间、七天无理由售后都是强制性的规定要求	较少的官方规则，赋予了淘宝店家和买家以更多的协商空间和可能性
流量导入	超大的力量导入，天猫店的活动更多，双十一等更是成为大流量引爆，因此需要对活动有更强的掌握能力	只有天天特价、试用中心、双十二等少数活动导入，缺乏大的爆款推广可能性和集中推广时间
经营主体	天猫必须是公司为经营主体，要提供企业经营资质，同时年底还要给天猫开发票，需要工商税务全面的知识	个人就可以开淘宝店，而且目前在税费这块基本上淘宝网是免除的，运营门槛和压力都比较低
平台费用	天猫店的相关销售都要给天猫平台提成分红，成本压力更大	淘宝如果不是自己主动申请参加营销或是主页面推广，平台费用很低
品牌管控	天猫的产品必须要有自有品牌专利认证或者是授权	淘宝不需品牌授权，因此存在大量的尾单、外贸货等产品

---

① 也就是以前的淘宝商城。
② 杨丽：《平台分化、交叉平台效应与平台竞争——以淘宝网的分化与竞争为例》，《研究与发展管理》2018年第1期。

阿里巴巴的官方研究人员曾这样比喻:"如果说淘宝村是一个集市或是街边热闹的商铺街,那么天猫商城就是一个大型的商场或是作为片区流量集聚地的综合购物中心。"对许多东风村网商来说,进入天猫既是一个巨大的机会也是一个艰巨的挑战。这种平台升级实际上是对东风村网商进行了一次"筛选",只有那些以产品创新、服务创新、质量创新为核心经营着力点的淘宝店主才有信心与实力从淘宝村转移到淘宝商城平台继续经营。从更深层次理解,随着电商平台的升级与集聚度提升,农村电商已经实现了电商平台与大品牌商家之间的联合,规则和资本正在成为农民网店的支配逻辑[1],因此那些缺少规则意识与资本能力的网店会被逐渐边缘化。

网商 WY 在 2008 年第一批就进驻了天猫(当时的淘宝商城),那时候他有一个 300 平方米的厂房和库房,到了 2010 年,厂房的面积进一步扩大到了 1100 平方米,到了 2014 年 WY 又进一步投入 800 万元,在当时开发的沙集电子网商创业园拥有了 3000 平方米的现代化厂房。随着网店销售的扩大,WY 的生产线已经不能满足自己网店的消费需求,于是 WY 在周边乡镇找到了一个钢木结构的家具加工厂进行合作,成为他的淘宝生产基地。在笔者采访的时候,WY 的店铺已经可以达到年发货 3 万件。

> 我做网店的原则就是要诚信!我发出的货,不管是什么原因,只要是买家回来跟我说有损坏的,一个是免费补发,一个是免费退货,我这个是无条件的,比淘宝平台的规定要优惠得多。当时跟我一起进到商城的,实际上坚持下来的已经不多了,做这个生意就是要诚信,要坚持信誉第一,半句瞎话也不能讲……还有就是要不断地创新,我的网店,我是有把握实现稳定增长的,因为我每个月都会推出新产品,只要其中有一个能够站得住脚,那我这个网店就能够成功!——(WY,东风村网商,2016)

在这种情况,大量没有原创能力或是一门心思只愿意抄袭、模仿的

---

[1] 邵占鹏:《规则与资本的逻辑:淘宝村中农民网店的型塑机制》,《西北农林科技大学学报》(社会科学版)2017 年第 12 期。

东风村小网商店主则留在了淘宝网。因为这些小网商根本没有办法进入到天猫商城，不管是企业资质认证还是平台的管理费用与提成分红，以及天猫对产品设计近乎苛刻的原创性保护和惩罚，都极大增加了他们在这个平台上进行网店经营的"成本"，而当"成本"高于"收益"，这些东风村小网商的经营行为也开始被迫进行重新选择。就这样，通过两个平台的差异化定位与选择，一直困扰东风村网商经济发展的乡土困境终于得到了解决，东风村的网商也用互联网平台的技术与模式升级实现了创新发展。

> 2011年左右吧，那时候发现企业要想做大，仅仅依靠自己以前的场地已经不能满足生产的需要了，我就开始寻找厂房租借，后来在我原来厂子附近那块租借了一个800平方米的仓库……然后到了2013年，当时东风村和沙集镇在筹集电商创业园，我当时就觉得以前一直是厂房不够用，现在进了天猫，以后的出货量肯定很大，所以这次就超前投资，我是一口气租下了两个3000平方米的厂房，再加上后期的基础设施和租金等，前前后后一共投资了400多万元，现在我建成的新厂房已经可以使用自动化的设备生产，整个家具的产品品控和生产效率都大幅度提升……现在大概一年的销售额在1500万元，而且我每年都会申请几个产品设计专利，这个是大事。——（DL，东风村网商，2016）

> 后来觉得应该要走向正规化，而且想要进驻商城就必须是公司法人，所以就在2010年注册了一家公司，叫宿迁市易美佳生产有限公司，后来2011年入驻了商城，当时各种费用大概是在3万元……这之后发展就开始快了，大众村看重我的家具产业，专门批给我3500平方米土地的使用权，我当时用15万元买断了50年的使用权，然后投了200万元进行厂房改造和建设……后来还是不太够用，就又接收了东风村一个同行在沙集镇电子创业园那边3000平方米左右的厂房，200万元转租过来，前前后后又投入100万元，那个地方现在专门做实木家具生产。——（QY，东风村网商，2018）

在这之后，东风村的网商群体也开始不断突破，专利、商标注册不断创下新高，创新成为东风村网商家具产业发展的最核心动力。产业主体的规模、投资强度、生产专业性不断提升。睢宁县沙集镇电子商务协会的成立，则标志着东风村开始有意识对网销行为进行规范，提升自身的品牌，并且由协会组织出面与各个物流、电信等行业进行商讨，提升自身在谈判当中的竞争力，团购材料、配件等。政府也给出了很多的支持，并且提出了"后置服务"的概念。镇上新修建的电商创业园，只有年销售额2000万元以上的卖家才有资格入驻，而整个沙集镇，在2015年年销售额达到1000万元的卖家就达到了40多个，需要排队入驻电商产业园。德邦物流在沙集镇就有10个网点，其中最大的网店年快递费平均超过千万元，是华东区的网点第一名。

第二节　网络乡村的形塑："互联网下乡"与社会转型

一　"小网店与大市场"：城乡交易关系重构

互联网具有"弹性介入能力"、特殊的"规模效应"以及以未来繁荣为核心的"增长预期"等特点，这些特点在东风村网商经济的发展过程之中起到了重要的作用。尤其互联网经济作为一种新的技术与产业模式，改变了东风村与城市市场之间的交易关系，在消除"中间渠道"的基础之上实现了城乡真正意义上的平等交易。互联网经济或者是以淘宝网为代表的电子商务交易平台借助其自身的特质，实现了对乡村经济现代过程中一个基础性问题的回应，即城乡交易的结构创新。在东风村的经济现代化发展过程之中，以淘宝网为代表的电子商务交易平台的出现与崛起带来了"小网店"与"大市场"无缝对接的技术可能。虚拟电子商务交易平台上的一个个"店铺"实际上实现了对两个端口进行的连接，供应端口与销售端口可以直接对话、交易与展开后续服务的可能性。

由此，东风村的网商经济在两个层次上实现了对城乡交易主体的创新：其一，电子商务交易平台使得农村的产业主体——农户可以摆脱乡村产业发展的空间局限性，将自身产品的市场直接定位到自身乡镇之外的市场甚至是全国、全球市场。在这之前，因为乡村自身经济发展水平、人口集聚程度、消费水平层次等相关因素的局限，农民所能进行的产业拓展往往非常有限,只能服务于乡村的基本市场需求或者是城镇的低层次消费需求。其二,乡村对城镇市场的介入是"去中介化"的,并没有一个专门的经营主体(比如公司、合作社或是其他形式等)来作为农户与市场交易的"中间渠道商",而是农户直接与来自城镇的消费终端对接。这也成为互联网经济发展路径推动下,东风淘宝村形成的一种新的经营主体架构,正是这种产业模式结构的主体创新带来了东风村产业发展方式的逻辑创新。从关系上来说,本书倾向于将它概括为一种"小网店—大市场"的直接对接,更进一步说明,这实际上是个体农户在互联网平台下的"品牌化"经营,在这其中,农户为实质性的核心主体,以农户衍生而形成的公司为产业性运作核心,作为交易平台的网络电商为基础性服务平台。

根据已有研究,在乡村既有以往的乡村产业化模式当中,不管是农业产业化还是制造业、旅游业等其他产业的发展,农户与公司这两个主体是始终存在并且一直作为核心发挥着作用。[1] 但农户与公司是作为两个单独存在的平行主体以"合作"或是"联盟"的状态融合在一起,双方具有截然不同的属性结构,农户一般是农村既有的、以家庭为核心的经营主体,公司则通常情况下是由来自城镇的专业化技术、资本团队组建。以笔者之前在苏北、安徽、湖北等区域进行乡村调研时的情况来看,农业产业化多是农户以自己的农用地置换成为股权,以村委会为核心带动人,集体成立农业合作社或是在合作社的基础之上成立公司,然后与外部公司进行合作、联合开发项目。在这个过程之中,外部的市场化主体提供资金、技术和管理经验进行开发管理,代表村民利益的农业合作社则将农民的农用地进行整理形成资源要素入股。经营中,农民一方面借助自身的农用地入股获得固定周期的股息分红,另一方面则会在项目中进行工作以获取日常工资。实际上,这种"农户+公司"模式(见图6—2)是一种典型城乡二元体制下的乡村产业开发主体模式,在已有的实践过程中,这种模式有三个结构性缺陷值得注意。

---

[1] 杜吟棠:《"公司+农户"模式初探——兼论其合理性与局限性》,《中国农村观察》2002年第1期。

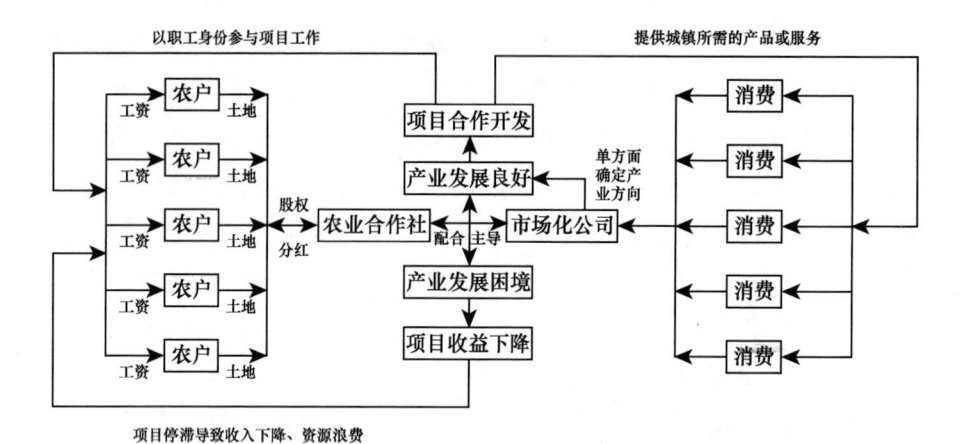

图6—2 原有乡村发展"农户+公司+市场"的模式梳理

其一,在"农户+公司"这样一个合作联盟之中,作为农户一方,其真正起到重要作用的不是自身的技术、技能或是奋斗勤劳程度,而是其手中的资源筹码(从农用地到宅基地再到其他具体的资源等)。这就有一个非常明显的"主客关系",来自城镇的公司是实际上的开发主体,拥有技术、资本和市场开发能力,由公司来确定相关合作的产业方向、技术路径和产品定位等;来自乡村的农户是实际上的开发客体,只能将自己手中的资源作为筹码交换出去,而对于自身乡村经济现代化过程中的目标、方向和具体路径则没有话语权。因此,一旦农户手中的资源被完全置换或是开发完毕,农户自身的长远发展就会陷入困境。

其二,这样一个不平等的联盟关系可以被理解为是来自个体农户形成的松散联盟与外部专业市场公司之间的博弈,因此具有典型的信息不对称、代理人问题以及其他延伸出来的相关问题。不管是农村合作社或是其他农户组织起来的"代理组织",由于农民自身缺乏足够的专业知识、组织架构能力和外部制约力量,再加上农村相关资源的产权界定(比如土地流转)并不清晰,因此这些"代理组织"往往不能很好地履行自身应有的职责,对农户的权益缺乏足够平等的保护。①

其三,正是这种合作过程中内含着一种前置性的不平等,因此这种

---

① 董国礼、李里、任纪萍:《产权代理分析下的土地流转模式及经济绩效》,《社会学研究》2009年第1期。

项目的发展往往不稳定，一旦市场波动或是项目收益下滑，那么前来投资的外部主体就会撤出，造成整个项目的"烂尾"，这无疑是对乡村珍贵资源的极大浪费，也损害了参与农民的权益。尤其是由于乡村自身相对于城镇发展的一个相对位置和市场需求考量下，基本上前来乡村进行投资的都是农业种植养殖或是旅游开发等轻资产产业，这种产业的技术含量低而且对外部市场需求变化的应对能力有限。因此，这种产业选择往往更加容易造成项目的最终失败。

既有这种"农户+公司"乡村产业培育模式没有真正将农户作为乡村产业创新的主体和驱动力量。之所以会出现这种问题，除了上述提到的资金、技术以及管理经验短板等各方面因素之外，最为关键的是农户无法真正整合起来，成为与外来经营公司对等谈判与博弈的一个"主体"。事实已经证明，如果要用一个有形的组织架构来实现对乡村特定区域农户的统合，不管是依托村委会还是村民自行组织，都高度依赖特定"权威性人物"的能力、眼界、手腕和品行。换句话说，村里面必须有一个人既有能力进行市场化对接与项目运营，同时又在村里具备极高威望可以说服大家一起参与并平衡各方利益矛盾冲突，同时还必须自身具有高标准的道德品行和自我要求，可以秉公办事，而这往往也会导致权威强大、权力集中、威权治理等相关特征出现。[1] 且不说这种近乎完美的"权威性人物"在一个特定乡村出现的概率有多少，即便是真的出现了这样一个能够协调各方利益、成功推进乡村产业创新发展的"权威型人物"，那么这也属于典型的"短期路径设计"，很难在长周期阶段内持续推进特定乡村产业发展的克服困境、不断突破与创新发展。

如果放弃通过一个统一的乡村产业组织架构来与外部沟通的思路，而是直接让松散的农户自己进行产业资源对接和项目合作，那么面对着外部城镇在资金、管理、技术和经验层面都更有优势的市场专业主体，农户一方面是难以有效维护自己的权益，另一方面外来的投资主体也会因为这种松散的产权结构和合作方式而不得不面对合作成本与整合难度

---

[1] 徐勇：《由能人到法治：中国农村基层治理模式转换——以若干个案为例兼析能人政治现象》，《华中师范大学学报》（哲学社会科学版）1996年第4期。

大幅度提升的困境，许多投资主体最终只能选择放弃或是借助政府的行政力量完成整合。但如果绕过这种来自城市的"类中介型"经营主体的话，以乡村自身的资源条件，尤其是在资金、技术和市场专业经验等层面的缺乏，根本不具备直接对接城镇市场的可能性。以传统的农产品销售模式为例，这种模式主要大致可以分为农户＋市场、农户＋企业、农户＋合作社＋企业，但无论是哪一种，农户始终与企业处在一种不对等以及相对弱势的位置，这就导致农产品销售出现低效与无秩序的非正常状态。①

在这种情况下，乡村的产业发展在主体层面就陷入了一个看似无解的"悖论困境"，一方面乡村松散的农户主体要想与城市的资源、市场进行对接，就必须借助与来自城市经营主体的合作；另一方面，这种合作又难以避免地会出现博弈不平等和城市对乡村资源单向度利用等问题，最终损害乡村宝贵的产业资源。这种困境直接导致了乡村产业的创新发展缺乏持续动力与合理协同合作机制。

东风淘宝村的网商家具产业发展为走出这个乡村困境提供了一个可能性的思路。这个思路的关键就是将互联网平台（在东风村就是以淘宝网，后期则加入了天猫、京东等平台为核心主体的大型电子商务交易平台）作为一个关键变量引入，以此来重新调整"农户＋公司"以"乡村—城镇"之间的关系逻辑。在东风村，以家庭为单位的农户构成了对整个网商家具产业发展起主导作用的核心，电子商务平台成为带动农户进行产业化创新改造的引领和支撑力量。正是在"农户—网络"的互动过程之中，公司作为一个农业产业化创新的必要载体和产业化基础而出现并逐渐壮大，其存在的根本目的是更好服务于农户与电子商务平台之间的对接。

东风村这种依托网商家具产业所形成的三角形主体结构体系相对于以往的"农户＋公司"结构有很大的不同，在某种程度上构成了一个新的路径或是模式，其中三个主体的互动方式发生了根本性的变化。农户不再需要通过公司来实现对城镇资源市场和消费市场的对接，而是可以直接在电子商务平台上与来自城镇的消费者对接。这一切依托的就是以

---

① 陈云端：《基于"淘宝村"视角的农产品销售模式探析》，《农业经济》2017 年第 7 期。

淘宝网为代表的"平台性交易中介"。淘宝网借助互联网技术和经济的创新,实现了将个体消费者与个体生产者直接对接的可能,并且这个过程对买卖双方来说是一种"免费"的使用状态①,淘宝网电子商务平台充当了农户与城镇消费之间的"中介",但由于网络交易平台的特殊性,东风村所出现的"中介"与之前来自城镇的公司性中介完全不同。淘宝网等电子交易平台上借助互联网的力量可以实现海量个体消费者与海量个体农户的直接"一对一"沟通,不需要农户自己组织起来形成另一个主体。在这个过程之中,原本个体消费者和个体农户直接交易存在的信用担保、空间距离、及时沟通、售后反馈等问题和难点都被淘宝网及其构建的包括物流、支付、金融、网络评价、客服监管等一系列技术手段解决了,最终实现了这种接近于"无中介"状态的直接沟通。

公司与农户之间的关系也从以往那种必须组建公司才能展开产业创新的"被迫状态"转变成为因为发展态势看好,为了扩大生产、提高利润,农户主动寻求以家庭为核心组建一个个独立公司的"主动状态"。在这种情况下形成的公司不仅在定位目标上更加明确,而且由于自身是从农户经营过程之中逐渐衍生形成的,因此,对未来的乡村产业创新具有积极作用。公司与网络之间的关系则演变成为"农户—网络"关系的升级版,即随着网络平台自身对经营主体要求的提升,东风村也实现了从"农户"向"公司"的转变,这会进一步提升东风村网商的经营水平。相关研究就指出,互联网经济尤其是电子商务的介入,使得农产品销售等农村既有产业发展模式出现了大幅度的效率提升,从而实现了农民增收与创新创业。②

因此,这种新型的城乡交易关系结构改变了以往乡村主体面对城镇市场的弱势位置。在这种新型互动关系下,每一方都是受益者,消费者通过淘宝网购买到了线下市场难以提供的个性化产品和家具,并且在价格上得到了实惠。东风村的网商农户通过淘宝网可以将自己的家具产品以几乎零成本的"渠道费用"直接卖到消费者手中,自身收入大幅度提升,产业结构不断优化。淘宝网在其中集聚了海量商家和用户,并且开

---

① 徐德力:《互联网领域商业模式颠覆性创新分析》,《商业研究》2013 年第 3 期。
② 陈云端:《基于"淘宝村"视角的农产品销售模式探析》,《农业经济》2017 年第 7 期。

发出阿里旺旺、支付宝、菜鸟物流等一系列配套发展产业，成为中国乃至全世界最大的电子商务交易平台。更为关键的是，这三者之间存在着极为良性的互动机制，消费者对家具产品的要求升级、淘宝网从 C2C 向 B2C 的平台升级以及东风村经营从农户向公司的升级几乎都可以在很短的时间内按照市场规律的运行形成互动，分别促进了各自的创新发展，形成了一个向上的"良性循环"（见图6—3）。

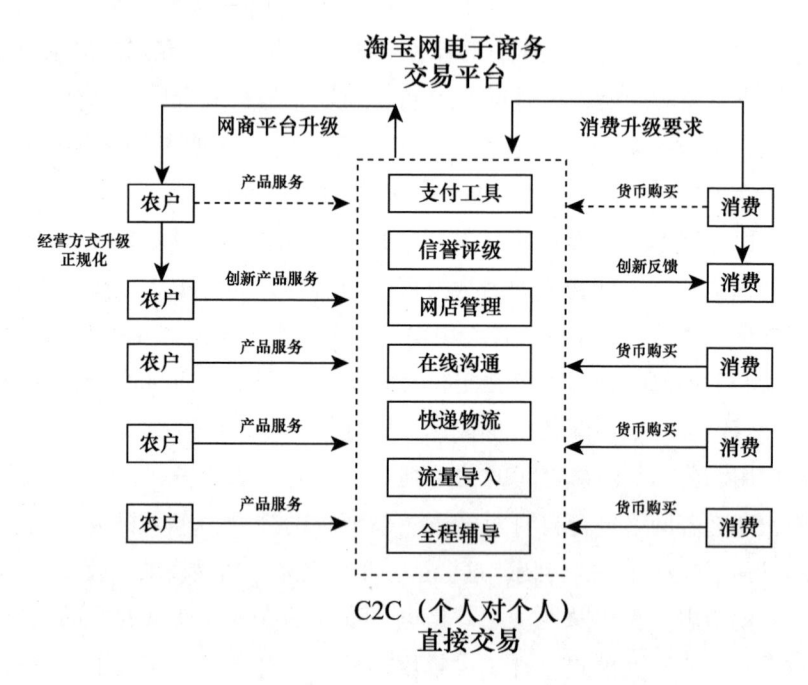

图6—3 互联网带来的"农户—市场"的交易模式创新

笔者认为东风村网商经济的这种新型城乡交易关系有三个核心特征。

首先，初步形成了以农户网商为核心的完整产业生态，并带动乡村城镇化创新发展。在东风村路径下的农户不再是与城镇市场隔离，只能依靠外部中介渠道或是代理机构来时进行盲目生产与资源提供的"小生产者"，通过对市场化电子商务平台新技术和新模式的创新利用，东风村的农户转型成为"网商"，可以通过互联网直接对接市场需求、掌握市场产品需求信息并且能够自主按照网络订单变化"锁定"或是预判下一步生产的有效市场主体。① 更为重要的是，当农户转型成为网商之后，借助乡村社会网络的传播路径，可以迅速实现细胞裂变式的复制、扩张和新一轮带动。不仅有很多的农户转型成为网商，而且与之相关联的家具生产制造业、其他配套产业等也都不断涌现出新的参与主体，实现了围绕网商家具产业市场元素的不断跟进，从而在东风村这样一个村级空间内部形成了以网商为主体、多业态并存共进的新商业生态。这种新商业生态又可以带动东风村在社会结构、乡村伦理、家庭关系等领域的全面变革，最终成为驱动乡村现代化的新可能。

其次，借助互联网的力量，真正实现了乡村产业创新的"内生性"发展。东风村网商经济模式下的公司不再是外来以城镇技术、资本和市场需求为导向的公司，而是从农户网商发展升级而来，其背后是农户自身对经营规模、管理专业性以及未来发展创新等相关领域的新需求。这样形成的公司不再是从外部对农村经济施加影响、试图控制农户生产甚至经常与农户争利的公司，其发展的目的与农户有了根本的一致性。之所以如此，恰恰是因为以淘宝网为代表的市场性网络平台介入。由于互联网技术、经济以及中国市场的特性，以淘宝网为代表的电子商务公司在中国形成了有效创新，大量乡村电子商务发展的基础性工作都因为淘宝网这种新平台的出现而得到解决。值得注意的是，这种来自市场性的网络电子商务服务具有极强的"市场化"和"盈利化"特征，相对于政府网络技术和服务下乡的公共性、公益性，以淘宝网为代表的平台一开始就将网络与"生意"联系在一起，因此不仅不需要国家财政多投入一分钱，甚至连农户自己的前期投资成本都非常低。② 可以说，淘宝网打造了一个具有市场化意义的公共电子商务交易平台，这个平台成了东风村"以农户为核心"的网商家具模式背后的重要动力。

最后，分别形成了三种新的互动关系模式。其一，东风村所形成的"农户—网络"的关系不仅在中国具有重要的创新意义，甚至在全世界都具有极强的特殊性和创新性。根据之前对乡村电子商务发展既有案例和

---

① 胡桂兰、朱永跃：《网络经济下"网商"创业发展阶段研究——基于淘宝网的调查分析》，《江苏大学学报》（社会科学版）2010年第1期。
② 马琳、李红艳：《乡村互联网发展研究状况概述》，《新闻界》2011年第6期。

研究的梳理，全世界几乎绝大部分乡村的网络经济与技术发展都停留在公共服务扶持、农产品电商销售等基础环节，而且多数是由政府主导的自上而下的信息化应用。在东风村，这种关系是农户自发、主动、内生性地来学习、应用公共电子商务平台，因此具有很强的草根性和自下而上性。不仅如此，东风村农户对于互联网的应用具有"互联网经济—互联网技术"一体化特征，并没有将这两个环节分开，极大节省了学习成本和时间成本。其二，东风村的"农户—公司"关系打破了以往城乡二元结构下乡村发展主体与城镇市场不平等的既有关系，是农户自发生长、自我组织、自为建设而形成的新公司，公司成立的目的是以专业化、技术化、市场化的手段和服务来促进自身农民网商的进一步成长，这体现了公司与农户之间的平等和"内部催生"关系，更成为东风村网商从家庭作坊走向正规工厂与品牌公司的重要一步。其三，东风村"公司—网络"关系也有别于一般的单一线上互联网经济，在东风村网商经济的诞生之初，东风村的网商们就将网络销售与线下生产紧密结合，这不同于一般乡村电子商务甚至大部分淘宝村所采取的将电子商务当作辅助销售手段但不改变线下原有生产结构的应用模式，又不同于传统乡村（比如苏南等地区）所采取的"先工业化、后信息化"发展方式，而是将以网络销售为代表的信息化与以家具生产为代表的工业化有机融合、同步推进，形成了以信息化为引领、工业化与城镇化同步推进的新路径。

因此，在乡村互联网的带动影响下，东风村网商经济带动形成了新型的城乡交易结构关系，正是这种平等、直接、高效的城乡交易关系反过来推动了东风村的乡村现代化转型变革，成为驱动淘宝村发展的重要因素与渠道。因此我们可以进一步推论，东风村的创新发展固然离不开主体结构创新和产业技术推动，但同时也不能忽视互联网发展对城乡交易关系的改变，正是这两者的耦合成为东风村持续创新的重要基础和动力。

二 集体动员的村落：淘宝店的"乡村共识"

淘宝村的出现构成了对农村现代化发展困境的一种尝试性回应和可能性的样板路径。这里必须明确，在实现农村区域现代化的过程之中，绝对意义的"均富"是不可能的，只要乡村的转型是借助市场、资本和竞争，就一定会出现发展和贫富差异，因此我们不能以单纯的村落居民收入差异来判断一个村落实现现代化转型效果的好与坏，而是必须将村落居民本身生产方式、生活方式和整个村落的社会结构以及运行情况等作为核心考量标准。从这个意义出发，淘宝村的突破和成功甚至不是它能够赋予村落所有原居民参与其中、获益其中的可能性，而在于它有效地改变了村落传统的社会结构和日常生活样态。这是其他任何一种产业类型都无法在如此广度、如此深度和如此投入的情况下实现的一个重要成果。

淘宝村实际上代表了一种生产方式变革，作为综合性的电商平台也可以被看作是一种更加高效的市场化交易平台。电子商务发展的种种特性，比如低门槛、易上手和低投入等都成为乡村居民愿意并且能够进入淘宝实现自身经济发展方式转型的重要原因和动力。不仅如此，不同于以往从上而下的乡村现代化推进模式，淘宝村利用"互联网"的思维和技术以及商业模式，以实现农民向创业主体的转变为核心动力，充分激发农民内生性的创业激情和创业能力，而后者恰恰是农民创业长久以来在传统领域受到的最大制约因素之一。① 东风村还在提高自身收入、优化就业结构、实现区域繁荣的同时不断促进整个农村在社会发展、家庭和睦和道德伦理上的全面提升和加强。

东风村的网商经济之所以具有如此重要的影响，是因为淘宝网商已经成为东风村的一种新的"社会共识"，也因此成为驱动乡村社会转型的重要基础。东风村的网络电商产业发展的本质是一种"类工业化"的全民参与过程，这与我国在改革开放之初通过初级制造加工来实现对全球化的切入有异曲同工之妙②，即虽然在一开始对于特定产业类型的阶段"卡位"处于初级阶段，但却因为具备了"低门槛、高传播、广参与"的特点，可以让那些对"互联网经济"与"互联网思维"一无所知的村民也参与其中，以此实现对东风村全村的带动和辐射，并在后续不断的发

---

① 罗明忠、邹佳瑜、卢颖霞：《农民的创业动机、需求及其扶持》，《农业经济问题》2012年第2期。

② 潘悦：《在全球化产业链条中加速升级换代——我国加工贸易的产业升级状况分析》，《中国工业经济》2002年第6期。

展创新过程之中逐步培养起普通村民对互联网经济与电商产业的认同与理解。只有在这个基础之上，才可以使得东风村村民逐步形成"内生性"的参与、推动乃至创新意愿和学习能力，实现对特定网商产业类型更高产业链位置的突破。东风村网店经营赋予所有人尤其是农民参与到互联网这种科技进步所带来的社会产业升级之中，网商店主和从业者通过互联网直接对接的是全国性乃至全球性市场，从这个层面来说，在互联网技术这个层面，东风村的农民与城里人一样用上了最好的信息技术、功能最强的计算机和最方便的网络服务，并且通过这些工具改变了自己的生活和生产方式。

实际上，笔者在研究过程之中也发现，一个农户进行淘宝售卖实际上非常方便，而且投入很低，只需要一个网站、一个客服、几个图片和一个稳定的供货渠道即可，相关的网页设计、物流配送等都有专门的机构和人员在进行，并且价格非常低廉，这就降低了电子商务在农村的进入与退出门槛，从而使得相对比其他产业类型，电子商务在农村有着更加广泛的受众和更深的接受程度。

比如笔者曾经访问过的一个网商农户HCY，一个50多岁的农村妇女，从来没有上过学，同时也是村里的贫困户，原本家里只有两亩地，为了供养两个孩子上大学，不仅从事种植粮食，而且还要做副业——卖煎饼来维持生计，但即便如此一年的收入也不到1万元，还欠下了几万元的债务，为此丈夫只能在外地打工，是一个典型的留守妇女。在淘宝网店崛起之后，自己学习别人开网店，因为用一个手指头来敲打键盘进行网商客服沟通，所以被宣传称为"一指禅"。正是这样一个典型的农村留守低学历妇女，也成功开起了淘宝店，并且网店生意逐渐扩大。她还让自己的孩子离开城里，回来一起开网店，把丈夫叫到厂子里帮忙，不仅外债没了，积蓄也有了，儿子娶上了媳妇，一家人在一起。每月可以赚4000多元，最好的时候，一天可以赚2000元。年轻人负责网店的运营和客户服务，老年人负责线下的包装与工厂生产加工。

这是一个重要的发展逻辑。从国家比较层面来看，采用这种发展路径的中国实现了改革开放对几乎所有民众的"可参与、可获利和可增长"，大量简单制造业的引入与发展给予那些几乎没有现代生产技能的普通民众以参与改革开放和全球化的机会。在数十年的发展过程之中，由于长期受到改革开放带来的收入提升、生活改善等正向影响,中国社会对全球化和改革开放形成了一种高度认可并由此形成了"内生性"坚持,即某种程度的"社会共识"①,在这个基础之上开始谋求向更高产业位置、更高价值区位的不断突破和占据。相关研究表明,比中国更早介入全球化的印度,虽然在人口、资源等其他基本条件上都占有一定程度的优势,但因为一直都是以"互联网外包"相关产业为突破口实现对全球化发展的"借力",虽然也实现了从简单"互联网外包服务"向"互联网软件设计"等高端产业的转换,但由于这个行业本身的相关要求天然形成了一种"高门槛",导致大量的印度民众实际上没有办法参与到全球化的发展过程之中,也因此形成了与中国在后续发展连续性上的差距。②

因此东风村的淘宝店生意所形成的"全民参与"催生了村民利用网商经济,追求"美好生活"的"乡村共识"。一方面东风村的村民可以几乎与城里人享受同等水平的数字经济技术与商业便利,充分认识、理解和认同互联网对东风村就业、生活等多方面带来的改变。另一方面,东风村的全群体(男女老幼)都可以参与到淘宝网店生意的相关环节之中。之所以能够这么快形成推广还有一个重要原因是参与方式的多样化,尤其是兼职网店的经营方式。东风村的网商可以采取一种不脱离既有生产生活方式的路径来参与。在笔者的走访调查中发现,东风村甚至是整个沙集镇的实体店铺,绝大部分都在兼职做网店,销售的也是一些当地生产的木质家具,不论是卖衣服、手机还是电动车、理发店等,都可以同时进行网店经营。而且这种经营是没有成本的,只要有人通过网络下单,他们就通过自己的关系网络去亲戚、朋友、邻居家里的家具厂提货。根据初步统计,即便是这种最简单的经营方式,一个月的收入也可以达到2000元左右。

我们这边有很多家里面都是做网店的,而且很简单的,我有一

---

① 任保平:《后改革时代的标志、特征及其改革共识的构建》,《学术月刊》2010年第5期。
② 黄庆波、范厚明:《对外贸易、经济增长与产业结构升级——基于中国、印度和亚洲"四小龙"的实证检验》,《国际贸易问题》2010年第2期。杨丹辉:《全球化、服务外包与后起国家产业升级路径的变化:印度的经验及其启示》,《经济社会体制比较》2010年第4期。

个亲戚就是他的小孩在上大学，孩子都不需要回来做，直接在大学里带着宿舍的同学开网店，每天接单、客服，然后让父母进行生产、包装并从东风村发货。——（XK，东风村网商，2016）

东风村的这种网商家具互联网经济发展类型实现了以"年轻人"为核心的"兼收并蓄"。纵观东风村网商的发展过程，淘宝网店经营结合线下家具生产这个模式一个很重要的特点就是可以实现对不同群体就业、参与的"有效吸纳"。在东风村的网商群体当中，不仅有返乡回来的大学生，还有文化程度不高甚至连打字都不会的村妇；不仅有尚在学校读大学的年轻人，也有那些大半辈子没有接触过互联网的老年人。在网店经营的雇用对象需求清单里，不仅有经验丰富的木工，还有刚刚开始工作的年轻小伙子，甚至还有在家赋闲多年的老人和残疾人。在东风村的网商经营体系当中，年轻人一般是居核心位置，管理网店运营，家里的老年人和雇用的劳动力主要从事包装、生产和简单的打磨工作，家庭当中的妇女多半会从事工厂管理和后勤服务相关环节。在这个体系当中，每一个村民都可以贡献自己的力量，既有了合适的位置，同时又获得了丰厚的收入，并且在网商经济的发展过程中实现了个体价值。

东风村的网商经济借助"全民参与"成为一种互联网时代的"乡村社会共识"，这种"乡村社会共识"将乡村互联网的发展从单一的政策、产业与技术层面渗透到村民的日常生活与文化习惯甚至是价值取向当中，使得所有村民都可以参与到网商家具产业经济之中，同时依托这样一个新型的产业形式实现自己的"价值最大化"。正是基于此，东风村的网商经济才拥有了不断突破困境的动力。

第三节　电子商务的升级：全球化视野下的"淘宝村"

一　网商平台的引领：淘宝村转型为电商小镇

淘宝村的发展有许多重要的外部影响性因素，其中一个重要的环节就是以阿里巴巴为代表的中国电子商务产业发展主体的帮扶与协助，正是借助这种外部的市场性主体的介入，淘宝村发展过程中的许多外部性因素（比如物流、技术支持等）才可以得到较好的解决。与其他产业类似，中国互联网在全球互联网的发展浪潮中一开始也处于相对落后的位置。但与之前的工业革命、电气革命两次技术和产业经济革新浪潮不同的是，中国虽然在信息革命一开始就处于相对落后梯次，但这种落后更多的是因为技术、资金以及体制配套等相关层次的不足，而不是一种主体参与意义上的"缺席"，这就决定了中国互联网可以在中后期迅速引进西方互联网的技术、资金、模式、理念和人才，实现了跟随甚至是后发超越式发展。时至今日，中国互联网不仅在绝大部分领域已经完全跟上了世界互联网的前沿发展趋势，更是在很多细分发展方向实现了对西方互联网经济、技术的超越。正是在这种跟随、发展、超越、创新的过程之中，中国互联网展现出前所未有的活力和创新性，并成为当下中国国际品牌输出、消费升级引导等经济产业发展的核心力量，甚至成为影响中国社会转型、文化创新等更多综合维度的重要方面。

> 我们集团这块实际上对淘宝村还有农村电商是有很大的扶持力度的，这块（乡村电子商务）基本上是没有盈利指标和要求的，很多东西甚至都在搭钱进去，比方说淘宝大学的培训还有一些其他的乡村电商专门的促销都是价格很低的。还有一个典型的例子就是物流，我们每天的物流补贴最高峰的时候每天都有200万元进入，主要是针对乡村电商快递物流的最后一公里，不然的话，乡村不管是购物还是网商销售，他的物流成本都会太高。——（CL，阿里研究院专家，2016）

中国目前已经形成了"派系性"的综合互联网产业集团。2016年我国境内外上市互联网企业数量达到91家，总体市值高达5.4万亿元人民币。其中腾讯公司和阿里巴巴公司的市值总和超过3万亿元人民币，成为全球领先的互联网超级企业。[①] 同时，在企业创新、市场创新、用户不断增长、政策助力等多重因素的综合影响下，中国互联网实现了在产业技术、发展模式等核心环节的前沿性布局，构成了中国互联网经济在全

---

① 艾瑞咨询：《2016年互联网全行业洞察及趋势报告》（http://www.199it.com/archives/555766.html）。

球化发展竞争中的优势。

目前,我国互联网资本整合与产业链条经营的生态系统基本形成,"投资"成为产业扩张的最有效手段。由于互联网经济本身的既有属性,规模扩张成为企业发展过程中的必然选择。一个互联网公司所拥有的客户、数据、业务等多种资源的规模越大,其自身的竞争力就会越强,相应行业的竞争格局门槛就会越高。中国互联网的龙头企业分别围绕自身产业的核心环节对上下游和周边相关环节进行投资、收购和合作,形成了一个个相互连接的互联网生态联盟。这实际上代表着中国互联网发展背后的产业逻辑升级,竞争的本质不再是单个产品、单个公司的竞争,而是产业链和生态系的竞争,是阿里系、腾讯系等平台之间的竞争,互联网已经成为一种信息能量,可以多方面参与、影响甚至重塑现实社会中的市场关系。

当下中国的互联网竞争已经告别之前在资本驱动下以市场规模为核心的无序竞争,开始走向各自所属生态系统最优化战略下的有序竞争。在这种竞争格局中,各个生态系对于潜在性、基础性和未来性的技术及产业布局会更有耐心,在投资意愿和投资能力上也会进一步升级,从长远来看,有助于互联网经济在中国的良性发展。在这种情况下,很多互联网企业纷纷进军乡村电商,比如阿里巴巴就围绕"农村淘宝"展开了一系列活动,如培养"淘宝合伙人",扶持"淘宝村",建立"淘宝大学"等。[①] 京东、苏宁等主要电商平台也各自提出了自己的乡村网商战略。京东就提出以工业品进农村、农村金融、生鲜电商为核心的"3F战略"。除了电商企业,还有许多互联网企业参与乡村互联网的发展,腾讯就以贵州省黎平县铜关村为试点启动"互联网+乡村",帮助当地农民销售当地特色农产品,通过互联网来实现无缝对接,将外部的技术、设计、市场和商业创新与乡村对接。

值得注意的是,这些互联网企业在开拓乡村电商产业时通常都呈现出"上下并行"和"超前投资"的特征,这也构成了中国乡村互联网发展的独特路径。所谓"上下并行"实际上是说大型电子商务平台往往将"网络消费下乡"和"乡村产品上网"相结合,一方面将城镇的工业品、

---

① 戚善成:《淘宝大学进乡村》,《中国财政》2016年第2期。

第六章　从"共同体"到网络社会：淘宝村的转型逻辑

消费品等通过网络销往农民手中，另一方面则鼓励农民将地方土特产、农产品和"淘宝村"的相关产品通过网络销往城镇乃至全球。"超前投资"则说明当下对乡村互联网市场的开拓不仅是非盈利的，而且还承担着许多培育成本，比如用户习惯、乡村"物流最后一公里"、产品质量管控等。这种独特的乡村互联网发展路径不仅在产业层面实现了乡村的消费升级和产业转型，而且有力地推动了城乡一体化，在全球的互联网发展中也独树一帜，具有十分重要的意义，也促进了淘宝村的发展。东风村的网商经济之所以可以在2008年左右迅速形成，与当时阿里巴巴集团对农村淘宝的补贴与战略性投资是分不开的，因为那时候乡村电商市场实际上还没有完全发展成熟，不具备自我进行驱动的能力。

> 我们现在不仅仅是在网上卖东西，也在网上买东西，你看到的这些冰箱、洗衣机、跑步机、电视还有这个扫地机器人，都是我从网上买来的，以前还要去城里买衣服什么的，现在也不需要了，都在网上直接买就可以了。——（WP，东风村网商，2016）

除此之外，以"互联网+"为代表还将互联网的影响范围不断扩大，成为驱动乡村社会变革的重要抓手和路径。2013年，中国政府首次提出"互联网+"的发展行动计划。"互联网+"的核心是互联网技术、互联网产业、互联网思维的泛化和延伸，这背后折射的是对互联网产业更大的希望和布局，即希望互联网可以实现与传统产业、公共服务、政府管理、社会发展、民生建设等多领域的深度嵌入和推进，在广泛意义上积极推进中国迈向信息社会与网络社会。① 从社会角度出发，"互联网+"是一种试图消除信息鸿沟的尝试和努力，以互联网的技术推广、应用和普及，不断减少乃至消除整个社会在运作效率上的不平等，实现社会各个方面的一体化、无缝化对接和沟通，实现一种真正意义上的社会平等。

正是基于这种新思路，东风村和沙集镇创新推进电子商务产业发展，打造了"沙集电商特色小镇"（见图6—4）。根据相关规划将整个沙集镇

---

① 宁家骏：《"互联网+"行动计划的实施背景、内涵及主要内容》，《电子政务》2015年第6期。

的镇区划分为精品商贸居住区、电商创业区、创意创新区三大功能板块，着力形成具有沙集特色的电商生态圈。这实际上就是以电子商务为核心，驱动整个沙集镇在社会生活、政府管理、文化休闲等多个角度的全方位变革，是一种典型的以"互联网+"来实现对乡村整体改造的主动出击。未来的电商小镇将会以沙集镇电商创业园为龙头，以东风村等5个省电商示范村为中坚力量，其他12个淘宝村为支撑进行创新规划，同时政府还会配套启动同一乡镇范围内村庄建设用地的布局调整，将魏集村、三丁村、丁陈村等进行土地复垦和增减挂钩项目，不断拓展未来"产城融合"发展空间，以此来最大化乡村电子商务产业对沙集镇整体发展的带动效应。

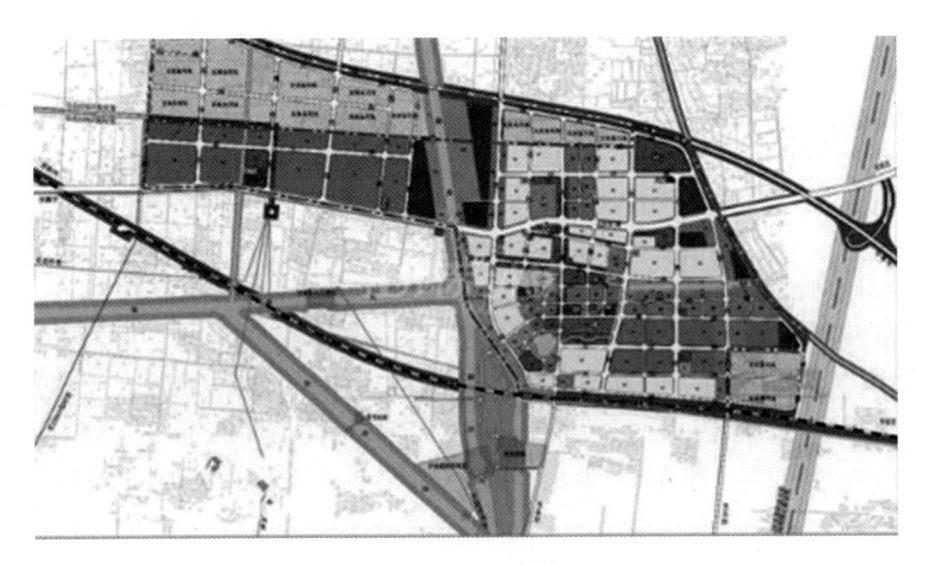

图6—4 沙集电商特色小镇规划用地

因此，中国互联网经济的创新特征构成了驱动东风村网商不断创新发展的重要机制。在"互联网+"等发展新概念的推动下，乡村经济、社会、政府管理、民生服务等几乎所有领域都与互联网紧密结合，在主动的规划与相关技术指导之下，东风淘宝村已经开始转型成为"沙集电商小镇"，而这意味着乡村互联网发展程度与影响层次的全面升级。

二 电商下乡的变革：互联网发展与乡村转型

综上所述，互联网经济作为高科技、高资本、高智力的典型朝阳产业，代表了全球产业结构优化的方向和水准。正是在这样一个领域，中国企业做到了后发制人、异军突起，成为全球互联网经济舞台上一个非常重要的力量，并且开始从之前模仿、学习甚至直接照搬西方互联网的概念走向自主创新、自主探索、自主研发的创新之路，诞生了一大批既具市场盈利规模又拥有前沿创新能力的互联网企业和发展模式。这离不开中国城镇化进程与互联网经济发展的内在切合与互动，面向未来，城镇化与互联网的关系将从原本以"大城市群"为核心转向以"乡村"为核心，如何将互联网与乡村城镇化有效对接显得尤为关键。

> 东风村实际上是一个可能，淘宝村也是一个可能，在这种案例背后实际上是互联网对乡村巨大的推动和改变作用正在逐步加强。我们通过研究发现，在2008年之前，几乎所有的网商行为，不管是买还是卖都发生在城市范围之内。但东风村这一批淘宝村的出现第一次把乡村纳入到了电子商务这样一个发展范畴里面……乡村和互联网的结合爆发出非常大的动力，不仅改变了乡村产业和就业结构，而且也带动了村民的生活范式与文化习惯。因此，我们认为乡村与互联网的结合会形成越来越巨大和深远的社会影响。——（CL，阿里研究院专家，2016）

乡村城镇化与互联网经济的互动推进发展是因为中国互联网经济的形态和发展路径与中国城镇化的过程和特点存在着紧密关系。我们必须看到互联网作为一种新的产业形态、技术模式与中国乡村的既有特性不仅没有产生冲突，反而形成了某种程度的契合。以互联网为代表的变革一定程度上改写了"现代化"的内涵，正因为如此，中国乡村不再只有被现代化冲击、改造这一种可能，转而具备了共存、共融、共生的新可能。

其中，乡村电子商务产业的发展非常重要。实际上网络电子商务作为一个导流入口型的经济形式，其意义不仅仅是能提升推动乡村的产业升级，提升农民的经济收入，更能成为特定乡村区域实现知识提升、服务提升、管理提升的一个通道。具体来说，当下中国以电子商务为核心的互联网下乡有三个基本作用路径。

首先是实现对乡村传统产业（农业、手工业等）的对接、改造和结构优化。电子商务作为一种流通性产业类型与乡村既有的产业具有很强的配套性，并且具备逆向改造的能力。电子商务产业的介入扩展了乡村特定产业和产品的市场规模，简化了流通渠道，降低了销售成本。在这之后，电子商务的技术属性和流量属性必然推进特定乡村的经济发展走向产品多样化、生产标准化和运营品牌化。

其次是实现对乡村地方就业的助推（就业数量层面）与升级（就业结构层面）。不仅是电子商务产业等很多网络经济本身的创业和带动创业岗位，而且还有很多相关配套岗位，比如在东风村除了有网商店主，还有仓储、物流、客服、广告、照相、修图、设计、培训、代理、运营、推广等多岗位的大量用工需求，并且这些岗位很多具有专职性和专业性，改变了以往农民就业只能停留在建筑、施工、搬运等最基础劳动环节的困境，实现乡村就业的持续化和向上化。

最后是实现对乡村传统文化、思维方式乃至社会结构的影响与改变。乡村互联网经济的发展会带来对农民既有思想观念、知识结构以及思维方式的冲击和改变。作为一种全新的产业形式和思想观念，互联网与既有工业形式和科层制、规模化的思想观念完全不同，其产业发展过程之中最核心的在于以确立目标客户为导向的目标定位，并以快速更新和网络共享等特征的技术手段进行持续推进，并且始终将对未来需求、未来资源、未来市场的预测、实现和利用作为重点。[①] 在这个过程中，农民在长期农耕生活以及小农经济体系下形成的思想观念、文化传统乃至社会结构都会潜移默化地发生改变。这恰恰是乡村实现自身现代化的核心维度。因此，淘宝村的出现实际上是乡村互联网推动乡村现代化转型的一个典型例子，在未来，随着乡村互联网发展与中国乡村发展的相互作用

[①] 金元浦：《互联网思维：科技革命时代的范式变革》，《福建论坛》（人文社会科学版）2014年第10期。张文宏：《网络社群的组织特征及其社会影响》，《江苏行政学院学报》2011年第4期。

与碰撞，会有更多创新的路径与样板出现，从而构成中国乡村现代化转型的有益尝试。

三 信息社会的来临：乡村直接介入全球市场

进入21世纪，在互联网及其相关联的物联网、移动互联网等一系列技术创新进步的支撑下，"信息社会"开始在全球范围内迅速产生、发展、壮大并扩散。随着人类经济发展的阶段从蒸汽时代、电气时代走向信息时代，信息产业的崛起已经取代传统产业成为推进全球经济和社会发展的核心龙头，"网络经济""数字经济""知识经济""新经济"等都是其中的重要代表。互联网在全球的扩张赋予了东风村直接介入全球性市场的可能。这种介入与之前东风村塑料回收加工产业只能被动地接受全球市场波动影响的情况截然不同，是乡村依托自己的特色产品与核心产业优势，直接介入到全球性的市场之中。换言之，即便是一个乡村在信息社会，也可以借助自身独特的产品介入全球市场。

> 我们现在的很多产品都可以直接卖到全国，去年还有日韩、东南亚的客户来我们这买家具……就是一个客户想要定制一个儿童床，但在国外这种床一方面是款式很难按照客人的要求来定制，因为他要的还是一个多层的床，要求能上下还能放东西。还有就是即便是人家卖，也非常贵，所以从淘宝上找到我了，前后一共做了六个月，最后年底的时候再把东西寄了过去，那一次净利润就有1万多块。——（ZB，东风村网商，2016）

这信息社会推动了乡村乃至全球在经济、技术和产业层面实现了前所未有的飞跃，而且逐步实现了对社会秩序、伦理文化乃至价值观念等维度的全面改造。从人类发展历史来看，这场变革催生了与农业社会、工业社会完全不同的"网络社会"，而后者，正如曼纽尔·卡斯特所指出的那样，其本质是一种"信息化社会"（informational society），"信息的生产、处理与传递成为生产力与权力的基本来源"，这种社会形态强化凸显了信息和知识对于整个社会发展的重要性，即"之所以称为信息化，是因为在这种经济体内，单位或作用者（agents）（不论公司、区域或国家)的生产力(productivity)与竞争力(competitiveness),基本上看它们能否有效生产、处理及运用以知识为基础的信息而定。之所以称为全球的,乃是因为生产、消费与流通等核心活动,以及它们的组成元素(资本、劳动、原料、管理、信息、技术、市场)是在全球尺度上组织起来的,并且若非直接进行,就是通过经济作用者之间连接的网络来达成。至于此种经济是网络化的,则是因为在新的历史条件下,生产力的增进与竞争的持续,都是在企业网络之间互动的全球网络中进行"[1]。可以说,"网络社会"就是建立在对信息这一核心生产要素在全球尺度上的生产、分配、消费、流转和创新基础之上。

  东风村的网商之所以可以直接介入全球性市场,与网络社会中高端互联网技术和基于此形成的经济新样态紧密相关。2012年,世界经合组织首次发布了《OECD互联网经济展望》,将"互联网经济"定义为通过互联网维系的经济活动或纯粹依靠互联网的经济活动所产生的价值。这种以技术要素创新驱动的"经济新增长"被誉为是"第三次浪潮"。从诞生之日起,互联网经济的迅速发展就与全球化的扩展相呼应和叠合,也因此在很短的时间内成为全世界最为重要的产业类型和经济增长点。从某种意义上来讲,当互联网经济出现之后,全球化与互联网就成了一个硬币的两面。互联网经济所覆盖的领域众多,但其核心是围绕信息产品[2]进行处理、加工、存储、展示、运输、销售和其他形式的利用,并以此形成互联网经济产业的上下游环节,同时覆盖硬件和软件相关产业类型。从对信息产品这一核心对象的处理角度出发,可以将互联网经济简化为IT产业(Information Technology),互联网经济的核心就是IT产业,而IT产业因为其所处理的信息产品具有与传统工业品、消费品完全完全不同的属性,因此也使得互联网经济具有不同于既有农业、工业、服务业等相关产业的特性。东风村的网商经济作为互联网电子商务属于典型的IT服务业,因此具备了信息传输基础之上的全球介入性。

---

  [1] 曼纽尔·卡斯特:《网络社会的崛起》,夏铸九、王志弘等译,社会科学文献出版社2001年版,第25、91页。
  [2] 可以简单划分为物质形态的信息载体产品与比特形态的信息内容产品。

第六章 从"共同体"到网络社会:淘宝村的转型逻辑

> 东风村或者说其他淘宝村现在已经不再是一个简单的乡村工业或者说乡村零售,现在许多淘宝村可以直接把产品卖到不仅是我们自己国家的各个地方,甚至是全世界的各个角落。这背后离不开互联网经济与全球化的相互作用,其实恰恰是因为有了互联网这样一个可以将信息以几乎零损耗的代价传递到全世界的新模式,东风村的家具才能直接卖到全球其他消费者手里。——(CL,阿里研究院专家,2018)

互联网经济在全球的发展也得到了各个国家和地区的大力扶持。美国自 20 世纪 90 年代开始的互联网革命和"信息高速公路建设计划"一直延续至今,有力推动了美国经济在制造业增长乏力的情况下实现新的繁荣,尤其是互联网经济作为典型的朝阳行业成为美国经济增长最为迅猛的一个行当,催生了一大批诸如微软、英特尔、苹果、康柏、惠普、美国在线、思科、亚马逊、eBay 等具有世界影响力的企业,并且互联网经济发展的活力不断提升,产业层次逐步升级。除此之外,发达国家中的英国、加拿大、澳大利亚、法国、德国、日本、韩国等都积极推进互联网经济的发展,并制定各种政策和扶持方案,着力从互联网通信基础设施、相关专业人才培养、互联网市场化机制优化等方面进行了具体部署。

在发展中国家中,印度、中国等也都同样充分参与并利用了全球互联网经济的发展,实现自身在这一特定产业领域对西方发达国家的跟随乃至"弯道超车"式发展。例如,我国国务院就发布了《关于积极推进"互联网+"行动的指导意见》,开始谋求从单一的互联网经济走向与消费、生产、服务乃至经济社会其他领域的深度融合,显示出了比较超前的互联网布局思路。① 伴随着各个国家对互联网经济与发展的重视和投入,淘宝村作为一种乡村互联网发展的新模板也越来越得到重视。

> 这个生意(淘宝网店)对我们的改变还是非常大,怎么说呢,以前心里面顶多就有一个县城或是最多就是一个宿迁或是徐州市的

---

① 参见《国务院关于积极推进"互联网+"行动的指导意见》(国发〔2015〕40 号)。

范围,现在不一样了,很多网商的心里面其实赚的是全国市场甚至是全球市场……我们不仅是把东西卖给全球,而且通过互联网也能了解到全球的各种信息。前几天阿里的高院长(高红冰)带了很多专家、学者和领导过来,里面还有外国来的专家,这说明我们做的这个事情确实很厉害,全球各个地方的学者都要过来研究。还有很多就是像你一样的从国外回来的人也在探究我们。——(WWJ,东风村网商,2016)

随着互联网经济在全球化范围内的继续深化推进与发展,东风村所代表的乡村互联网发展路径已经展现出巨大的增长潜力,淘宝村与全球性环境的连接也将从单一的市场交易关系上升到更深层次的文化、教育以及人才流动等层面。

第七章

总结与讨论：淘宝村与中国现代化本土探索

第一节 未来与制约因素：东风村网商经济出路

事实上，即便东风村的网商经济实现了长足的进步，并且依靠互联网与乡土社会的互动衔接不断推动产业升级与社会变革，但其面向未来的发展也依旧有许多结构性问题。这些后续的问题因为本书的篇幅有限，因此不能展开论述，在这里列出有待后续进一步的研究展开与跟进。具体来说，有以下三点。

其一，东风村网商家具经济的创新不足与同质化竞争是一直贯穿整个发展进程的核心制约因素，并由此形成了一系列的"伴生"影响。从一开始，"山寨宜家"就是东风村网商家具产业的一个结构性特点，由于自身的简易家具多为仿韩式和宜家的家具，自主设计少，因此东风村的家具创新能力严重不足，即便是在2012年之后这种问题得到了缓解，许多农户在转型专业公司之后，立足天猫商城的需要开始进行正规化经营创新，但产品创新力的提升依然任重而道远。创新力的不足必然会导致同质化竞争，进而引发东风村网商内部的价格战。

在这种情况下，东风村网商经营的"极化"现象越来越明显。那些依托天猫、京东等B2C电子交易平台的大型家具网商经营者在自身资本、技术与规模积累的基础之上迅速发展，产品利润、技术含量等不断提升，从而成为具有一定行业影响力的网商家具厂商。而那些因为自身实力发展不足而留在淘宝网这种 C2C 电子交易平台的小型家具网商经营者则被迫在利润下滑的情况下，通过偷工减料等节省成本的行为来维持自己的经营利润。在传统产业的发展环境之中，这种个体商家的不正当、不规范行为只会造成其自身发展的衰退。但在东风村的淘宝网商产业中，由于其自身单个企业的发展规模较小，因此没有在电子商务平台上形成强有力的"企业品牌"，反而出现了整个东风村淘宝村与网商家具相结合的"地方品牌"。网商消费者在网购平台上进行消费选择的时候会形成家具产品与沙集东风村的一种"品牌联想"和整体性的品牌印象。在这种情况下，单个商户的不规范市场行为无疑极大影响了东风村所有网店的集体声誉，不仅在很大程度上恶化了东风村网商的"市场形象"，而且很有可能会形成对沙集东风村地方产业的"标签化"。

> 说到这个我就来气，我们村有些人，自己明明做的是板式家具，在网上卖的时候说自己是实木家具，而且抄的还是别人家的产品设计，人家消费者一次两次可能看不出来，可总是有懂这个的啊，很多人都让人投诉了……不仅仅是影响他个人啊，我这个店就有一次，已经谈好了一个客厅电视柜和茶几的客户，结果人家一看你是沙集这边发货的，直接说不要了。后来问了一下，就是之前被我们这边的人骗了一次，觉得我卖的也不是实木的，你说这气不气人，真是一颗老鼠屎，坏了一锅粥，这样下去，我们村的名声不就毁了吗？——（DLP，东风村网商，2017）

由于产业的快速扩张与产品发展的不成熟，沙集东风村并没有形成固定的"地方品牌形象"，一旦在这个过程之中因为网商农户的不诚信、不正规等行为造成"污名化"，那么东风村的网商经济将在很长一段时间内无法摆脱低价值循环的困境[①]。尤其是东风村本来就是依靠简单模仿发展起来的家具产业，要实现家具产业的创新发展，必须要特别注意。

其二，东风村网商家具经营主体的结构性缺陷越发明显，企业规模

---

① 比如福建省的莆田市，其自身的许多运动鞋品牌在发展之初就因为受到"高仿鞋"等相关假冒产品的影响，导致企业的产品价值与定位迟迟得不到提升。

与人才层次成为核心问题。随着东风村家具出货量的越来越大,原本家庭作坊式的生产方式遇到了产量瓶颈,即便现在许多大型网商店主都搬到了产业园,形成了正规的专业工厂,但一大部分东风村的网店依然是家庭作坊式的小型工厂,这在村里的网商主体数量层面占据优势。除此之外,东风村网商家具虽然从无到有实现了飞速发展,许多网商的经营规模与生产技术已经可以在天猫、京东等大型电子商务交易平台占据家具品牌商的位置,但作为一个村,东风村的网商家具在产业发展规模、创新能力等层面依然要远远逊色于国内同级别的竞争对手,尤其是来自广东的家具厂商进入电子商务平台之后。以广东为核心的既有强势家具品牌产业集群已经开始借助"互联网+"的虚拟市场效应和数据化技术效应,实现大规模标准化生产与个性化需求的同质化解构和满足[1],这恰恰成为互联网下家具产业产品升级的重要前沿趋势。

> 我们这边家具市场上的定位档次还是比较低,我们现在经常会去广东东莞、深圳、顺德还有浙江那边学习、考察,他们的产品还有企业经营、品牌做得都很好,很多东西即便是质量差不多,但是人家做出来市场就是认而且卖得很好,这个确实也是我下一步发展的一个方向。——(LM,东风村网商,2017)

这种产业集群发展的层次不足还有一个重要原因就是东风村缺乏各类型的专业人才。据了解,目前沙集镇网商的人才缺口在1500人左右,专业木匠、优质客服与设计师尤其短缺。这背后实际上依然是乡村精英外流的大背景没有改变[2],东风村一个村落的崛起并不能从根本上扭转这个趋势。除此之外,即便是进行了电商整体产业的镇级规划,但东风村整体产业用地数量有限。这些都成为制约东风村网商未来生产进一步扩大与升级的原因。

---

[1] 吴义爽、盛亚、蔡宁:《基于互联网+的大规模智能定制研究——青岛红领服饰与佛山维尚家具案例》,《中国工业经济》2016年第4期。

[2] 刘颖、张英魁、梅少粉:《乡村精英人才外流的社会影响与对策》,《学术交流》2010年第11期。

> 我很看好东风村的发展，现在电子创业园建设完成，以后每年产值达到几十亿也不是没有可能的，但我们能不能有一些真正高大上的产品，这个还是要打一个问号的。另外，我们草根创业走到这一步，最缺乏的还是人才，尤其是管理人才、专业技术人才，这是一个非常大的制约，关键还在于加快发展，要缩小乡村和城市的差距，你看我们淘宝网商产业这么红火，但我们整个沙集镇连一个像样的宾馆都没有，这跟我们的需要是不相称的。——（WCX，东风村网商配套产业经营者，2017）

其三，东风村网商主体依然需要进一步突破自身乡村创业者的文化与思维局限性，实现从"乡村能人"到"互联网企业家"的转变。乡村文化的局限性表现在多个方面，在笔者的走访之中就发现，绝大部分的东风农户网商虽然善于通过关系网络进行信息沟通、资源共享以及进行一些浅层次的生意合作，但在更深层次尤其是企业管理等方面其实比较闭塞，不愿意跟其他人展开深度合作，而更满足于自己依托家庭成员"单干"的状态。这背后实际上是对"乡村社会关系网络"的一种戒备，即担心深度的业务和技术合作会让自己吃亏，尤其担心产权重组会让他们失去对企业的控制力，让别人主宰自己企业的命运。因此，他们宁可选择单打独斗，以自己及"核心家庭成员"去独自应对市场风险和市场竞争。这也与东风村网商作为农民企业家的成长环境有关，即便是在互联网经济的深入影响下，中国传统文化中权威观念、集权观念和家庭观念等依然有重要作用①，这会导致工作压力大、发展潜力小等一系列后续衍生问题。

> 其实这种高强度是没有办法，我们东风村的人不太喜欢和别人合作，你看现在即便是亲兄弟也可能是分家合作的，就是各做一块，但你这种肯定让自己和父母、老婆的劳动强度一下子就上去……还有就是企业扩张这块确实会慢一些。——（LXL，东风村网商，

---

① 周大鸣：《农民企业家的文化社会学分析》，《中南民族学院学报》（人文社会科学版）2002 年第 2 期。江苏省小城镇研究课题组：《小城镇大问题》，江苏人民出版社 1984 年版。

2017）

除此之外，许多东风村网商还缺乏规范的市场意识、规则意识与契约意识，这在创业发展初期的时候影响并不关键，但随着网商经济的进一步发展升级，尤其是当东风村网商开始在更大平台上与更加正规的"后进入者"（比如来自广东、上海、杭州等成熟家具产业经营商）展开竞争，这种市场意识缺乏带来的问题和困境就越发凸显。

> 很多人说交税怎么怎么着了。其实我觉得正常，交税是你的义务啊，不交税怎么做财务呢？我自己的财务年销售额达到了2000多万元，每天都是细化到小数点之后，销售和生产都是独立的核算。可实际上我们村很多老板即便生意做得不小了，又有几个人能够对自己的财务进出一分钱都搞得清清楚楚的呢？有没有准确地核算呢？我们做生意的，一切都要看着市场，要越来越专业才行。——（LM，东风村网商，2017）

与此同时，目前东风村网商"小富即安"的小农心态影响日益加深，未来需要进一步突破并形成真正的企业家精神，实现从"开网店"到"做生意"的转变。东风村的网商家具产业在短时间内迅速推动从业者实现了财富收入的几何倍数增长，在笔者的访谈和实地调研中，东风村主要网商店主的汽车基本都是宝马、奔驰等豪华座驾，而且很多店主都在宿迁、徐州甚至南京等城市购置了房产。但与此对应，长期简单农耕与加工产业经济下所形成的思想意识却难以随之改变，许多村民将财富攀比作为主要的经营目的，形成了许多不必要的"炫耀性"消费，比如吃饭、买车、婚丧嫁娶的大操大办等，甚至还出现了麻将、赌博等不良文化行为，这背后是农村网商希望借助这种"炫耀性消费"来谋求某种社会地位，并在网商群体的人与人之间，尤其是城乡之间形成需求和效用上产生正向影响。① 但这种行为也制约了东风村网商的进一步突破，缺少

---

① 邓晓辉、戴俐秋：《炫耀性消费理论及其最新进展》，《外国经济与管理》2005年第4期。

了一种西方"清教徒式"的财富投资观念,也制约了未来家具生产规模的进一步提升。

> 还有就是思想观念上的差别,我们"80后""90后"实际上还不满足,但我们的父辈看到今天的收入实际上就已经非常满足,他们赚了钱之后想到的不是扩大生产再投入,而是要去建造小洋楼,这肯定会影响我们发展的理念和速度。——(WY,东风村网商,2017)

> 现在东风村人有钱了,但是还是要进行管理和引导,不仅要富足更要能有精神文化追求,通过树立传统的优良民风,来引导村民做一个文明村民,不能仅仅满足于做一个别人眼中的土豪,要做一个新时期的新农民,有道德、有文化而且要有理想的新农人。可能关键还是要在政府这边,要边管理边服务边提升,不能人富了,精神道德穷了,这个也是我们党支部的一个长期战略任务。——(WM,东风村党委书记,2017)

在这三点之外,制约东风村甚至整个淘宝村进一步创新发展的还有一个重要原因就是产业发展与行政管辖的衔接程度。现在的东风村从经济发展层面已经远远超过了一个普通行政村的层次,下一步网商家具产业想要创新发展,许多前述的制约性因素已经不是从产业经济层面可以解决的。比如说人才缺乏问题,东风村作为一个村落自身根本不具备吸引大量专业人才前来集聚的基础。更为关键的是,由于东风村所在的沙集镇、睢宁县甚至是徐州市以及周边的宿迁市都不是经济发展较为发达的区域,因此学习其他强势产业乡村(主要是在长三角与珠三角量大城市群)通过嵌入发达区域城市体系之中,来扩大自身资源吸收范围和能级的发展路径很难被东风村模仿。东风淘宝村如果想要实现突破式发展,就必须将摆脱"村"这一地域单位的行政级别限制,当下东风村的城镇化发展已经严重滞后于产业化发展,突出表现就是公共服务资源(教育、医疗、文化场所)的不足。这种产业发展与行政管辖的失调影响深远,可能会导致淘宝村从可能的乡村现代化变迁倒退回单一的乡村产业集聚。

第七章　总结与讨论：淘宝村与中国现代化本土探索

我觉得未来的发展，东风村还有沙集镇还会创造条件让本地人在这里好好创业，让外来的人才能够在这里扎下根不想走。可能因为我是做教育的吧，所以比较关注这块。我小孩现在只能去宿迁市的幼儿园上学，虽然离着比较远，开车要25分钟，而且收费高一点，但教育质量好，而且我有车也交得起学费。但很多外来打工的没有这个条件，怎么办呢？如果说沙集也有高质量师资高档次的学校，我们肯定不会惦记着要去别的地方。所以说这种环境的改善，必然会带来淘宝经济的进一步创新发展。——（WWJ，东风村网商配套产业经营者，2017）

这实际上说明，东风淘宝村的困境突破越来越强调从外部着手进行改进提升，尤其是金融支持、制度公平、市场环境等公共配套资源角度的推进。比如加快乡村金融体制改革、设立乡村信用评估和信用贷款、推进中小企业互助性融资担保、产业保险以及针对网商店主的子女教育提供相关公共配套服务等。这背后是因为东风村网商经济发展所展现出来的更多还是一种产业形态的创新，但在这基础之上已经形成了对社会结构、关系网络、乡村文化以及人的生活生产方式等其他领域的影响，并构成一种迈向乡村现代化的转型过程。如果不能够及时通过外部建构来推动东风村从电商产业集群走向新型市镇，那么这种对乡村发展的全方位影响就会慢慢减弱，也就无从"形塑"乡村现代化的完整变迁。

我在2013年花了83万元在宿迁买了房子，加上装修大概花100万元，我们是不会去住的，将来主要是为了小孙子上学准备的。（时间还早吧？）不远了，早晚都要去，我们这边还是教育不行，幼儿园什么的都不太好。下一代有条件还是要接受好一点的教育。——（DYW，东风村网商，2017）

面向未来的发展需要，东风淘宝村有两个基本选择：其一是"走出淘宝村"，走向淘宝镇、淘宝县甚至更高的行政区域级别，这也与中国城市发展的既有路径相适应，实际上这也是目前淘宝村发展的一个核心方向，沙集镇目前也已经成为"淘宝镇"，这种路径实际上是通过扩大产业集聚范围，从而提升产业发展的行政区划主体等级，并以此实现对淘宝村发展困境的一种突破；其二则是"淘宝村出走"，这是很多淘宝网商店主的自主选择，即在其他发展更加成熟的区域（比如宿迁市等）办厂投资，在充分借助已有基础设施和相关公共服务的基础之上，实现自身的产业再创新发展。但无论如何，不管是"走出淘宝村"还是"淘宝村出走"，都说明淘宝村作为一种以互联网经济驱动乡村转型的新路径，要在更大范围内成为驱动乡村现代化实现的成功样板都必须重新思考自身未来发展的方向。

第二节 非典型与典型性：淘宝村与乡村互联网

　　东风村在淘宝村这一遍布全国的乡村转型社会现象当中具有很强的典型性，对东风村的分析、挖掘和理论分析对中国城镇化、乡村现代化、乡村文化自信等一系列重要社会学议题具有较强启发意义的经验。这种典型性更大的意义在于通过对东风村这一典型淘宝村的发展和社会变迁过程，我们可以更加深刻地意识到乡村互联网发展能够为乡村现代化转型带来的巨大推动力，这也成为淘宝村研究的典型性所在。但从另外一个角度出发，东风村及其背后所形成的淘宝村发展路径又具有很强的特殊性，我们必须充分意识到这种发展路径背后的种种制约性因素和其所展现出来的特殊属性，也构成了淘宝村这一乡村现代化转型路径的非典型性所在。这种典型性与非典型性特点的交织与共同作用，成为本书依托东风村展开淘宝村作为一种乡村现代化转型社会现象研究的重要思考点。

　　东风村所代表的淘宝村这一特定乡村现代化变迁过程及路径具有非典型性，而这种非典型性的背后是因为特定乡村向淘宝村的发展与转型需要很多特定因素的相互配合，其中包括外部环境、区域文化、介入阶段、乡村关系、经济能人、政府作用等一系列因素。因此，并不是所有的乡村都可以在特定的政策推动或是外部资金支持下转型成为一个成功的淘宝村。

　　首先，淘宝村的发展需要借助特定的"区域发展环境"作为背景。作为一个村级的产业创新单元，淘宝村的出现与周边乡镇、城市产业经济与社会发展的发达程度紧密相关。这种相关性一方面对淘宝村的出现与崛起至关重要，但另一方面又很难凭借淘宝村网商农户的自身努力来进行改变。比如特定区域的地理环境、交通区位等，东风村之所以可以崛起与其自身独特的地理区位密不可分，正是因为身处江苏，使得东风村在交通运输、物流成本（江浙沪包邮等因素影响）、城市购买力等多个领域获益匪浅。这也是为什么现在已有较为成功的淘宝村多半分布在东部沿海发达地区（主要集中在江苏、浙江、广州、山东等）或是周边相邻区域乡村的根本原因，因为淘宝村的发展和崛起必须依托特定区域的发展环境和相关基础。因此，淘宝村在空间分布上呈现显著的阶梯特征，即从东部沿海向西部内陆形成了梯度递减①，而且集中分布在"长三角""珠三角""京津冀"等沿海发达地区。

其次，淘宝村的发展需要依靠特定的"乡村能人"的个体性偶然尝试与带动，并且要通过能人带动形成网商经济的梯度传播。不管是东风村以 SH 为代表的"沙集三剑客"还是其他淘宝村的网商开拓者，淘宝村在其发展过程尤其是产业发展的萌芽与初级阶段，非常依赖网商大户"乡村能人"的个体尝试与带动。正如本书前述所言，乡村社会的文化倾向与产业结构特性使得村民对网络电子商务经济这一"新产业"在最初阶段会产生典型的"不信任"与怀疑态度，并由此形成对网店乡村创业参与的犹豫不决。在这种情况下，必须借助特定个体的偶然尝试与发展成功经验，才可以推动后续村民的陆续跟进与尝试。这就对淘宝村中的"乡村能人"提出了极高的要求，即必须有足够的市场意识、创新能力和与之相配套的传播意愿和能力。实际上，这种个体化的尝试与带动具有很强的偶然性，同时还必须保证在初期的淘宝网店经营大体上保持顺利，并可以持续不断地获取较高的利润回报，只有如此才可以形成后续村民的"羊群效应"。

然后，淘宝村的发展需要具备特定的乡村地方文化基础。具体来说，这种文化基础就是对"做生意"、经商、创业以及追求利润回报的合法性承认与鼓励。实际上这可以被看作是"区域发展环境"的后续结果，不

---

① 徐智邦、王中辉、周亮、王慧荣：《中国"淘宝村"的空间分布特征及驱动因素分析》，《经济地理》2017 年第 1 期。

管是浙江、广东还是江苏，这些区域之所以可以形成成功的淘宝村并不断扩张，很大一部分原因就是这些区域的乡村并不是传统的乡村文化类型，而更多呈现出处一种"乡村重商文化"的倾向，本书调研的东风村是如此，浙江义乌的青岩刘村等也是如此。可以说，正是因为具有了这种对经商、赚钱以及创业行为的宽容和认可，淘宝网店这种创新的产业业态才可以在乡村社会"落地生根"，而这种文化形成的背后又与特定乡村的产业发展历程、历史文化演化等紧密相关，因此具有特殊性。笔者在调研的过程中就发现，不仅是在最初的网商创业接受、传播阶段，在后期面临网商发展困难与瓶颈的时候，具有这种"乡村地方文化"基础的淘宝村在转型的决心、意识和技巧学习等层面也具有明显优势。①

最后，淘宝村的发展需要"借力"电子商务产业的特定市场阶段，这一阶段的网购市场呈现出典型的产品"供不应求"等相关特征。正如本书前面已分析的那样，之所以东风村网商家具可以在几乎不借助任何外力的情况实现从零到有，就是当时东风村网商所加入的 C2C 电子商务交易平台——淘宝网处于刚刚起步阶段，而彼时整个中国的网购市场也处于一个刚刚起步的阶段。在这个阶段，"供不应求""不正规经营的高容忍""超预期的利润回报"等成为典型特征，正是因为及时参与并接入了中国网购经济爆发的起步阶段，因此东风村的网商家具产业不仅没有因为自身产品质量差、网店经营不正规、产品创新设计缺失等问题而受到损失，反而借助韩式简易家具占据了城市白领租房人群这一特定消费客群的细分需求，实现了经营资本、市场经验和家具加工技术等多领域的长足进步。如果不是 2008 年左右淘宝网特定的市场发展态势，以东风村当时的网商经济实力、技术储备和市场经验想要在传统家具市场中生存可以说根本不可能。当电子商务产业发展到当今这个阶段，任何乡村要想复制东风村这种"从零开始"的淘宝村发展路径都已几乎不可能。

综上所述，以东风村为代表的淘宝村作为一种乡村现代化的变迁过程与路径具有很强的特殊性甚至是偶然性，不管是乡村文化、区域发展基础、乡村能人或是市场介入阶段，都说明任何村落想要尝试效仿淘宝村的发展路径与转型过程，就必须充分考虑自身乡村既有的发展基础、

---

① 这也是目前发展层次较高的淘宝村多数集中在广东、浙江与江苏的原因。

历史文化、区域环境等相关因素，而不能一味地进行照搬模仿。从这个意义出发，以东风村为案例的本书研究实际上揭示出淘宝村这一特定乡村现代化转型过程的个性化特征，必须要满足特定的基础性、前置性条件和相关配套因素才可以实现网商经济对乡村经济社会以及农户的全面改造。淘宝村作为一种乡村城镇化、现代化和产业化转型的发展尝试，不能盲目地进行一刀切式的推广和模仿，中国大多数村落实际上并不具备接受这种改造的基础和配套能力。淘宝村作为一种乡村现代化转型的社会现象和变迁过程，构成但也仅仅构成了中国数以万计传统村落推进自身区域、生产、生活、文化等多方面现代化、城镇化进程当中的一种可能性和典型样板。我们必须认知到淘宝村的特质、动力机制和发展前景，形成一个完整的认知结构性体系，同时也必须认识到淘宝村作为一种农村现代化推进的"范式"必须在特定的环境框架、发展基础、动力推进、地点精神的共同作用下才能得到切实有效的落地。

虽然淘宝村呈现出一种非典型性特征，但就像在本书研究中所分析那样，在东风村淘宝网商产业发展过程之中，乡村互联网作为一种特定推动力量和生产机制发挥了巨大的作用，其中所表现出来的种种特征却可以对乡村现代化的转型发展产生非常重要的启发意义，从而构成了本书在某种程度上的典型性价值意义。

其一，从东风村所展现出来的发展经验和变迁过程来看，互联网在淘宝村网商经济的发展过程之中发挥了非常重要的作用，从东风村网商家具产业的萌芽、发展、传播乃至到后期的升级、突破和创新发展等各个阶段，互联网作为一种创新的技术形式与产业样态都成为关键动力。这足以说明在推动乡村现代化的发展过程之中，互联网具有非常巨大的创新推动和示范引领作用。具体来说，在东风村网商经济起步阶段，网店经营作为具备一定技术门槛要求的"朝阳产业"构成了乡村产业结构当中一个巨大的"引力点"，正是借助这一乡村新产业的出现，一直以来"乡村产业用工需求"与"乡村优质年轻人就业供给"之间的矛盾得以解决，年轻人快速学习、接受新事物等相关技能和文化特质真正在乡村产业发展过程之中发挥了重要作用。正是基于此，乡村年轻人的"回乡就业创业"才成为可能。

在后期发展过程之中，互联网电子商务交易又因为其自身"订单锁定"等产业与技术属性成功推动了东风村线下家具生产加工产业的发展与扩张,完成了从单一线上销售到"复合式"线下家具生产加工的转变,使得东风村网商经济的就业参与门槛和社会影响力大幅提升。更为关键的是,作为一种对市场需求反馈极为快速准确的产业经济样态,电子商务互联网经济的不断升级与快速更新带动了乡村网商在组织架构、经营管理、产品设计等多个维度的不断进步与更新,并且在相当程度上塑造了东风村网商店主的"企业家精神",知识学习、信息更新、合作共享等成为驱动淘宝村网店经营发展的核心文化特质。

其二,相对于互联网在技术与产业模式层面对淘宝村乡村现代化带来的具体提升,更为重要的是,通过对东风村网商经济发展的研究,笔者发现乡村互联网的发展对乡村现代化来说具有两个非常重要的深层次影响。首先就是淘宝村所表现出来的乡村互联网发展在实际意义上消除了城乡之间的差距,并且在一定程度上颠覆了我国长久以来在城乡之间存在的二元结构体系,让城市和乡村在许多领域站到同一条"起跑线"。其次,互联网作为一种新技术与产业形态,实现了"信息"等相关资源在网络平台上传播的"无损性"与"无差别性"。不管互联网使用者来自城市、乡村或是发达地区、落后地区,互联网所提供的资源具有"极高的一致性",这种一致性包括资源的规模、质量、丰富性、更新速度等各方面。

因此,通过淘宝网店生意这样一个特定形式,东风村的村民不仅直接略过中间渠道直接与城市消费者进行平等交易,同时也以此为切入口实现了对互联网的全面利用,在信息搜索、知识获取、资源利用等各个维度"抹平"了与城市居民甚至同行业竞争者的差距。更进一步来说,正是借助乡村互联网的发展,乡村与城市具备了某种发展的同步性,许多新技术、新信息与新的发展可能不再是呈现出"大城市—中等城市—小城市—乡镇—农村"这样一个递减的传播次序,而是真正做到了同步接收与同步变革。从这个意义出发,互联网不仅在全球社会实现了"世界是平的"[①],也在很大程度上实现了"城乡是平的"。

---

① 实际上是一种论述个人与公司透过全球化过程中得到平等权力的过程,而这一过程主要是通过互联网科技发展与社会合作协定形成的。参见托马斯·弗里德曼《世界是平的:21世纪简史》,湖南科技出版社 2008 年版。

其三，乡村电子商务产业的发展越来越成为政策引导、产业投资等维度的发展重点，投资强度与资源集聚程度进一步增长。从 2016 年开始，党中央、国务院、各部委累计出台相关政策文件共计 40 余个，加快形成我国农村电子商务的顶层设计和配套政策部署。2014—2016 年，连续三年的中央一号文件均明确提出发展农村电子商务。2017 年中央一号文件中"电子商务"（含"电商"）共出现 8 次，并专设一节，从多个方面强调"推进农村电商发展"，并且还提到两个国家级专项工作："深入实施电子商务进农村综合示范"和"推进'互联网+'现代农业行动"。2018 年中央一号文件《中共中央国务院关于实施乡村振兴战略的意见》中，则继续为农村电子商务发展"加码"，明确指出要鼓励支持各类市场主体创新发展基于互联网的新型农业产业模式，继续深入实施电子商务进农村综合示范，并着力实施数字乡村战略等举措。在这种强有力的政策推动下，"互联网+"现代农业等工作从中央到地方相继启动，一系列政策推动农村电商加快发展。

在政策扶植之外，互联网巨头企业的乡村互联网布局也成为热点。阿里巴巴的"千县万村"计划、京东的"星火燎原"、苏宁的"乡村易购"、邮政的"邮掌柜"、联想的"云农场"等，各类企业加速进入农村电子商务领域……一切迹象表明，一直不被当作主流市场的农村经济市场，在当下有了很大的发展空间，成为一块藏宝地，并且在政府扶持、电商下乡、青年电商创业等力量的共同推动下，农村电商取得了明显进展，保持快速发展态势。在这种情况下，农村电商基础设施也在不断加快发展。比如商务部电商进农村综合示范活动截至 2017 年已经在全国已投入 125 亿元，覆盖 756 个县，建设 1051 个县级运营中心，5 万个村级电商站点，服务涉及 275 万贫困户，商务部还支持 15 个省建设了 304 个农产品仓储冷链中心，联合 15 家知名电商平台开通电商扶贫频道。

因此，本书立足东风村展开的淘宝村研究具有"典型性"与"非典型性"交织的研究启发。一方面，淘宝村作为一种以网商经济推动乡村全面社会变革的现代路径就有诸多"特殊性"，由此成为一种"非典型性"的发展样态。换言之，淘宝村的出现与发展很大程度上取决于其自身既有的发展基础、乡村文化、区域环境等因素，在这个过程之中，政策引导、产业扶持、政府规划等固然具有重要的作用，但却不能代替淘宝村发展的内生性因素。因此，淘宝村不能被简单地进行模式化套用甚至是照搬。另一方面，乡村互联网在淘宝村这一特定乡村现代化发展路径中所起到的作用及其带来的启发却具有"典型性"，对中国乡村现代化的发展具有重要参考价值。这种价值不仅体现在互联网经济与技术对乡村网商发展的技术性提升上，更体现在互联网在很大程度上实现了城乡发展的同步化。面向未来，随着乡村电子商务发展的加速推进，乡村互联网会在乡村现代化建设当中发挥更加重要的作用。

第三节　结语

本书对淘宝村这一乡村社会现象的研究与关注始于2014年，在多次前往东风村进行调研访谈的过程之中，笔者不仅见证了一个个被访谈的网商店主在自己生意经营的路上飞速发展，年销售额从不足100万元到接近千万元规模，见证了东风村村民在生活上的越来越富足，更站在一个研究者与观察者的角度，看到了东风淘宝村从一个简单的电商产业集群开始逐渐展开一场以现代化为目标与核心特征的乡村转型。在这个过程之中，东风村不仅在日常交往方式、生活生产习惯、文化思想观念等微观个体层面发生了巨大变化，同时也在村落空间生产、关系网络结构、社会组织方式等社会层面形成了显著转变。更重要的是，在东风村这种变迁背后隐藏着当下我们这个时代重要的社会学议题。社会学自诞生之初，就是为了回应彼时工业革命所带来的社会变迁，在这之后漫长的发展历程之中，社会学作为一个研究视角与学科范式，始终将自己所处发展时代的社会重大变迁现象作为核心的理论回应与解释对象。在其中"韦伯命题"无疑是一种经典的研究方向与理论框架，沿着这个思路，中国近代以来出现了以费孝通先生"江村经济"为代表的一系列本土化实践探索与理论研究，试图探寻中国乡村社会与现代化发展之间的内在关系。

当下，信息社会崛起已经成为新的时代特征，网络作为一种产业样态、一种技术特征、一种信息媒介、一种生活方式甚至是一种文化习惯早已充斥着我们的生活。基于此，互联网向乡村社会的渗透与发展赋予了中国乡村现代化转型的一种时代新可能，以电子商务产业为核心动力

第七章　总结与讨论：淘宝村与中国现代化本土探索

和发展载体的淘宝村成为其中具有重要研究价值的发展案例。因此，本书从乡村转型的视角展开对东风村这样一个典型淘宝村的社会学研究，在某种程度上切合了当下我们所处时代的议题，也形成了与"韦伯命题"及"江村经济"等相关研究理论的对话与可能回应。

本书的研究核心在于厘清东风村网商经济发展过程之中，农民、乡村社会与互联网三者之间的关系结构。概括来说，农民是贯穿东风村发展始终的行动主体，以网商农户形态为载体发挥对东风村这场经济发展与社会建设变革的主导作用，乡村社会与互联网则成为东风村变迁的核心生产机制，这两者伴随着淘宝网商家具产业的展开、发展、困境、转型与突破展开了持续的对话和互动，并在这个过程之中实现了某种程度的耦合和形变，成为推动东风村探索乡村现代化转型的重要动力。当然，我们必须看到，之所以最前沿的互联网与最传统的乡土社会可以在东风村发生如此奇妙的碰撞和融合，固然离不开互联网作为一种新的现代化形态与乡村社会相关属性（尤其是乡村社会关系网络、文化等）在结构上具有的对接的可能，但更为重要的是这一过程始终以东风村的网商群体为主体，农民可以基于自身对淘宝产业、乡村生活和社会建设等领域的需要展开对"传统性—现代性"的自主选择与创新应用，政府、淘宝平台以及其他在这个过程之中都只是起到了一种辅助作用。并且随着东风淘宝村的发展层次不断提升，互联网与乡土社会的互动又反过来进一步稳固、加强了农民的主体角色。

因此，本书将东风淘宝村的乡村现代化转型探索看作一种具有真正内生性的发展路径。从全球化的角度来看，淘宝村在某种程度上构成了中国乡村现代化发展的本土化路径。一方面东风村的网商借助互联网实现了对全球市场的第三次介入①，极大拓展了产业发展的可能与视野。另一方面，淘宝村这一乡村现代化转型路径在全球乡村互联网的发展当中呈现出某种程度的唯一性，越来越获得来自国际学界与乡村建设领域的高度关注，也成为全球其他区域乡村转型学习的对象与样板。这背后体现的是中国农民伟大的智慧创新与勤奋努力，也让笔者看到中国乡村现

---

① 在淘宝网商之前，东风村的生猪养殖与塑料回收加工实际上都是外贸出口的产业行当，与全球性的市场波动紧密相关，而网商则构成了第三次对全球性市场的介入。

代化尝试对中国现代化进程乃至是全球乡村现代化做出的贡献。

  时间回到 1978 年,安徽省凤阳县小岗村的 18 位农民,冒着极大的政治风险,以画押的方式签下了"大包干"协议,从而揭开了中国改革开放的篇章。今天,当中国城镇化已经进入下半段,当"三农"问题日益成为困扰农村社会乃至整个中国社会稳定发展关键矛盾的时候,以东风村为代表的淘宝村发展提供了一种新的乡村转型路径。如果说小岗村的创举是让饱受计划经济指令困扰的农民第一次拥有了生产上的自主权,那么东风村的创新则在很大程度上赋予了农民与市场直接平等对话的权利。这种平等性从根本上改变了乡村原本在城乡关系链条上的弱势地位,将传统农民与在城市"离土离乡"打工的务工人员"拉回"乡村,成为从事互联网产业且具有互联网文化思维基因的网商店主,并以此为基础形成了一系列乡村现代化的转型变迁。丹尼尔·贝尔曾将"科学技术和理性知识"看作是"后工业社会"的"社会轴心",并且指出,"在后工业社会中……对社会具有决定性意义的是:理论知识处于新的中心地位,理论超越经验而居于首位"[①],而在东风村,我们恰恰看到了传统乡村社会正在互联网的影响下呈现出这样一种新面貌!

[①] 丹尼尔·贝尔:《后工业社会的来临——对社会预测的一项探索》,新华出版社 1997 年版,第 345 页。

参考文献

W. 钱·金、勒妮·莫博涅：《蓝海战略》，商务印书馆2016年版。

彼得·伯格、托马斯·卢克曼：《现实的社会构建》，汪涌译，北京大学出版社2009年版。

边燕杰：《社会网络与求职过程》，载涂肇庆、林益民主编《改革开放与中国社会——西方社会学文献述评》，牛津大学出版社1999年版。

陈光锋：《互联网思维》，机械工业出版社2014年版。

丹尼尔·贝尔：《后工业社会的来临——对社会预测的一项探索》，新华出版社1997年版。

斐迪南·滕尼斯：《共同体与社会：纯粹社会学的基本概念》，林荣远译，北京大学出版社2010年版。

费孝通：《乡土中国》，上海世纪出版集团2007年版。

江苏省小城镇研究课题组：《小城镇大问题》，江苏人民出版社1984年版。

雷丁：《华人的资本主义精神》，格致出版社2009年版。

李小建：《经济地理学》（第二版），高等教育出版社2006年版。

梁鸿：《出梁庄记》，花城出版社2013年版。

马尔库塞：《单向度的人：发达工业社会意识形态研究》，刘继译，上海译文出版社2014年版。

曼纽尔·卡斯特：《网络社会的崛起》，夏铸九、王志弘等译，社会科学文献出版社2001年版。

曼瑟尔·奥尔森：《集体行动的逻辑》，陈郁、郭宇峰译，上海三联书店、上海人民出版社1995年版。

吴声：《场景革命》，机械工业出版社 2015 年版。

叶秀敏、汪向东：《东风村调查——农村电子商务的"沙集模式"》，中国社会科学出版社 2016 年版。

曹晋、梅文字：《城乡起跑线上的落差：转型中国的数字鸿沟分析》，《当代传播》2017 年第 2 期。

曹卫秋、冯健、杜玄策、程金玲：《西部地区青年农民创业问题调查——以陕西省铜川市华原村为例》，《青年研究》2000 年第 11 期。

陈云端：《基于"淘宝村"视角的农产品销售模式探析》，《农业经济》2017 年第 7 期。

程家福、董美英、陈松林、窦艳：《高等学校分层与社会各阶层入学机会均等问题研究》，《中国高教研究》2013 年第 7 期。

戴昌桥：《论深化行政体制改革的"三重"阻力》，《湖南社会科学》2014 年第 4 期。

邓晓辉、戴俐秋：《炫耀性消费理论及其最新进展》，《外国经济与管理》2005 年第 4 期。

董国礼、李里、任纪萍：《产权代理分析下的土地流转模式及经济绩效》，《社会学研究》2009 年第 1 期。

董仁涛：《支付宝：从淘宝网看电子商务支付方式》，《商场现代化》2006 年第 2 期。

杜吟棠：《"公司+农户"模式初探——兼论其合理性与局限性》，《中国农村观察》2002 年第 1 期。

方旭红、王国平：《论 20 世纪 20、30 年代吴江城镇化趋势》，《江苏社会科学》2004 年第 4 期。

房冠辛、张鸿雁：《新型城镇化的核心价值与民族地区新型城镇化发展路径》，《民族研究》2015 年第 1 期。

房冠辛：《中国"淘宝村"：走出乡村城镇化困境的可能性尝试与思考——一种城市社会学的研究视角》，《中国农村观察》2016 年第 3 期。

费孝通：《反思·对话·文化自觉》，《北京大学学报》（哲学社会科学版）1997 年第 3 期。

冯献、崔凯：《中国工业化、信息化、城镇化和农业现代化的内涵与同步发展的现实选择和作用机理》,《农业现代化研究》2013年第3期。

付伟、焦长权:《"协调型"政权:项目制运作下的乡镇政府》,《社会学研究》2015年第2期。

高更和、石磊:《专业村形成历程及影响因素研究——以豫西南3个专业村为例》,《经济地理》2011年第7期。

高慧智、张京祥、罗震东:《复兴还是异化?消费文化驱动下的大都市边缘乡村空间转型——对高淳国际慢城大山村的实证观察》,《国际城市规划》2014年第1期。

高志敏:《关于终身教育、终身学习与学习化社会理念的思考》,《教育研究》2003年第1期。

关凯:《互联网与文化转型:重构社会变革的形态》,《中山大学学报》(社会科学版)2013年第3期。

贺雪峰、刘岳:《基层治理中的"不出事逻辑"》,《学术研究》2010年第6期。

贺雪峰:《论中国农村的区域差异——村庄社会结构的视角》,《开放时代》2012年第10期。

贺雪峰、仝志辉:《论村庄社会关联——兼论村庄秩序的社会基础》,《中国社会科学》2002年第3期。

洪涛、张传林、李春晓:《我国农产品电子商务模式发展研究(下)》,《商业时代》2014年第17期。

洪卫、崔鹏:《交易平台、专用知识与柔性生产关系的实证研究——基于曹县淘宝村调研》,《中国流通经济》2017年第1期。

洪勇:《我国农村电商发展的制约因素与促进政策》,《商业经济研究》2016年第4期。

胡安宁、周怡:《再议儒家文化对一般信任的负效应——一项基于2007年中国居民调查数据的考察》,《社会学研究》2013年第2期。

胡鞍钢、王蔚、周绍杰、鲁钰锋:《中国开创"新经济"——从缩小"数字鸿沟"到收获"数字红利"》,《国家行政学院学报》2016年第3期。

胡桂兰、朱永跃:《网络经济下"网商"创业发展阶段研究——基于淘宝网的调查分析》,《江苏大学学报》(社会科学版)2010年第1期。

黄豁、周文冲:《网上就业渐成气候》,《瞭望》2009年第17期。

黄庆波、范厚明：《对外贸易、经济增长与产业结构升级——基于中国、印度和亚洲"四小龙"的实证检验》，《国际贸易问题》2010年第2期。

黄献军：《专业村是农村商品生产发展的新起点——湖南省益阳农村150个专业村的调查》，《农业经济问题》1990年第4期。

黄兆信、李远煦、万荣根：《"去内卷化"：融合教育的关键——进城务工人员子女融合教育的现状与对策》，《教育研究》2010年第11期。

黄中伟：《非均衡博弈：浙江农民创业的原动力》，《企业经济》2004年第5期。

蒋剑勇、郭红东：《创业氛围、社会网络和农民创业意向》，《中国农村观察》2012年第2期。

蒋亮、冯长春：《基于社会—空间视角的长沙市居住空间分异研究》，《经济地理》2015年第6期。

解学芳、臧志彭：《"互联网+"时代文化产业上市公司空间分布与集群机理研究》，《东南学术》2018年第2期。

金迪、蒋剑勇：《基于社会嵌入理论的农民创业机理研究》，《管理世界》2014年第12期。

金元浦：《互联网思维：科技革命时代的范式变革》，《福建论坛》（人文社会科学版）2014年第10期。

李北伟、徐越、单既民、魏昌龙、张鑫琦、富金鑫：《网络信息生态链评价研究——以淘宝网与腾讯拍拍为例》，《情报理论与实践》2013年第9期。

李海舰、田跃新、李文杰：《互联网思维与传统企业再造》，《中国工业经济》2014年第10期。

李强彬：《乡村"能人"变迁视角下的村社治理》，《经济体制改革》2006年第5期。

李升：《"数字鸿沟"：当代社会阶层分析的新视角》，《社会》2006年第6期。

李文彬、陈浩：《产城融合内涵解析与规划建议》，《城市规划学刊》2012年第7期。

李文政：《当前中国乡村治理的困境与策略探究》，《中国农学通报》2009

年第 16 期。

李小建、罗庆、樊新生：《农区专业村的形成与演化机理研究》，《中国软科学》2009 年第 2 期。

李小建、周雄飞、乔家君等：《不同环境下农户自主发展能力对收入增长的影响》，《地理学报》2009 年第 6 期。

李小建、周雄飞、郑纯辉：《河南农区经济发展差异地理影响的小尺度分析》，《地理学报》2008 年第 2 期。

梁强、邹立凯、王博、李新春：《关系嵌入与创业集群发展：基于揭阳市军埔淘宝村的案例研究》，《管理学报》2016 年第 8 期。

林嵩、姜彦福、张帏：《创业机会识别：概念、过程、影响因素和分析架构》，《科学学与科学技术管理》2005 年第 6 期。

凌守兴：《我国农村电子商务产业集群形成及演进机理研究》，《商业研究》2015 年第 1 期。

刘光明、宋宏远：《外出劳动力回乡创业：特征、动因及其影响——对安徽、四川两省四县 71 位回乡创业者的案例分析》，《中国农村经济》2002 年第 3 期。

刘丽群、宋咏梅：《虚拟社区中知识交流的行为动机及影响因素研究》，《新闻与传播研究》2007 年第 1 期。

刘世定、邱泽奇：《"内卷化"概念辨析》，《社会学研究》2004 年第 5 期。

刘小峰、周长城：《"熟人社会论"的纠结与未来：经验检视与价值探寻》，《中国农村观察》2014 年第 3 期。

刘亚军：《互联网条件下的自发式包容性增长——基于一个"淘宝村"的纵向案例研究》，《社会科学》2017 年第 10 期。

刘颖、张英魁、梅少粉：《乡村精英人才外流的社会影响与对策》，《学术交流》2010 年第 11 期。

刘永佶：《GDP 主义批判》，《中国特色社会主义研究》2010 年第 4 期。

卢福营：《经济能人治村：中国乡村政治的新模式》，《学术月刊》2011 年第 10 期。

卢晖临、潘毅：《当代中国第二代农民工的身份认同、情感与集体行动》，《社会》2014 年第 4 期。

卢淑静、周欢怀：《基于中美电子商务人才培养模式的思考》，《情报杂志》2010年第1期。

卢现祥：《共享经济：交易成本最小化、制度变革与制度供给》，《社会科学战线》2016年第9期。

卢向华：《网络个体创业的成长路径及其创业环境——以淘宝网络卖家为例》，《经济管理》2009年第4期。

路征、张益辉、王珅、董冠琦：《我国"农民网商"的微观特征及问题分析——基于对福建省某"淘宝镇"的调查》，《情报杂志》2015年第12期。

罗明忠、邹佳瑜、卢颖霞：《农民的创业动机、需求及其扶持》，《农业经济问题》2012年第2期。

罗琦、罗明忠、刘恺：《模仿还是原生？——农民创业选择中的羊群效应》，《农村经济》2016年第10期。

罗庆、李小建：《基于共生理论的农户群发展研究——以河南省孟寨村农户群为例》，《经济经纬》2010年第2期。

罗震东、何鹤鸣：《新自下而上进程——电子商务作用下的乡村城镇化》，《城市规划》2017年第3期。

马国光、赵建平、肖绢：《电子商务人才需求偏差分析》，《经济论坛》2005年第7期。

马琳、李红艳：《乡村互联网发展研究状况概述》，《新闻界》2011年第6期。

米运卿、赵立莹：《农民创业的制约因素分析及对策探讨》，《中国农村教育》2006年第1期。

苗长虹、魏也华：《分工深化、知识创造与产业集群成长——河南鄢陵县花木产业的案例研究》，《地理研究》2009年第4期。

宁家骏：《"互联网+"行动计划的实施背景、内涵及主要内容》，《电子政务》2015年第6期。

欧阳锋：《科学中的积累优势理论——默顿及其学派的探究》，《厦门大学学报》（哲学社会科学版）2009年第1期。

潘悦：《在全球化产业链条中加速升级换代——我国加工贸易的产业升级状况分析》，《中国工业经济》2002年第6期。

戚善成：《淘宝大学进乡村》，《中国财政》2016 年第 2 期。

钱文荣、李宝值：《初衷达成度、公平感知度对农民工留城意愿的影响及其代际差异——基于长江三角洲 16 城市的调研数据》，《管理世界》2013 年第 9 期。

乔家君、赵德华、李小建：《农户自主发展能力差异比较研究》，《农业系统科学与综合研究》2008 年第 3 期。

乔耀章、巩建青：《我国城乡二元结构的生成、固化与缓解——以城市、乡村、市场与政府互动为视角》，《上海行政学院学报》2014 年第 4 期。

秦程节：《网络群体极化：风险、成因及其治理》，《电子政务》2017 年第 4 期。

任保平：《后改革时代的标志、特征及其改革共识的构建》，《学术月刊》2010 年第 5 期。

阮荣平、郑风田：《市场化进程中的宗族网络与乡村企业》，《经济学（季刊）》2013 年第 1 期。

邵占鹏：《规则与资本的逻辑：淘宝村中农民网店的型塑机制》，《西北农林科技大学学报》（社会科学版）2017 年第 12 期。

沈妍、李春英：《城乡一体化进程中乡村新文化的建构》，《农村经济》2014 年第 12 期。

史小坤：《基于二元金融结构的中国农村正规金融和非正规金融联合模式研究》，《农村金融研究》2010 年第 8 期。

孙红霞等：《农民创业研究前沿探析与我国转型时期研究框架构建》，《外国经济与管理》2010 年第 6 期。

孙启贵、徐飞：《社会创新的内涵、意义与过程》，《国外社会科学》2008 年第 3 期。

孙秀林：《华南的村治与宗族——一个功能主义的分析路径》，《社会学研究》2011 年第 1 期。

田凯：《关于农民工城市适应性的调查与思考》，《人口学刊》1996 年第 4 期。

田真平、谢印成：《创业导向下的我国农村电子商务产业集群演进机理研究》，《科技管理研究》2017 年第 12 期。

田智辉、梁丽君：《互联网技术特性衍生的文化寓意：更新、缓冲与纠错》，《新闻与传播研究》2015年第5期。

仝志辉、贺雪峰：《村庄权力结构的三层分析——兼论选举后村级权力的合法性》，《中国社会科学》2002年第1期。

汪建华、黄斌欢：《留守经历与新工人的工作流动农民工生产体制如何使自身面临困境》，《社会》2014年第5期。

王宝义：《"新零售"的本质、成因及实践动向》，《中国流通经济》2017年第7期。

王国刚、刘彦随、王介勇：《中国农村空心化演进机理与调控策略》，《农业现代化研究》2015年第1期。

王汉生、王一鸽：《目标管理责任制：农村基层政权的实践逻辑》，《社会学研究》2009年第2期。

王军峰：《场景化思维：重建场景、用户与服务连接》，《新闻与写作》2017年第2期。

王利芬：《有限现代化：企业家的亲属关系变迁》，《暨南学报》（哲学社会科学版）2015年第6期。

王林申、运迎霞、倪剑波：《淘宝村的空间透视——一个基于流空间视角的理论框架》，《城市规划》2017年第6期。

王璐、李好、杜虹景：《乡村旅游民宿的发展困境与对策研究》，《农业经济》2017年第3期。

王名、朱晓红：《社会组织发展与社会创新》，《经济社会体制比较》2009年第4期。

王铭铭、杨清媚：《费孝通与〈乡土中国〉》，《中南民族大学学报》（人文社会科学版）2010年第4期。

王培刚、余丹：《中国乡村治理：反思、困境与对策研究》，《理论与改革》2005年第1期。

王天权：《农民工返乡创业：建设社会主义新农村的一条重要途径》，《哈尔滨市委党校学报》2006年第9期。

王西玉、崔传义、赵阳：《打工与回乡：就业转变和农村发展——关于进城民工回乡创业的研究》，《管理世界》2003年第7期。

王星：《师徒关系合同化与劳动政治——东北某国有制造企业的个案研

究》,《社会》2009 年第 4 期。

王易萍、谭志坚:《论消费社会中民族艺术的商业化与生活化》,《商业经济研究》2016 年第 18 期。

吴宝、李正卫、池仁勇:《社会资本、融资结网与企业间风险传染——浙江案例研究》,《社会学研究》2011 年第 3 期。

吴昌华、邓仁根、戴天放等:《基于微观视角的农民创业模式选择》,《农村经济》2008 年第 6 期。

吴德胜:《网上交易中的私人秩序——社区、声誉与第三方中介》,《经济学（季刊）》2007 年第 3 期。

吴义爽、盛亚、蔡宁:《基于互联网+的大规模智能定制研究——青岛红领服饰与佛山维尚家具案例》,《中国工业经济》2016 年第 4 期。

萧俊明:《文化与社会行动——韦伯文化思想述评》,《国外社会科学》2000 年第 1 期。

徐博、王珺卓、钟骁勇:《乡镇工业用地高效利用之策》,《中国土地》2015 年第 8 期。

徐德力:《互联网领域商业模式颠覆性创新分析》,《商业研究》2013 年第 3 期。

徐维祥、唐根年、陈秀君:《产业集群与工业化、城镇化互动发展模式研究》,《经济地理》2005 年第 6 期。

徐勇:《由能人到法治：中国农村基层治理模式转换——以若干个案为例兼析能人政治现象》,《华中师范大学学报》（哲学社会科学版）1996 年第 4 期。

徐智邦、王中辉、周亮、王慧荣:《中国"淘宝村"的空间分布特征及驱动因素分析》,《经济地理》2017 年第 1 期。

阎云翔:《差序格局与中国文化的等级观》,《社会学研究》2006 年第 4 期。

杨丹辉:《全球化、服务外包与后起国家产业升级路径的变化：印度的经验及其启示》,《经济社会体制比较》2010 年第 4 期。

杨丽:《平台分化、交叉平台效应与平台竞争——以淘宝网的分化与竞争为例》,《研究与发展管理》2018 年第 1 期。

杨思、李郇、魏宗财、陈婷婷:《"互联网+"时代淘宝村的空间变迁与重构》,《规划师》2016 年第 5 期。

杨宜音:《关系化还是类别化:中国人"我们"概念形成的社会心理机制探讨》,《中国社会科学》2008 年第 4 期。

杨宜音:《"自己人":信任建构过程的个案研究》,《社会学研究》1999 年第 2 期。

曾亿武、郭红东:《农产品淘宝村形成机理:一个多案例研究》,《农业经济问题》2016 年第 4 期。

曾亿武、邱东茂、沈逸婷等:《淘宝村形成过程研究:以东风村和军埔村为例》,《经济地理》2015 年第 12 期。

张富国、李丽莉:《欠发达地区的全民创业理念研究——基于对吉林省的实证调查》,《东北师大学报》(哲学社会科学版)2015 年第 2 期。

张海波、童星:《被动城市化群体城市适应性与现代性获得中的自我认同——基于南京市 561 位失地农民的实证研究》,《社会学研究》2006 年第 2 期。

张京祥、申明锐、赵晨:《超越线性转型的乡村复兴——基于南京市高淳区两个典型村庄的比较》,《经济地理》2015 年第 3 期。

张京祥、申明锐、赵晨:《乡村复兴:生产主义和后生产主义下的中国乡村转型》,《国际城市规划》2014 年第 5 期。

张京祥、吴缚龙、马润潮:《体制转型与中国城市空间重构——建立一种空间演化的制度分析框架》,《城市规划》2008 年第 6 期。

张汝立:《从主动边缘化到被动边缘化——农转工人员的进城行为研究》,《农业经济问题》2004 年第 3 期。

张文宏、雷开春:《城市新移民社会认同的结构模型》,《社会学研究》2009 年第 4 期。

张文宏:《网络社群的组织特征及其社会影响》,《江苏行政学院学报》2011 年第 4 期。

张玉利、杨俊、任兵:《社会资本、先前经验与创业机会——一个交互效应模型及其启示》,《管理世界》2008 年第 7 期。

张远索、崔永亮、张占录:《农民利益保护视角下的"农民上楼"现象解析》,《现代经济探讨》2012 年第 6 期。

张占斌:《中国经济发展新阶段:新挑战与新机遇》,《经济研究考》2015

年第 1 期。

赵翠兰：《语言权力视角下城市学校农民工子女教育过程不平等探析》，《教育学报》2013 年第 3 期。

赵泉民、李怡：《关系网络与中国乡村社会的合作经济——基于社会资本视角》，《农业经济问题》2007 年第 8 期。

赵西华、周曙东：《农民创业现状、影响因素及对策分析》，《江海学刊》2006 年第 1 期。

赵晓峰、付少平：《社会结构分化、关系网络闭合与农村政策扭曲——当前国家与农民关系面临的新挑战》，《学习与实践》2015 年第 1 期。

赵晓峰、袁松：《泵站困境、农民合作与制度建构——一个博弈论的分析视角》，《甘肃社会科学》2007 年第 2 期。

折晓叶、陈婴婴：《项目制的分级运作机制和治理逻辑——对"项目进村"案例的社会学分析》，《中国社会科学》2011 年第 4 期。

折晓叶：《合作与非对抗性抵制——弱者的"韧武器"》，《社会学研究》2008 年第 3 期。

郑若玲：《高考对社会流动的影响——以厦门大学为个案》，《教育研究》2007 年第 3 期。

郑欣：《治理困境下的乡村文化建设研究：以农家书屋为例》，《中国地质大学学报》（社会科学版）2012 年第 2 期。

周大鸣：《农民企业家的文化社会学分析》，《中南民族学院学报》（人文社会科学版）2002 年第 2 期。

周飞舟、王绍琛：《农民上楼与资本下乡：城镇化的社会学研究》，《中国社会科学》2015 年第 1 期。

周黎安、张维迎、顾全林、沈懿：《信誉的价值：以网上拍卖交易为例》，《经济研究》2006 年第 12 期。

周潇：《反学校文化与阶级再生产："小子"与"子弟"之比较》，《社会》2011 年第 5 期。

周应恒、刘常瑜：《"淘宝村"农户电商创业集聚现象的成因探究——基于沙集镇和颜集镇的调研》，《南方经济》2018 年第 1 期。

朱富强：《深刻理解互联网经济：特征、瓶颈和困境》，《福建论坛》（人文社会科学版）2016 年第 5 期。

朱竑、郭春兰：《本土化与全球化在村落演化中的响应——深圳老福音村的死与生》，《地理学报》2009 年第 8 期。

朱秋霞：《网络家庭与乡村私人企业的发展》，《社会学研究》1998 年第 1 期。

祝英丽、李小建：《欠发达地区农村金融机构的空间可达性分析——以河南省巩义市为例》，《地域研究与开发》2010 年第 3 期。

吴义刚：《创业氛围：基于内生演化的视角》，博士学位论文，安徽大学，2005 年。

Barel R. Felsenstein D. , "Entrepreneurship and Rural Industrialization: Comparing Urban and Rural Patterns of Locational Choice in Israel", *World Development*, No. 2, 1990.

Bell M. &Albu M. , "Knowledge Systems and Technological Dynamism in Industrial Clusters in Developing Countries", *World Development*, No. 9, 1999.

Bourdieu P. , *The forms of capital*, Westport, CT: Greenwood Press, 1985.

Chang W. , Ian C. MacMillan. , "A Review of Entrepreneurial Development in the People's Republic of China", *Journal of Business Venturing*, No. 6, 1991.

Dayasindhu N. , "Embeddedness, Knowledge Transfer, Industry Clusters and Global Competitiveness: A Case Study of the Indian Software Industry", *Technovation*, Vol. 22, No. 9, 2002.

Folmer Henk, Subrata Dutta, Han Oud, "Determinants of Rural Industrial Entrepreneurship of Farmers in West Bengal: A Structural Equations Approach", *International Regional Science Review*, No. 4, 2010.

Gordon I. R. , Mccann P. , "Industrial Clusters: Complexes, Agglomeration and/or Social Networks?", *Urban Studies*, Vol. 37, No. 3, 2014.

Granovetter M. , "The Strength of Weak Ties", *American Journal of Sociology*, Vol. 78, 1973.

Hamalainen, T. J. & Heiskala R. (eds.), *Social Innovations, Institutional Change and Economic Performance*, Cheltenham: Edward Elgar, 2007.

Ho D. Y. F. , "Relational Orientation and Methodological Relationalism", *Bulletin of the Hong Kong Psychological Society*, nos. 26 – 27, 1991.

Kloosterman R., Van Der Leun and Rath J., "Mixed Embeddedness: (In) Formal Economic Activities and Immigrant Businesses in the Netherlands", *International Journal of Urban and Regional Research*, Vol. 23, No. 2, 1999.

Ma Zhong Dong, "Social-Capital Mobilization and Income Returns to Entrepreneurship: The Case of Return Migration in Rural China", *Environment and Planning A*, No. 10, 2002.

Neil J. Smelser, *Theory of Collective Behavior*, New York: Free Press, 1962.

OECD, OECD Internet Economy Outlook, Oecd, 2012.

Phill J. A., Deiglmeier K. & Miller D. T., "Rediscovering Social Innovation", *Stanford Social Innovation Review*, Vol. 6, No. 4, 2008.

Porter M., *The Competitiveness Advantage of Nations*, New York: Free Press, 1990.

Soja E. W., "The Socio-spatial Dialectic", *Annals of the Association of American Geographers*, Vol. 70, 1980.

后　记

　　本书的写作起源于笔者从本科阶段就开始的田野调查与学历思考，正是在不断的走访、观察、访谈、对话、规划、互动、提炼的过程之中，城市与乡村这看似对立的一组关系在笔者的研究视野中"达成"了某种程度的"统一"。由此笔者的研究重心也从"城市导向"走向"乡村导向"，虽然研究方向与研究对象发生了变化，但这种转型却带来了更加明晰的研究逻辑，即中国现代化的问题必须立足城乡关系进行整体性思考，而乡村恰恰成为这种思考的发端与起点。但事实上，作为传统与现代的基本单元，乡村和城市在现代化的实践过程之中往往会逐渐丧失协同性，由此形成的城乡二元结构成为许多社会矛盾的源头，也制约了城乡现代化路径的有效建构。从这个角度出发，乡村现代化的研究具有打通"堵点"的意义。

　　乡村现代化的议题在中国由来已久。面对近代西方大工业生产带来的冲击，以费孝通先生为代表的学者将乡村实践与理论研究充分结合，试图在全球性的现代化浪潮之中探索出一条平衡传统与现代的中国路径。而在这其中，乡村在自身现代化发展中的"主体性"正变得越发重要。但由于时代发展的历史局限性，以工业化为主的现代经济发展与乡村自身的社会经济乃至文化结构存在前置性的结构矛盾，也由此制约了学界对于乡村内生性发展的可能性思考。基于此，许多对乡村现代化的实践探索多数只能停留在"典型个案"层面，而乡村的传统要素在面对现代化要素的冲击时，多数只能呈现出"被改造"与"被替代"的单一被动态势，由此形成的乡村现代化发展不仅形成了"千篇一律"的同质化样态，而且在缺乏持续性内生动力支撑的前提下，非常容易出现"回落"

甚至是"倒退"现象，这不仅造成了极大的资源浪费，也影响到了中国城乡现代化的整体进程。

正是在这一问题导向下，乡村电子商务在互联网时代来临的背景下成为中国乡村现代化探索的新可能，也在理论研究层面拓展了学者"着墨"的空间范围。笔者对淘宝村研究兴趣的发轫来自于互联网的实际使用经验，正是因为在电子商务购物的过程之中接触到了来自乡村网商的产品，这种传统乡村卖家与现代网络平台之间的"反差"激起了笔者的好奇心。一种"社会学的想象力"也随之孕育，即为什么最传统的乡村反而可以在最前沿的互联网中持续发展壮大，从一个个平凡普通的乡村到电脑屏幕前的网商店铺，这中间的过程与演化逻辑究竟是什么，这背后是否蕴含着一种乡村现代化过程之中"传统—现代"关系的新可能，或者进一步思考，乡村与互联网的结合是否能构成对费孝通先生"江村经济"系列研究乃至"韦伯命题"的时代回应？正是在不断的思考中，这些"未知"的可能也成为笔者前往"淘宝村"进行实地调查走访并最终将其选定研究议题的原因。

有趣的是，本书写作的主要框架实际上是在笔者于美国公派留学时完成的，这种身处异国他乡的"疏离感"赋予了本研究更多的可能与延展方向。在哈佛大学社会学系公派留学的时间里，笔者正在进行的这项研究成为了很好的交谈话题，来自不同学科的相关学者从各自的学术立场、研究角度、理论沿袭等角度出发，为本书的研究提供了越发丰富的对话空间。在这个过程之中，笔者自身对"淘宝村"研究的理解也在不断深化。因此，在美国完成基本思路架构之后，笔者一方面重新对研究对象进行调研走访，另一方面加快进度进行论文的撰写，最终于2018年年中完成了本书的主要内容。

事实上，从中国乡村现代化研究的整体视野出发，本书仅仅是一个简单的尝试，但"淘宝村"却并不仅仅是一个"简单"的现象。在"淘宝村"发展过程之中所展现出来的"农民主体"与"内生发展"的可能确实为乡村现代化的未来探索提供了借鉴方向，同时"传统"与"现代"这一对关系也在"淘宝村"的实践深化中形成了兼具融合与互动的新特征，这无疑也拓展了相关理论研究的界限。

一个研究想法从出现、构思、撰写到完善、出版，在一次次的修改调整之中，实际上已经在一定程度上实现了从"私人思考"向"群体思考"的过渡，而著作的出版则进一步将"公众性"引入了作者设定的研究议题之中，这一过程本身就是学术研究的一种极大乐趣所在。因此，感谢在本书撰写过程中提供种种帮助的老师、同学与朋友，感谢家人的一路相伴与支持，感谢中共江苏省委党校的出版资助，感谢中国社会科学出版社的大力支持，感谢我的责任编辑。要感谢感恩的人太多，一个小小的后记难以说尽，只能言尽于此，愿未来一切安好，愿前路皆是光明。

房冠辛

2020 年 11 月 15 日 金陵